XUNZHAO

ZHONGGUO ZHIZAO

YINXING

GUANJUN

国家制造强国建设战略咨询委员会 指导

寻找中国制造隐形冠军丛书编委会 编

魏志强　武　鹏　主编

上海卷 I

寻找
中国制造
Hidden Champion
隐形冠军

人民出版社

总序一

党的十九大报告指出："建设现代化经济体系，必须把发展经济的着力点放在实体经济上，把提高供给体系质量作为主攻方向，显著增强我国经济质量优势。"制造业是实体经济的主体，也是提高供给体系质量和效率的主战场。为此，党中央、国务院强调，加快建设制造强国，促进我国制造业迈向全球价值链中高端。

经过新中国成立 60 多年特别是改革开放 40 年的发展，我国制造业总体实力迈上了新台阶。2010 年以来，我国制造业增加值连续 7 年超过美国，稳居全球制造业第一大国的地位。在世界 500 种主要工业品中，我国有 220 多种产品的产量居世界第一。载人航天、大型飞机、北斗卫星导航、超级计算机、高铁装备、百万千瓦级发电设备等一批重大技术装备取得突破，形成了若干具有国际竞争力的优势产业和一批国际知名企业。毫无疑问，我国已经成为具有重要影响力的制造业大国。

然而，在看到成绩的同时，我们还要清醒地认识到，我国制造业与国际先进水平相比还有差距，这些差距表现出来的是整机或最终产品的差距，但其背后反映出来的却是基础和关键零部件（元器件）、材料、工艺等整个制造业基础薄弱的问题。因此，加快建设制造强国，首先要充分认识到加强制造业基础建设和关键核心技术创新能力的重要性和紧迫性。

解决制造业基础薄弱的问题要以企业为主体，要特别注重发挥民营企业的作用。2018 年 11 月 1 日，习近平总书记在民营企业座谈会上指出："长期以来，广大民营企业家以敢为人先的创新意识、锲而不舍的奋斗精神，组织带领千百万劳动者奋发努力、艰苦创业、不断创新。我国经济发展能够创造中国奇迹，民营经济功不可没！"在我国制造业比较发达地区，我们发现了一大批企业家，特别是民营企业家，敏锐地认识到发展基础工业的重要性及市场之所急，投入大量资金，长期专注于一个细分领域，取得了令人振奋的成绩。这些企业生产的产品不是整机，也不是终端消费品，而是对整机、终端产品的质量和竞争力有重要影响的核心零部件（元器件）、新材料、软件等。这些产品都是为整机、主机配套的中间产品，所以，生产这些产品的企业虽然在产业链中居于关键环节，甚至核心地位，但却不为大众所周知，可谓"隐形冠军"。在我国的长三角、珠三角等沿海发达地区，不少国内的隐形冠军企业已经发展成为市场的领导者，目前正在积极地"走出去"，努力向全球隐形冠军迈进。这些隐形冠军企业的奋斗历程和成功经验对于我国建设制造强国有重要的参考价值。

我们编辑出版"寻找中国制造隐形冠军丛书"，就是要通过对制造业隐形冠军典型案例的深入调研，梳理和总结隐形冠军企业的奋斗历程、成功经验和发展模式，为解决我国制造业基础薄弱问题提供可供参考的路径和方法，从而进一步完善我国制造业产业链，促进我国制造业高质量发展。

中国要迈向制造强国，需要充分发挥市场和政府的作用，统筹利用好各方面优良资源，坚定发展制造业的信心毫不动摇，从而形成全国关注制造业、重视制造业、发展制造业的良好氛围。希望社会各界关注和支持"寻找中国制造隐形冠军丛书"的出版，支持我国制造业隐形冠军的发展。让我们携手共同努力，为加快建设制造强国而努力奋斗！

徐勇祥

2018 年 11 月 1 日

总序二

　　隐形冠军这个概念源自于德国赫尔曼·西蒙（Hermann Simon）教授写的一本书，就是《隐形冠军：未来全球化的先锋》。这本书的中文版出版发行后，隐形冠军这个词很快就在中国流行开来。但很多人并不明白隐形冠军是什么意思，也不清楚隐形冠军在制造业中的地位和作用，所以，我们有必要首先搞清楚它的含义。

　　西蒙教授这本书的书名很耐人寻味，他把隐形冠军称作"未来全球化的先锋"。西蒙教授认为，经济全球化是人类社会发展的大趋势。他说："世界经济共同体是我对未来的称呼。"与大企业相比较，隐形冠军虽然企业规模不是那么大，但在西蒙教授的眼中，隐形冠军却是人类走向世界经济共同体的先锋。从西蒙教授的书中我们能够看到，德国这个世界制造强国，就是由隐形冠军企业铸就的。

　　为了准确地理解隐形冠军这个概念，我们用一个实际例子来说明其内涵。以菲尼克斯公司为例，这个公司生产的产品主要是配电柜里的接线端子，它生产的接线端子技术领先，质量可靠。一般人都知道西门子、ABB、施耐德这些世界著名的品牌，但并不知道它们所用的配电柜里的接线端子全部由菲尼克斯提供，像菲尼克斯这样的企业就是隐形冠军。为什么说它是"隐形"？因为它生产的产品不是整机，也就是说，不是一个独立的终端产品，只是产业链上某一个关键环节，从这个意义上来说，我们称其为"隐形"。隐形冠军在全球制造业现代化的进程中，即我们现在讲的数字化、网络化、智能化的进程中，在每条产业链里，它的地位绝对不可忽视。因为一个企业不可能什么都做，最终产品实际上都是组装起来的。关于这个问题，在"纪念沈鸿同志诞辰 110 周年"时，我写了《沈鸿质量思想对新时期机械工业质量工作的指导意义》一文，其中介绍了我国著名机械工程专家、原机械工业部副部长沈鸿同志在 1979 年 2 月 23 日写的文章《关于什么是先进机械产品的探讨》。沈老部长在他的文章中画了一张圆圈图，从品种、质量、成套、服务四个方面对"先进的机械产品"进行了界定和形象的描述。"先进的机械产品"就是从这个圈里出来的，最后形成的成套设备才是生产力。人们通常都知道市场上成套设备的品牌，但在成套设备整个产业链的一些重要环节所用的关键零部件却不为人知，它们隐形于整机之中，生产这些产品的企业我们称之为隐形冠军。

在中国，我们一定要注重制造业的全产业链发展，不能有薄弱环节，产业链中的领头企业和配套企业之间的关系不是单纯的买卖关系，而是一种协同创新的伙伴关系。如山东临工，它把专供其零配件的供应商叫作黄金供应商，山东临工帮助这些企业研发产品，而这些企业也就不再为其他厂家供货，成了山东临工的专门供应商。

从一条产业链来看，配套厂产品质量的可靠性必须达到主机厂信任的程度才可以。那么，配套厂怎样才能向主机厂证明其产品的可靠性呢？那就是配套厂的质量保证体系健全，产品一定要经过试验、认证，才能出厂。在这方面，沈老部长的思想非常重要，他认为，"可靠性是机械产品最主要的质量特征之一，一切产品都要通过试验方可出厂。"中国制造强国战略强调了产业质量技术基础的战略作用，而标准、计量、检测、试验、认证等是其主要技术支撑体系。

人们买东西通常是倾向于购买品牌产品，这是品牌效应的结果，但是如果真正追究其背后的原因，一个品牌还是要包括许多质量指标的。这些指标的建立，就是建立标准，而标准是要统一的。我们现在有很多国家标准、行业标准，但事实上这些标准只是低水平的准入门槛。作为行业领袖的隐形冠军，一般都有远高于国标和行标的自己企业的标准。

比如，有一次我到北京 ABB 公司调研，在现场我询问陪同人员，质量指标究竟到了什么样的标准。这位陪同人员说，他们的标准完全符合中国国家标准和行业标准。我说我不是这意思，我是要问企业的标准。他就生产线上开关的例子回答了我的问题。他说，这个产品的指标，国标要求保证开断 1 万次无故障，但他们公司的控制指标是 3 万次，因此零部件的标准也都大大提高。我们现在要求产品符合国家标准，其实这是低标准，缺乏竞争力。我参加过很多国家标准、行业标准的制定，大家都讨价还价，最后标准的水平只能符合大多数的意见。所以，现在标准改革提倡企业标准，以树立企业品牌。

再如，在三峡工程中，我负责三峡工程机电设备的质量，三峡公司的制造质量标准，包括铸锻件质量标准，都远远高于同类国际标准，形成了我们自己的一套标准，现在外国公司给三峡公司提供产品都要遵从这套标准，三峡公司后来把它列为采购标准，现在又上升为电器行业协会的协会标准。这一系列的指标或标准，作为隐形冠军企业都应该具备。现在，中国制造强国战略的实施战略之一——强基工程就是要解决这个问题。

菲尼克斯是个典型隐形冠军企业，他们写了一部书，名字叫《面向中国制造 2025 的智造观》。他们把"制造"改为"智造"，其中包括数字化、网络化，特别强调精益生产。把精益生产纳入到智能制造环节很重要，很多企业忽略了这一点，只强调信息化是不够的。现在也有人提出精益化思维，我觉得生产和思维是不同的。精益生产是"Lean Production"的翻译词，我们要理解原词的含义。麻省理工学院教授写的《改造世界的机器》一书，对精益生产作了详细的阐述。它是从汽车行业推行的"准时化生产（JIS）"发展而形成的生产运行模式。汽车是大批量、流水线生产，在生产环节上不允许有多余的零件存放，它的目标是零库存，当然实际上很难做到，但是要尽量减少库存量，加快资金周转，以提高经济效益。菲尼克斯把精益生产纳入智能制造的内容，很值得研究、推广。

在制造业发达国家都有一个产业转移的现象，但我们看到，发达国家的产业转移是对产业链都做了详细规划的，他们转移的是中低端企业，而产业的整体链条还是在发达国家手中掌握。在这种情况下，中国企业可以收购外国企业，但是它的核心技术并未转移出本国。这也迫使中国企业要想高质量发展就必须要靠自己，必须要加强自主创新。现在，我们国家也正在经历产业转移这个过程，所以，我们也要有一个像发达国家那样的规划，这个规划的关键包括了如何支持隐形冠军企业真正实现国产化的目标。做这样的规划要以企业为主体，但也要发挥政府的作用。

我们现在对大企业了解得多一些，对于隐形冠军，尤其是各地区的隐形冠军了解得还不是那么清楚。不清楚隐形冠军，实际上就是不清楚我们的产业链和世界制造强国比还有什么样的差距，也说不清楚我们的产业在世界上究竟处于什么样的水平。孙子兵法说"知己知彼，百战不殆"。我们编辑出版这套丛书，就是要搞清楚我国隐形冠军的状况，从而使我们能够制定出一套有效的产业政策，以促进隐形冠军的发展，加速"强基工程"的实施，实现中国制造由大变强。

从我们的现实情况来看，一个地区隐形冠军的培育和发展，离不开地方政府的支持。比如，在产业政策、经济金融等方面都需要地方政府制定出有利于隐形冠军企业发展的长效机制。再如，有些研发项目需要持续5年、8年，甚至10年，民营企业很难承受这种投资大、周期长、利润低的项目，这就需要政府的支持。中国最近提出要建立国家实验室，这对于建立长效创新机制有重大作用。

习近平总书记指出："制造业特别是装备制造业高质量发

展是我国经济高质量发展的重中之重，是一个现代化大国必不可少的。"打造具有国际竞争力的制造业，是我国建设现代化强国的必由之路。今天，制造业的全球激烈竞争已不单是一个个企业的单打独斗，而是产业链的竞争，一个行业领军企业只是"冰山一角"，需要无数的供应商或协作方（包括服务类组织）等"隐形冠军"来支持和保障。中国制造要走出去，走全球化之路，必须打造我们完整的供应链和创新共同体，形成整体竞争优势。拥有这一整体竞争优势的前提，就是看我们能否培育和发展出一批隐形冠军企业。

因此，在这里我们呼吁社会各界支持中国隐形冠军的发展，支持"寻找中国制造隐形冠军丛书"的出版工作。"寻找中国制造隐形冠军丛书"将分行业卷和区域卷出版。希望各行业协会、地方政府能够对隐形冠军企业和这套丛书的编辑工作给予大力支持！

陆燕荪

2018 年 10 月

目　录

序　言

隐形冠军的缘起

隐形冠军是一个定义企业的流行词，源于德国赫尔曼·西蒙（Hermann Simon）教授所著的《隐形冠军：未来全球化的先锋》一书。在这本书中，西蒙提出了隐形冠军企业的三个标准：

1. 世界前三强的公司；

2. 营业额低于 50 亿欧元；

3. 不是众所周知。

满足这三个标准的企业，西蒙称之为隐形冠军。第一个标准标志着隐形冠军的市场地位，是指在一个细分市场中隐形冠军所占的市场份额。第二个标准是一个动态标准，2005 年时，西蒙曾把它确定为 30 亿欧元。第三个标准是指不为大众即消费者所周知。隐形冠军虽然在某个细分市场中为客户所熟知，但因它生产的是工业品、原材料等，不是终端消费品，所以，一般不为大众即消费者所周知。

西蒙认为，隐形冠军战略有两大支柱：第一个支柱是集中和深度。隐形冠军一般都在一个细分市场里长期精耕细作，并强调服务的深度。由于隐形冠军的业务都是集中在某个领域，所以，国内市场有限，这就产生了隐形冠军战略的另一个支柱，就是市场营销的全球化。因此，隐形冠军是"未来全球化的先锋"。

西蒙关于隐形冠军的思想对中国有比较大的影响，例如，2016年我国发布的《制造业单项冠军企业培育提升专项行动实施方案》（以下简称《方案》），这里所说的单项冠军实际上就类似于西蒙定义的隐形冠军。

《方案》提出，制造业单项冠军企业是指长期专注于制造业某些特定细分产品市场，生产技术或工艺国际领先，单项产品市场占有率位居全球前列的企业。有专家指出："制造业单项冠军企业包含两方面内涵：一是单项，企业必须专注于目标市场，长期在相关领域精耕细作；二是冠军，要求企业应在相关细分领域中拥有冠军级的市场地位和技术实力。从这个意义上讲，单项冠军与德国赫尔曼·西蒙教授提出的'隐形冠军'概念是十分类似的。"

《方案》强调，制造业单项冠军企业是制造业创新发展的基石，实施制造业单项冠军企业培育提升专项行动，有利于贯彻落实国家制造强国战略，突破制造业关键重点领域，促进制造业迈向中高端，为实现制造强国战略目标提供有力支撑；有利于在全球范围内整合资源，占据全球产业链主导地位，提升制造业国际竞争力。

寻找中国制造的隐形冠军

我们在策划这套丛书时，首先碰到的问题就是如何界定和选择中国制造的隐形冠军。何谓"隐形"，隐在何处？何谓"冠军"，冠在哪里？在这些方面，我们吸收了《方案》和西蒙教授的思想，但也有不同。

一提起隐形冠军，很多人常常把它归结到单纯的制造领域，实则不然。"那种认为德语区的企业只是在机器制造领域保持技术领先的观点是错误的。我们在消费品和服务领域里，同样可以找到相当数量的说德语的世界市场的领导者。"西蒙说，"有超过 2/3 的隐形冠军（确切地说是 69%）活跃在工业领域。1/5 的隐形冠军涉及消费类产品，另有 1/9 属于服务业。"显然，西蒙认为，隐形冠军在机器制造、消费品和服务业三大领域。

隐形冠军不单单在机器制造领域，但西蒙说的三大领域也还有待细化和拓展。例如，服务业应主要指生产性服务业，消费品领域应指那些为终端产品提供配料、配件、原材料等的企业。因此，隐形冠军应主要在工业品、消费品、生产性服务业、原材料四个领域。隐形冠军生产的产品通常是"隐形"于终端产品或消费品之中的中间品，或生产工具（装备）、原材料，它是成就终端产品和消费品品牌不可或缺的关键因素。

在"冠军"的甄选方面，考虑到我们寻找的是中国制造隐形冠军，所以，除了排名世界前三的隐形冠军，本丛书还选入了一些在某一个细分市场居于中国前三的企业，或者有可能培育成为隐形冠军的企业。在市场地位方面，本丛书更强调隐形冠军对市场的引领和带动作用。

隐形冠军企业的成功模式和发展战略

我们在隐形冠军的调研中，发现中国的隐形冠军与德国的隐形冠军有诸多不同，它们有自己独特的成功模式和发展战略。

首先，中国的隐形冠军都在探索适合自己发展的企业组织形式。德国隐形冠军主要是家族企业，很多有百年以上的历史。中国的隐形冠军绝大多数产生在改革开放之后，没有德国隐形冠军的悠久历史，要想追赶上制造强国的隐形冠军，在企业组织形式上就不能拘泥于家族企业，而是要选择更适合自己发展的企业组织形式。例如，在嘉兴调研时，我们发现，很多隐形冠军就是从家族企业转变成为上市公司的，一些没上市的隐形冠军也在筹划上市；在通用机械行业调研时，我们发现，很多隐形冠军是国有企业；在厦门调研时，我们发现，由于受惠于经济特区的特殊政策，厦门的隐形冠军不少是与台湾企业合资的企业。而在上海调研时，我们又发现，上海的隐形冠军除了有民营企业、国有企业，还有很大一部分是"海归"创建的企业。这些实际情况说明，家族企业并不是隐形冠军可选择的唯一组织形式，中国隐形冠军根据实际情况确定适合自己的企业组织形式，这是正确的选择。

其次，中国的隐形冠军有自己对创新的理解。创新是从国外引进的概念，在英语世界里，科学成果叫发现，技术进步叫发明，企业研发、生产、经营管理的成果才叫创新。创新是一种企业满足市场需求的商业行为。我们调研的隐形冠军说明，企业的创新确实都是有商业价值的创新，都是为了更好地满足客户需求的创新。例如，本丛书嘉兴卷中的京马电机，它的创新是集中在产品性能的提高上，强调产品效率、温升、噪声、振动、功率等指标的不断改进。这里面的每一项创新都和产品有关，都和市场需求有关，都和企业的盈亏有关，这一点不同于科学发现和技术发明。又如，本丛书通用机械卷中沈鼓集团生产的往复式压缩机和中核科技生产的主蒸汽隔离阀，前者是引进消化吸收再创新的经典之作，后者是突破国外技术封锁实现自主设计和制造的标志性产品，两者都打破了国外对中国市场的垄断。还有本丛书厦门卷宏发生产的继电器、创业人的品牌创新，以及上海卷的联影科技生产的高端医疗设备、中微生产的刻蚀机等，都是在深入了解市场需求的基础上不断创新并实现商业价值的结果。这些案例说明，企业创新不同于科学发现，也不同于非商业组织没有商业目的的技术发明。因此，准确地把握发现、发明、创新这些基本概念，科学家才能专注于发现，技术专家才能专注于发明，企业家才能专注于创新，隐形冠军才能做好自己的产品和企业。

再次，中国的隐形冠军在全球化中平衡自己的发展战略。在全球化过程中很多人看到的是"世界是平的"，例如，托马斯·弗里德曼出版的专著《世界是平的》。他看到的是遍布世界的麦当劳、星巴克、好莱坞电影以及在谷歌上网等。但也有与他不同的观点认为，世界不完全是平的，它有国界、文化差异、价值观冲突等。这说明世界还没有那么平。隐形冠军应在这样一个全球化过程中找到标准化和差异化的平衡。本丛书嘉兴卷的闻泰科技是一家全球最大的手机原始设计制造商（ODM），它有自己出方案的业务，也有代工业务，前者需要差异化，后者需要标准化。闻泰科技对差异化和标准化业务发展有比较好的平衡。由此引申出另外一个问题，就是市场地位如何体现？是按标准化去做量（规模），还是按差异化去满足个性化需求？这也是对隐形冠军的挑战。关于这一点，我们赞同西蒙的观点，即隐形冠军的市场地位更应从引领市场理解，不能仅仅从企业规模来认定。引领市场的维度包括确定方向、制定标准、超越客户等。本书的中微是半导体和芯片装备国产化的先锋，它在行业发展、自主创新、制定标准等方面对市场都有引领作用。

还有，我们发现中国制造隐形冠军有明显的区域集群发展的特征。例如，在长三角、珠三角的一些城市就有集中产生隐形冠军的现象，形成了一个个隐形冠军区域集群。这不同于产业集群，它的产业关联性并不像产业集群那样大，有的甚至没什么关联性。他们除了在某个细分市场有举足轻重的地位之外，对地方经济发展也有引领和带动作用。为什么这些区域能产生隐形冠军企业集群？我们发现，主要是企业家精神和工匠精神使然。这种现象给我们留下了一个需要继续探究的问题，那就是他们的企业家精神和工匠精神是怎么培育出来的？

随着本丛书工作在更多城市和行业的展开，我们将进一步丰富有关中国制造隐形冠军成功模式和发展战略的研究成果。

中国制造需要更多的隐形冠军

根据西蒙的统计，全球隐形冠军企业共 2734 个，其中德国有 1307 个，几乎占了一半，中国只有 68 家，远低于德国。从每百万居民的隐形冠军数量看，德国为 16，中国仅为 0.1，与德国的差距更大。

隐形冠军是决定一国制造业是否强大的基石。从拥有隐形冠军企业的数量上来看，中国要实现制造强国战略还任重道远。不过由于中国正处于隐形冠军发展的初期阶段，西蒙预测，"可以想象，中国的隐形冠军数量将在未来 10—20 年里大幅增加。"

国家制造强国战略提出，到 2025 年中国要进入世界制造强国方阵，制造业达到德国和日本的水平。但从隐形冠军这项关键指标来看，中国制造整体赶超德国和日本制造的任务还是非常之重。

不过，如果我们把隐形冠军所在领域像西蒙那样从机器制造领域拓展开来，把它确定在工业品、消费品、原材料、服务业四大领域，到了 2025 年，或许我们就会有理由更加乐观一些。本丛书嘉兴卷选入 26 个隐形冠军、厦门卷选入 26 个隐形冠军、通用机械卷选入 24 个隐形冠军，上海卷选入 60 个隐形冠军（其中上海卷 I 在电子信息行业选入 24 个隐形冠军，上海卷 II 在机械行业选入 18 个隐形冠军，上海卷 III 在新材料、节能环保、医疗设备等行业选入 18 个隐形冠军）。在中国，除上海外，像厦门、嘉兴那样的城市，甚至比厦门、嘉兴制造业更发达的城市还有很多，这些城市会孕育出更多的隐形冠军。从行业的角度来看，隐形冠军遍布各行各业，仅就装备制造业而言，其产品就分为 7 个大类，185 个小类，这里面的隐形冠军还有待于深入挖掘。

党的十九大报告指出：“中国特色社会主义进入新时代，我国社会主要矛盾已经转化为人民日益增长的美好生活需要和不平衡不充分的发展之间的矛盾。”毫无疑问，隐形冠军是解决中国经济发展“不平衡不充分”问题的主要力量，我们需要更多地培育隐形冠军。

本丛书的编写和出版

“寻找中国制造隐形冠军丛书”的编写工作始于 2017 年的春季，我们计划用四至五年的时间完成 30 卷的编写工作。本丛书按区域和行业寻找中国制造隐形冠军，每一卷选入 25 家左右隐形冠军企业。

到目前为止，这套丛书除了上海卷，嘉兴卷、厦门卷、通用机械卷也已经面世。

作者在《寻找中国制造隐形冠军》（上海卷）的调研和写作中，得到了上海市经济和信息化委员会的大力支持，在此我们对上海市经济和信息化委员会深表谢意！

我们还要感谢人民出版社通识分社对"寻找中国制造隐形冠军丛书"出版工作的支持，同时向付出辛勤劳动的编辑和其他工作人员致以深深的谢意！

这套丛书每一卷都是由工业专家和记者在对企业进行深入调研和采访的基础上，由记者执笔而完成的。我们想要做到既有新闻写作的通俗易懂，又有专业写作的深度。但因时间仓促、水平有限，难免有不足之处，敬乞读者不吝指教。

"寻找中国制造隐形冠军丛书"写作组

2019 年 1 月 1 日

前　言

在建设卓越的全球城市过程中，上海制造作为上海四大品牌之一扮演着至关重要的角色。在形成以行业龙头企业为主导的产业发展格局的同时，上海的中小企业特别是隐形冠军企业也应得到充分重视。这些企业不仅展现了行业细分领域的市场竞争力，在创新发展、解决就业、经济建设以及完善产业价值链搭建等方面也有突出表现，成为上海经济转型和结构调整的重要力量。因此，研究和促进上海隐形冠军企业发展，具有重大的现实价值和战略意义。

一、追求卓越的价值取向，上海制造"再出发"

（一）上海制造发展的历史演进

上海制造具有辉煌的历史，在我国的工业体系和国民经济中扮演着重要的角色并始终发挥积极的影响，新中国成立至今的半个多世纪，上海制造业经历了四个发展演变阶段，可被归纳为恢复性调整阶段、适应性调整阶段、战略性调整阶段和创新性调整阶段。具体而言：

第一阶段，改革开放前的恢复性调整阶段。上海自近代起就是我国工业的中心，新中国成立后，为了适应人民生活水平提高和大规模经济建设需要，上海改变了以轻工业为主的结构，从"一五"计划开始优先发展重工业。特别是在 1956 年至 1965 年间，上海曾先后对民族工业进行三次大规模改造，"裁、并、改、合"生产能力过大的纺织、卷烟、制笔等轻纺工业，从无到有地建立电子、自动化仪表、航天、航空、汽车、石化等新的工业部门或企业。截至 1978 年，上海全市工业总产值达到 207 亿元，占全国的 1/8；利税总额占全国的 1/6。近 200 项工业产品产量位居全国第一位，70 多项工业产品赶上或接近当时的国际先进水平。一大批全国知名品牌代表了上海制造是经典和优质的象征，例如全国年轻人结婚时梦寐以求的"三转一响"，永久牌自行车、蝴蝶牌缝纫机、上海牌手表和红灯牌收音机，代表着上海工业产品的质量和水平。

第二阶段，20 世纪 80 年代以来的适应性调整阶段。为了适应我国经济体制改革并积极建设现代化社会主义市场经济，上海制造业作出相应调整，有针对性地选择了汽车、钢铁、石化、家电等 17 个重点行业进行培育，特别是积极推动国家重点工业项目建设，包括：1985 年宝钢总厂一期工程投产、1978 年动工；70 年代启动建设上海金山石化，80 年代建设二期工程，1985 年完工，1987 年建设三期工程，90 年代建设四期工程；1984 年成立上海大众汽车有限公司等。此外，上海为了适应我国对外开放政策，还积极发展轻纺产品，引导工业生产面向国际市场。

第三阶段，20 世纪 90 年代以来的战略性调整阶段。在此时期，我国加大对外开放力度，上海抓住了浦东开发开放的机遇，大力引进外资，同时响应国家产业发展号召，积极培育支柱产业，集中资源发展汽车、电子通讯设备、电站成套设备、石油化工及精细化工、钢铁、家用电器六大产业。至 2000 年，这六大产业占全市工业总产值比重已经从 1994 年的 38.6% 迅速提升至 50.4%。此外，上海为实现"一个龙头、三个中心"战略目标，优化产业结构调整，提出"三二一"的产业发展方针，即大力发展第三产业，积极调整第二产业，稳定提高第一产业，进而实现了上海产业与制造发展的新格局，促进了国民经济持续、健康、快速发展。

第四阶段，21 世纪以来的创新性调整阶段。21 世纪以来，上海工业在我国加入 WTO 并推行创新型国家发展战略的背景下，实施调整了创新发展战略。确立了新的支柱工业，包括汽车、电子信息、成套设备、石油化工及精细化工、精品钢材、生物医药。积极建设东西南北产业基地，包括上海国际汽车城（2001 年）、上海化工区（2002 年）、临港装备产业基地（2003 年）、长兴岛船舶和海工基地（2003 年）。在创新性战略调整阶段，上海工业迸发出蓬勃的生命力，无论在产量产值、技术水平还是国内外影响力上均表现卓越，实现了跨越式发展。上海工业从 1987 年产值的 1000 亿元发展到 2003 年突破 1 万亿元用了 16 年，而从 1 万亿元到 2 万亿元用了 4 年，从 2 万亿元到 3 万亿元仅用了 3 年。

（二）上海制造的未来发展趋势

在新一轮科技革命推动下，全球制造业和产业格局面临重大变革和调整，未来上海制造须向技术更先进、制造更智能、产品更高端、品牌更响亮的方向建设，加快建设全球卓越制造基地，为上海迈向卓越的全球城市提供实力支撑。目标是在未来三年，初步建成世界级新兴产业发展策源地之一，初步建成若干世界级先进制造业集群，初步建成世界级制造品牌汇聚地。重点是围绕高质量发展要求，大力发展高端制造、品质制造、智能制造、绿色制造和高复杂高精密高集成制造，发挥上海制造在现代化产业体系建设中的支撑作用。

基于内外部条件、发展阶段等，打响上海制造品牌是上海落实国家战略、建设卓越全球城市的具体实践，其中企业尤其是隐形冠军企业是主力军。所谓"隐形冠军企业"，是指高度专注细分行业，具有显著竞争优势和创新能力，可持续稳定经营，业绩优良，市场占有率占据国内乃至国际前列，在细分行业具有领导地位的企业。"隐形"是指企业规模不一定很大，大部分仍然是中小企业，在大众视野知名度不一定很高；而"冠军"，则指在细分行业、在国内乃至全球市场具有绝对影响力和领导地位。近年来，在上海传统行业的中小企业饱受压力的同时，在一些细分领域逐渐涌现出一批隐形冠军企业，不仅构成了上海市场一道亮丽的风景线，引领了上海中小企业的发展，更成为潜在的拉动上海制造实现创新转型、塑造可持续竞争力的重要引擎，对于上海制造下一阶段发展目标的实现具有积极意义。

二、"隐形冠军"企业已成为上海创新发展的主力军

顾名思义，上海的隐形冠军企业产生于中小企业中间，近年来，上海中小企业已经成为上海企业的重要构成。截至 2017 年，上海中小企业合计 43.54 万户，占全市法人企业总数的 99.54%；

吸纳就业 833.61 万人，占全市法人企业从业人员总数的 73.95%；
实现营业收入 11.95 万亿元，占全市法人企业总额的 60.84%。占
本市企业总数 99% 以上的中小企业，贡献了近 50% 的税收，实现
了 60% 以上的企业营业收入，创造了 70% 的企业发明专利，提供
了近 80% 的就业岗位，为上海经济社会发展作出了重要贡献。与
此同时，以"专精特新"企业为代表的中小企业孕育了大量的隐形
冠军企业和潜在的冠军企业，已成为上海创新发展的主力军。

（一）上海隐形冠军企业的竞争力分析

当前，上海隐形冠军企业多集中在电子智能产品、设备制造、
软件与信息服务、医疗卫生和技术服务等领域，其中诸多企业已经
成为国家级、亚洲级乃至世界级的细分领域"小巨人"，在市场占
有率上名列前茅。同时，上海隐形冠军企业在当前表现为总体盈利
水平良好，企业人均产能大，社会贡献度高等特征。数据统计显
示，2015—2017 年三年有效期内高新技术企业总数达到 7642 家。
2017 年高新技术企业实现工业总产值 1.25 万亿元、营业收入 2.34
万亿元、利润总额 2110 亿元、实际上缴税费 1130 亿元，其中主营
业务收入、工业总产值均达到规上企业的 1/3 以上。上海制造业隐
形冠军企业综合竞争实力强，无论是在技术创新、国际化发展等方
面，都体现了上海当前以及潜在的隐形冠军企业的市场竞争力，具
体而言：

一是重视创新投入，不断加快创新步伐。近年来，上海"专
精特新"企业研发投入力度不断加大。目前，全市 1665 家"专精
特新"中小企业中有 227 家企业设立了国家、市级企业技术中心
或院士工作站；有 515 家企业研发投入比例达到或超过 10%，远

高于全市 4% 左右的平均水平。同时，创新的国际化开放程度增强。在政府向企业推送技术信息、帮助企业获取国际前沿技术、支持企业建立院士工作站和企业技术中心等政策支持下，中小企业创新投入的产出效应逐步显现。从高新技术企业的研发专利成果来看，发明专利申请量、发明专利授权量及 PCT 国际专利申请量分别达到 28504 件、12365 件、718 件，占本市总量的 52.17%、52.13%、34.19%。

二是注重品牌建设，国际影响力日益增强。近年来，上海"专精特新"企业中涌现出一批中国驰名商标、上海市著名商标、上海市名牌产品等品牌企业或产品，企业的品牌影响不断增强。同时，"专精特新"企业参与国际展览或会谈的频次明显增加，企业品牌的国际影响力和推广力也与日俱增。此外，不少"专精特新"企业通过与跨国企业合作，积极参与国际市场的竞争，提升企业国际市场的品牌影响力。

三是坚持国际化对标，打造高质量创业团队。上海作为改革开放的重要试验区，在扩大对外开放和构建国际化影响力方面有着丰富的经验。特别是在引进和培育高质量海归创业团队方面，围绕生物医药、电子信息等行业领域，实现了行业领军人才引领的国际跨国企业的集聚式发展。例如，"张江药谷"集聚了一大批海归企业家的创业团队，通过建立国际化创新体系，已经成为具有全球影响力的生物医药产业的全球研发中心。

四是重视建立标准，积极抢占领域制高点。上海市"专精特新"企业普遍重视技术创新和产品创新，并以同类同行国际企业为标杆，强化技术超越，抢占所属细分领域的国际技术制高点，提升企业产品创新技术的国际引领力。

（二）上海隐形冠军企业的发展路径

上海隐形冠军的形成发展，依托于上海市在服务体系、营商环境、资本对接与政策支持上的一系列积极引导和扶植，也归功于这些企业在细分领域上的长期专注，在品牌、研发能力、营销体系等方面的差异化经营，以及在独特的核心竞争力上的打造。这些企业有一定的共性发展路径，具体而言：

其一，坚守主业，精耕细作，走出传统产业转型升级的新路。隐形冠军企业的基本素质，就是高度专注于产业中的某一细分领域甚至是其中的核心业务。对于一些上海隐形冠军企业，即便是在产业发展潜力相对有限的传统产业，因为这些企业多来年的坚持、磨炼和改进，其建成了具有专业化生产、服务和协作配套的能力，最终使得产品品质和技术含量遥遥领先于同行，进而在传统产业中脱颖而出。

其二，创新驱动，高端定位，成为新兴行业细分领域龙头企业。上海隐形冠军企业多重视开展技术创新、管理创新和商业模式创新，通过行业的交叉融合提供高端的产品或服务，积极抢占新兴行业细分领域的龙头地位，采用创新性、独特性的工艺、技术、配方或原料进行研制生产，使其产品和服务在市场竞争中率先形成了壁垒较高的核心竞争力，获得了竞争优势。

其三，转型升级，与时俱进，实现健康可持续发展。作专注于解决产业关键技术以及提供专业化、高质量的产品和服务的企业，上海隐形冠军企业的崛起与产业发展动向密切相关。诸多上海隐形冠军企业的形成正是因其积极拥抱新一轮产业革命，重点把握智能制造、大数据、互联网等的机遇，调整技术结构和产品结构，迎合了市场与产业发展的需求，从而逐步实现了产业的转型升级和健康可持续发展。

其四，专业服务，做深市场，不断拓展新的空间。隐形冠军企业虽然立足于细分领域，但不代表其所从事的领域狭窄。把细分领域做深、做透，特别是将产品与服务相结合，以其主营业务为立足点，延展出一系列的新市场、新需求和新空间，是诸多上海隐形冠军企业的发展路径。

（三）上海隐形冠军企业的发展趋势

当前，上海的中小企业特别是"专精新特"企业中已经孕育了越来越多细分领域的国家级乃至世界级的"小巨人"，全市培育的1665家"专精特新"企业中，市场占有率居全球前五或国内第一、具备一定规模的企业有219家。其中，在国际细分市场占有率进入前三位的企业有30家。这些"隐形冠军"企业主要分布在智能制造、生物医药、高端装备、精密制造等领域，其主营产品占营业收入比重普遍在65%以上。由此可见，鼓励和促进更多的成长性中小企业做大做强做优，成为行业细分领域的"隐形冠军"和"独角兽"企业，让更多"小企业"干出"大事业"，是激发上海经济活力和竞争力的一条重要的可行性途径。就目前来看，其发展趋势如下：

一是围绕上海重点行业的聚焦发展态势明显。近年来，上海中小企业整体发展步伐加快，其中上海重点发展的精品化工、汽车、医药、信息、金融等产业领域的中小企业更为迅速，其产值占比不断提升。例如，在电子信息领域，上海集聚了上海微电子装备、澜起科技、韦尔半导体等一大批优秀中小企业，为上海集成电路、电子信息装备制造等产业的发展作出了巨大贡献。

　　二是重点领域中小企业国际化发展步伐加快。近年来，在深化改革开放、全面接轨国际、加快企业"走出去"的大背景下，上海中小企业国际化步伐不断加快。一方面，中小企业产品出口规模稳步增长。尽管国际市场需求相对低迷，国内出口增长乏力，但上海中小企业产品出口交货值总体保持增长，重点领域增长较快。另一方面，中小企业跨国投资与并购的步伐加快。不少中小企业通过积极与央企合作，推动混合所有制经济发展，参与对外投资；部分中小企业采用跨国并购等模式，实现企业跨国经营的技术战略和市场战略。

　　三是中小企业专业化和高端化发展势头加快。一方面，在体现专业技术水平的产业领域，中小企业发展迅猛，成为行业发展的重要支撑。2017 年，上海信息传输、软件和信息技术服务业，金融业，租赁服务业，科研及技术服务业等产业领域，中小企业数保持较快增长，均占所在行业企业总数比重 99% 以上。另一方面，中小企业加快了高端产品的研发与生产，涌现出一批具有世界领先水平的高端产品。

　　四是中小企业新兴化和特色化发展势头明显。一方面，在大力推进"大众创业、万众创新"的大背景下，新业态、新模式、新经济、新产业加快涌现，促进了上海中小企业数量的稳定增加。2017 年，上海净增中小企业数 10121 户，其中微型企业数量增长加快。另一方面，存量中小企业加快发展模式、经营业务、企业产品的创新转型，实现特色化发展。

三、上海在培育隐形冠军企业过程中的举措

　　在实践中，我们发现隐形冠军企业不同于多元化经营的大型企

业。大型企业多呈持续性发展，而对于隐形冠军企业来说，重大革新、进入新市场或一次新收购都可能意味着收入的大幅提高。同时，破坏性技术发展则可能会给隐形冠军带来严重风险。为此，上海通过落实"三大工程""两大计划"和若干政策支持，针对隐形冠军企业成长中的三大关键环节"技术革新期、市场扩展期和成熟期"，分别采取针对性的扶持和服务措施，助力企业跨越创新死亡谷和经营瓶颈期，保持市场份额稳定增长，成长为各行业的市场冠军。

（一）扎实推进三大工程

1. 工业强基工程：强化和提升工业基础能力

近年来，上海加快推进产业结构调整，促进产业经济的转型升级，产业结构和工业体系不断得到提升和优化。2016 年，上海启动和实施工业强基工程，积极推进工业强基战略的研究工作，落实和推进工业强基的战略性工程，旨在突破过去长期"卡脖子"、高度依赖进口的"四基"核心技术，从而实现企业自主创新能力日益提升，建立完善的工业技术基础体系。

上海工业强基工程是一项长期性、战略性、系统性的工作。上海市经济和信息化发展研究中心通过联合中国工程院共同开展上海工业强基工程课题研究，为政策出台和项目的落实工作奠定了坚实基础。在具体落实方面，政府部门主要从以下三个方面作为工作抓手，系统、全面地推进和落实全市工业强基工程工作。一是搭建平台，联动资源协同创新。工业强基工程一定是在市场经济规律的前提下有序推进的。政府、企业、高校及科研院所等所有的社会资源，只有在发挥好各自职能的基础上功能协同化，才能实现利益最大化。政府通过搭建资源联动平台，为企业、高校、金融机构等搭桥牵线，打破各种资源之间的信息壁垒，通过资源的协同联动，有序推进工业强基工程。例如，通过围绕先进增材制造装备、抗体药物、微创伤腹腔镜手术机器人、核电焊接、高效节能配电变压器及国产非晶合金带材等领域组织开展工业强基强链补链"一条龙"行动计划，把产业链上核心技术研发、工艺提升、技术应用及产业化的资源协同联动。二是点式打穿，集中力量攻破难关。从全国层面来看，工业基础需要补课的短板和难点还有很多，上海无一例外。如何避免有限财政资金"撒胡椒面"式的支持方式，充分发挥好政府资本的效用，成为当前考虑的首要问题。无论是目前的三年行动计划，还是未来五年及十年的战略布局，都是需要在每一个痛点上下功夫，持之以恒。上海在系统性推进工业强基工程过程中，有意识地缩小年度支持范围，每年计划支持领域不超过五个，通过加大单个项目的支持力度，每年滚动式增加总盘子资金量，并且针对痛点难点的项目实行跟踪式管理和支持，经过三年、五年及十年的支持，最终实现点上打穿的效果。三是梯度推进，有序落实强基计划。根据三年落实、五年推进、十年布局的战略安排，上海制定了梯度推进工业强基工程的行动计划，进一步加强现有基础优势领域，集中力量攻破亟待解决的难点和瓶颈，提前布局未来战略性科技和领域。一方面，通过建立工业强基项目储备库，在长期调研的基础上梳理一批优质项目，跟踪项目进度情况，适时纳入年度强基工程支持计划。另一方面，建立强基工程人才储备库，重点支持以人才团队为引领的强基项目。同时，充分利用好现有的产业配套政策，实现政策支持的联动效应。通过近两年的大力支持和培育，上海在工业基础领域已经涌现出了一大批优质新生企业，也培育了一大批制造业领域的隐形冠军企业，为对高端先进制造业的发展起到了强有力的支撑作用。

2.科技"小巨人"企业培育工程：着力于打造细分行业中的隐形冠军

打造具有全球影响力的科技创新中心，是习近平总书记对上海发展提出的目标和要求。上海科技型企业具有高成长性和自主创新性的特点，随着市场经济体系的不断升级，技术创新不断进步，原有的各类服务和支撑已难以完全满足新形势下上海中小企业的创新创业和迅速成长的需求。为此，上海在2006年开始前瞻性地布局实施科技小巨人工程，通过政策性精准扶持，有效引导社会创新资源向小巨人企业聚焦，旨在打造创新型、成长型、规模型的细分行业隐形冠军。

上海在实施科技小巨人企业培育工程过程中，更加注重企业的"质量"而非"数量"，通过政策点对点的精准扶持，提升企业的创新能力和发展能级。一是明确支持和服务的目标对象。从企业生命周期层面确定政策适用对象，扶持处于企业生命周期的成长阶段，且未上市的创新科技型中小企业，这一阶段的企业已穿越成长的"死亡峡谷"，但容易遇到融资能力不强、人才吸引力不够、管理水平欠缺等瓶颈。科技小巨人工程可以助力企业在高新技术细分行业获取"领头羊"地位。二是着力于打造一批高新技术细分行业的"隐形冠军"。更加注重扶持企业的质量，专注于提升中小企业特色的核心竞争力，以创新型、规模型和示范型为主要导向，甄选细分市场潜在领军者，通过鼓励企业的特色创新，营造良好的创新氛围。让那些初始规模可能不如大型企业，但其在所属领域不论是技术、品牌、市场占有率都位居前列的科技型中小企业，能引领众多的中小企业的发展，在完善创新生态方面发挥重要的示范作用。不以大幅度的资助为着力点，而是通过优选的甄别机制为企业背书，从而引导社会的创新资源向小巨人企业聚焦。三是创新服务管理机制。政府的扶持通常是从供给端出发，给予相应的财政补贴和税收优惠，往往忽略创新过程以及创新效果的跟踪与评估，对创新是否符合市场和社会的需求重视不够，即忽略了创新需求侧的拉动效应。小巨人工程变事前补助为事前立项、事后补助，通过完善的后期验收评估流程，保障工程实施的效果。四是更注重对小巨人企业创新能力和体系的提升。通过政府购买服务来促进企业的创新活动，将创新的主体真正还于企业，重点解决企业在创新中遇到的融资难、服务支撑少、人才吸引力不够等核心问题，提升企业整体的创新能力。

3.“专精特新”企业培育工程：培育中小企业创新发展的领头雁

在上海加快创新转型，深化对外开放的背景下，上海中小企业已成为上海经济发展的重要支撑，并立足于上海，面向全国，放眼世界，加快创新转型和价值链延伸，通过专业化、高端化、新兴化和特色化的发展之路，不断提升发展质量效益，不断增强发展后劲动力。“专精特新”企业培育工程是上海推进中小企业创新发展的一项抓手性工作，自 2011 年启动以来，上海“专精特新”企业数量已达 1665 家，培育了一大批专注核心业务、掌握自主知识产权、拥有独特工艺技术、具备竞争优势的高成长性企业，最终的目标和宗旨就是培育中小企业创新发展的领头雁，打造制造业细分领域的真正隐形冠军。

七年来，上海“专精特新”企业培育工程从顶层规划设计到构建全方位的服务体系，努力营造“专精特新”发展氛围，不断加大

"专精特新"企业服务力度，充分发挥市场主体作用，真正打造一片适合中小企业生存发展和创新提升的土壤和空间。一是积极营造"专精特新"发展氛围。2011 年起，我们通过顶层设计、政策聚焦、企业培训、媒体宣传等多种手段，广泛推行"专精特新"发展理念，宣传"专精特新"企业及产品（服务），并联合相关部门制定了《关于加快促进"专精特新"中小企业创新驱动、转型发展的意见》和《上海市发展"专精特新"中小企业三年行动计划（2015—2017)》等指导性政策文件，营造中小企业走"专精特新"发展之路的氛围，"专精特新"成为越来越多中小企业的共识。二是建立全方位的企业服务体系。通过加强市区联动机制效应，建立覆盖全域的"1+17+X+N"中小企业社会化服务体系，搭建了中小企业互动服务平台，开设了中小企业服务热线，协调区县、街镇（园区）和各类社会化服务机构为"专精特新"企业服务，形成了一张"纵向到底、横向到边"的服务网络，为"专精特新"企业解决发展各阶段和经营管理各方面遇到的问题。三是充分发挥政策叠加优势。上海市中小企业发展专项资金不断加大对"专精特新"企业的支持，充分利用好现有的专项资金支持，企业技术改造项目优先支持"专精特新"企业提升产品和技术等级。四是着力解决"专精特新"企业融资困难。积极推进交行、招商、兴业、上海银行等多家银行开发"专精特新"企业信用贷款产品。通过政府部门与银行机构共建"小额票据贴现中心"，解决"专精特新"企业小额票据贴现难问题。通过举办企业改制上市培训活动，支持"专精特新"抓住"战略新兴板"机遇，在多层次资本市场挂牌上市。五是大胆创新"专精特新"企业合作平台。积极推动土地、市场、人脉、资本等各类资源要素在"专精特新"企业平台上共享或重新组合，拓展"专精特新"

企业的市场和发展领域。鼓励企业家们自发组建"专精特新企业家联谊会"，着力打造一个自我管理、自主发展的生态系统，创新企业之间的合作方式。目前已组建了绿色建筑、智能制造、绿色食品和绿色消费品四个专业委员会，促进会员企业在产业链上进行深层次合作。

（二）有效落实两大计划

1. 中小企业上市培育计划：培育制造业隐形冠军企业的潜力股

上海具有健全的市场机制和良好的企业营商环境，特别是在金融资本方面具备得天独厚的优势条件。为充分发挥金融资本对制造业发展的支撑作用，上海提出了中小企业改制上市培育计划，通过政府服务的创新，让金融资本与中小企业的资本需求实现了完美对接。2018 年，本市新增境内外上市企业 34 家，募集资金 415 亿元。其中，A 股市场新增上市企业 9 家，募集资金 83 亿元，与北京并列全国第四，目前全市共有 A 股上市公司 283 家，累计募集资金 2664 亿元，另有 3 家已过会待发行上市；新增境外主要资本市场上市企业 25 家，募集资金 332 亿元；新增"新三板"挂牌企业 42 家，累计挂牌企业 916 家。建立拟上市企业培育库，入库企业达 2278 家，其中，16 家报证监会，115 家报上海证监局。积极做好推出科创板及试点注册制的对接工作，梳理挖掘后备企业。目前本市"上市一批、辅导一批、培育一批"的格局进一步巩固。

在充分发挥市场主体机制作用前提下，政府需要敢于突破和创新服务模式，做好各种资源对接的桥梁纽带作用。在推进产业与金融对接过程中，上海市政府通过选择符合国家和市产业政策、成长性良好且有上市意愿的中小企业作为重点培育对象，争取通过系统性服务和配套政策支持，增强中小企业对现代企业制度和资本市场的认识，使一批中小企业治理结构进一步完善，规范运作水平明显提高，成长性明显增强，改制和上市进程明显加快。一方面开展培训工作，做好优质拟上市企业后备资源的挖掘和培育。通过创办"评选上海最具投资潜力 50 佳创业企业"和"上海市百家中小企业改制培育系列培训"等系列活动，深入挖掘出一批投资潜力企业，帮助和引导企业拓宽直接融资视野、树立上市目标。同时，针对拟上市企业所处阶段的个性化需求，提供针对性的咨询和服务，解决企业上市过程中的实际问题。另一方面完善服务机制，搭建资源平台。建立协同联动的工作机制，搭建跨区域、跨部门的工作交流、问题沟通互动平台，为企业的改制上市提供良好的政策环境和有力的服务保障。

2. 云上企业服务计划：面向企业打造政策集成服务

为有效解决企业对政府政策理解不清、有问题投诉无门等一些长期制约企业发展的"老大难"问题，帮助企业享受一门式政策和服务，推动产业政策落实落地，改变政策落实和效果评估的部门内部循环现象，有效提高政府服务效能，上海市经济和信息化委员会贯彻落实党中央提出的"放管服"改革要求，将企业服务平台作为优化营商环境的重要抓手，充分利用"互联网 + 政务服务"技术体系，在全市层面建立市区联动、服务便捷的企业服务平台。一是线上与线下融合，打破"服务孤岛"。企业服务平台线上搭建"上海市企业服务云"网站，线下建设"上海市企业服务中心"，线上与线下融合。充分发挥各区服务企业的主体作用，推动服务重心下沉，集聚市、区两级政府的政策、公共服务及社会机构的专业资源，使全市真正形成服务合力，建立企业服务"一张网"。二是兜底式服务，覆盖全口径企业。企业服务平台的服务范围涵盖在沪央企、地方国企、民营企业、外资企业全所有制企业，大、中、小、微、个体工商户全规模企业群体，企业初创、成长、壮大、衰退的全生命周期。在市级层面上，协调解决影响各区企业发展的瓶颈和共性问题；在区级层面上，发挥各区贴近企业的优势，主动解决企业困难，打通企业服务"最后一公里"。三是全过程跟踪，跨部门协同联动。通过建立全过程的跟踪督办机制，形成诉求受理、分派、解决、评估的服务闭环，确保"事事有反馈、件件有落实"。加强营商环境评估，推动市场主体参与营商环境建设，补齐企业服务短板。推动政府服务的跨界协作，打通企业诉求的处理链，构建企业服务的无缝对接网络。鼓励各区、各部门利用企业服务平台，跨区、跨部门研究解决企业实际困难。

（三）精准施策服务对接

近年来，上海坚持"稳中求进"的总基调，深化落实供给侧结构性改革要求，稳步推进"中国制造2025"上海行动纲要和"十三五"规划政策文件的落地实施，通过出台相关配套的支持政策，保障上海制造业稳步发展。

1. 金融政策支持：近年来，上海加快推进金融服务与实体经济的融合发展，通过政府引导性产业基金、融资担保等方式推动产业的创新转型。2017年，上海启动了制造业转型升级基金，并引导社会基金资本有序投入，在人工智能、工业互联网、传感器及物联网、新材料、航空航天、智能网联汽车、军民融合等领域，加大对制造业企业特别是中小企业的资金支持力度。在基金管理方面，充分发挥市场机制作用，积极引入社会资本管理服务模式，探索政府产业引导与市场化投资相结合的母基金直投策略。同时，完善基金管理制度化，提前做好风险防控工作，实现政府基金管理专业化、效率化。另一方面，积极探索金融服务模式创新，组织国家开发银行、产业基金、保险等金融机构，将其纳入到产业链的协作环节中。例如，组建大型政策性担保机构，完善市区政策性融资担保体系，探索搭建"投、贷、担"联动平台，推进银企合作风险分担，组织国开行为中小企业提供低息贷款等。又如，率先设立"小额票据贴现中心"，平均单张票面金额仅30万元，解决小微企业集中反映的小额票据贴现难问题，等等。

2. 产业政策支持：为巩固提升实体经济能级，提升实体经济质量和核心竞争力，上海市政府出台了《关于创新驱动发展 巩固实体经济能级的若干意见》，以供给侧结构性改革为主线，提出了上海制造业未来五年战略性新兴产业制造业产值占全市工业总产值比重达到35%左右的发展目标，进一步明确了上海制造业未来发展的路径和方向。同时，为了全力打响"上海制造"品牌，打造全球卓越制造基地，上海市出台了《全力打响"上海制造"品牌 加快迈向全球卓越制造基地三年行动计划(2018—2020)》的指导性文件，通过对标国际最高标准、最好水平，以推进供给侧结构性改革为主线，以迈向全球产业链、价值链高端为目标，提出了全面实施"四名六创"的行动计划，引导上海制造业向高端化、品质化、融合化、协同化方向发展。

上海市经济和信息化委员会

2019 年 1 月 8 日

智　强　武　鹏

2018 年 5 月，国内多家媒体报道，长江存储科技有限责任公司（以下简称"长江存储"）从荷兰阿斯麦公司（ASML）订购的一台 193 纳米浸没式光刻机抵达武汉。这台机器售价 7200 万美元，可用于 20 纳米至 14 纳米 3D NAND 闪存芯片制程。

另据外媒报道，中芯国际集成电路制造有限公司（以下简称"中芯国际"）也向阿斯麦订购了一台光刻机，但与长江存储不同，中芯国际订购的是一台目前世界上最先进的极紫外光刻机（Extreme Ultra Violet，EUV），售价高达 1.2 亿美元，未来可用于芯片制造的 7 纳米制程，预计将于 2019 年年初交货。

这两家公司购买生产设备的正常经营行为，为什么引起了媒体的如此关注？这显然与此前发生的"中兴事件"有关。"中兴事件"使人们明白了，我国高端芯片严重依赖国外，90% 以上需要进口。究其原因，装备落后是重要原因之一。在制造芯片的众多装备中，光刻机是最为关键的。现在，我国企业把最先进的光刻机引入了生产线，这就意味着高端芯片国产化指日可待。所以，长江存储和中芯国际采购高端光刻机，引起了媒体的特别关注。

光刻机的研发和制造难度非常大，仅就用于芯片制造的光刻机而言，在当今世界只有荷兰的阿斯麦、日本的尼康和佳能少数几家公司做得出来。而在我国企业中，目前上海微电子装备（集团）股份有限公司（以下简称"上微"）是能够生产这种光刻机的独苗。所以，尽管上微与阿斯麦相比还有很大差距，但它依然被国人寄予了厚望。

从无到有

芯片,有人说它是电子设备的大脑,也有人说它是工业的粮食。芯片应用的范围十分广泛,小到手机,大到飞机,再到现代工业以及新兴产业的许多领域,都离不开它。作为全球电子制造业大国,我国拥有世界最大的芯片市场,占世界市场的 50% 以上,但高端芯片的自给率却不到 10%。海关统计显示,2013 年,我国集成电路进口额为 2322 亿美元,超过石油成为第一大进口商品;2017 年,我国集成电路进口额为 2601.4 亿美元,连续 5 年超过石油的进口额。近几年,我国石油对外依存度在 60% 以上,超过了国际经验 50% 的"安全警戒线",2017 年高达 67.4%,这引起了人们对能源安全的担忧。然而,芯片呢?高端芯片 90% 以上依赖进口,对外依存度远高于石油。在此情况下,像我们这样的一个经济大国,经济安全乃至国防安全都将会受到严重影响。因此,加快发展芯片产业刻不容缓。

然而,制造芯片可不是一件容易的事情。"制造一块集成电路芯片,其精细程度相当于一根头发丝的 1‰,好比在头发上面'绣花'一样。"上微总经理贺荣明说。

在芯片生产流程中,光刻是最复杂、最关键的工艺步骤,耗时长、成本高。芯片生产的难点和关键点就在于将电路图从掩模上转移至硅片上,这一过程是通过光刻来实现的,光刻的工艺水平直接决定芯片的制程水平和性能水平。据介绍,芯片在生产中需要进行 20—30 次的光刻,耗时占到集成电路生产环节的 50% 左右,占芯片生产成本的 1/3。

"要把一块体积小巧、功能强大的集成电路芯片制造出来，除了卓越的电路设计外，更离不开将设计图形转换成高性能芯片的制造设备，而其中最为关键的设备就是光刻机。"贺荣明如是说。

光刻机就像一台精密复杂的特殊照相机，在芯片制造中，它是"定义图形"最为重要的一种机器。高端光刻机集精密光学、机械、控制、材料等先进科技和工程技术于一体，是集成电路装备中研发投入最大、技术难度最高的关键设备，被誉为集成电路产业"皇冠上的明珠"。正是因为研制光刻机的技术门槛和资金门槛都非常高，所以，时至今日，世界上有能力涉足高端光刻机的企业寥若晨星。在上微成立之前，除了荷兰的阿斯麦，还有日本的尼康和佳能，仅此而已。龙头老大是阿斯麦，它占有全球高达80%的市场份额，并垄断了高端光刻机市场——最先进的极紫外光刻机，可谓一骑绝尘。

就是在这样的市场环境下，上微诞生了。2002年春，在上海浦东张江春晓路一栋3层小楼里，贺荣明带着最初的9位创业者走上了光刻机自主研发之路。也正是从那时起，中国人开启了追逐自己的光刻梦想。

在奉命组建上微之前，贺荣明在上海电气(集团)总公司工作，担任公司战略发展部部长，并没有和光刻机打过交道，所以，接受研发光刻机的任务，对于他而言是一个非常大的挑战。"如今回想起来还是有些后怕。虽然当时对光刻机的技术难度有所预估，但确实没料到会这么难。"贺荣明说。

上微一创立就面临着重重困难。一是人才严重匮乏。据贺荣明介绍，"当时国内'懂'光刻机的只有几十人。"人才不足是公司遇到的最大难题。二是缺乏技术积累。自己没有技术积累，引进西方国家的技术又受到很多限制，所以，上微不得不零起步。三是没有配套的供应链。当时，国内与光刻机相关的配套行业几乎是一片空白。

在这样的情况下，"想要建立行业生态链和国际合作很难。"贺荣明说，"唯一的出路就是走创新之路。"但是，如何创新呢？上微的创业者们把一种"解方程式"的方法应用到创新之中。他们首先"将自己定位为光刻机的'顶层系统设计者'，并确立了聚焦集成创新的研发策略，通过在产业链上位置的跃迁，来实现自主创新。"贺荣明讲述着上微的创新之路，"光刻机的零部件可以由合作企业提供，但系统设计和核心技术要掌握在自己手里。比如说一个系统集成的项目，我们通过自主攻关，将其分解到元器件时，全球可合作的资源就丰富了。"

上微专门设置了一个集成工程部，其职责就是把关设备，把一个个小的系统集成成光刻机。"我们既是前锋又是守门员。前锋是要把产品性能调到最佳提供给客户，守门员就是堵住这样那样的问题。"上微集成工程部毛方林经理说，"我们面临最大的困难就是没有任何集成的经验借鉴，只能靠自己的经验积累和摸索。"

上微在系统设计和集成方面的不断探索，最后走出了一条通向集成创新的成功之路。说起上微的集成创新，贺荣明颇有心得地说："集成创新，就是由我设计，然后全球技术为我所用，最后还由我调控。在技术基础薄弱和国外封锁的情况下，用好的管理和组织方式，照样可以掌握复杂的技术系统。"

鏖战多年后，他们的努力终于得到了回报。2008 年，上微制造出了第一台国产 100 纳米光刻机，实现了零的突破。同年，上微开始研制 90 纳米光刻机，在我国一片空白的光刻机领域又迈出了关键的一步。

2018 年 3 月，上微承担的国家重大科技专项（简称"02 专项"）"90 纳米光刻机项目"通过了验收。国产 90 纳米光刻机的问世，标志着上微成为继阿斯麦、尼康和佳能之后，第四家掌握光刻机系统设计和系统集成技术的公司。

上微的不懈努力，得到了国家权威机构和社会各界的认可。例如，2012 年 12 月，上微负责的研究课题《纳米精度多自由度运动系统关键技术及其应用》荣获"国家技术发明二等奖"。2018 年 6 月，上微获得由上海品牌国际认证联盟等机构授予的"上海品牌"认证荣誉称号，成为上海首批获得该认证的企业。

"沿途下蛋"

就中国而言，做出 90 纳米光刻机，无疑是在零的突破基础上，又迈出了关键的一步，但是，现在市场需求的主流设备是 28—14 纳米光刻机，所以，上微碰到了产品落后于市场需求的难题。在这种情况下，产业链下游的芯片企业不会掏出真金白银购买上微的 90 纳米光刻机，这就意味着上微研发的 90 纳米光刻机无法进入产线调试，从而无法积累工艺适应性经验，没有这些经验积累，进一步研发从何谈起？更大的问题是：没有销售收入，企业持续经营下去的资金从何而来？

钱从哪里来？这是上微必须要解决的问题。政府扶持固然能解决一部分研发资金短缺的难题，但这个办法并不能解决企业运营所需的全部资金。企业要生存下去，要发展起来，光靠政府"输血"是不够的，一定要有持续的自我"造血"能力。

　　上微目前做出的制造芯片的前道产品虽然只是 90 纳米光刻机，但在长期的研发过程中，也积累了一定的技术力量，并基本掌握了高端光刻机的集成技术和部分掌握了光刻机核心部件的制造技术。于是，上微的运营团队在思考：上微能不能在继续攻关高端光刻机的同时，利用现有的技术力量，在产业链的其他环节开发出符合市场需求的产品？很显然，这样做的结果，既有利于降低对"输血"的依赖，也有利于增强企业的"造血"功能。上微把这种技术向市场转化的模式称作"沿途下蛋"。

　　实施了"沿途下蛋"的战略后，上微的产品线日渐丰富，国内国际市场也逐渐打开，营业收入不断增加。上微研制的 LED 光刻机市场占有率全球第一；封装光刻机占领了 90% 的国内市场，同时国际市场占有率全球第二；平板光刻机已供给了国内天马公司等，打破了日本佳能、尼康公司对技术和市场的垄断。此外，上微还开发了激光封装、激光退火、检测类设备等。通过这些适应市场需求的技术转化，上微实现了自我造血。

从"沿途下蛋"的结果来看，上微并不是为了赚快钱而脱实向虚去搞房地产、金融，也不是离开核心技术搞多元化，而是充分利用自己多年积累起来的技术优势，在半导体行业不断地下出了满足市场需求的"金蛋"。

例如，LED 灯是国家倡导的节能产品，其芯片制造需要光刻机。上微研发的 LED 光刻机以其技术领先的优势，广受市场的追捧。"从现在来看，我们 LED 光刻机的订单已经满产满销，市场非常好。"上微一位管理人员说。

平板光刻机是新型显示产业中的关键设备，国际上只有少数国家能够生产此类设备。上微研制的平板光刻机打破了国外的垄断，在国内市场日益受到认可。上微应用于平板显示的 SSB245 高分辨率投影曝光机曾荣获"2016 年中国国际工业博览会金奖"。

在芯片制造装备的研制方面，上微的策略是"一手抓国家战略，一手紧紧实施产业化"。上微始终把国家战略布局的高端光刻机，也称前道光刻机，视作重点攻关任务，同时也积极探索将其核心技术应用到产业链的其他环节，比如上微研发的封装领域的后道光刻机，就是一个非常适合市场需要的产品。我国的封装企业基本都使用上微生产的后道光刻机。上微的产品比美国的同类产品有竞争优势。而且上微的产品和国内用户的工艺匹配更好。上微后道光刻机的成功量产，不仅打破了国外的垄断，改变了国际先进封装设备的市场格局，而且还迫使国外竞争对手不得不将其产品的市场价格大幅下降。为此，中国国际工业博览会曾于 2012 年授予上微先进封装光刻机"金奖"。

前道光刻机的国产化是上微的终极目标，但"沿途下蛋"也是上微不可或缺的经营战略。上微把研发前道光刻机形象地比喻为攀登"珠峰"，而"沿途下蛋"就是在登"珠峰"的途中技术外溢并商业化的结果。显然，这是上微对企业经营战略的一种创新。这一创新既满足了市场需求，又解决了企业持续经营的自我造血问题。

无独有偶，2018 年 7 月 13 日，华为总裁任正非在华为内部作了一个题为《在攀登珠峰的路上沿途下蛋》的报告。他说："我们要承认现实主义，不能总是理想主义，不能为了理想，等啊等啊。我们要在攀登珠峰的征程中沿途下蛋。"任正非在这里提到的"珠峰"和"沿途下蛋"指的是什么呢？他以"无人驾驶"为例说："现在大家说的无人驾驶，其实就是一个珠穆朗玛峰。无人驾驶是基础研究，我们要支持科学家为理想而奋斗，暂时不要去做商用产品。先让科学家一心一意地研究科学，不要顾及商业利益。而沿途下蛋，则是即使将来我们不能在马路上无人驾驶，也可以在生产线上使用、管理流程中使用、低速条件下的工作中使用……各种东西都可以引入无人驾驶这个概念，但是，它不一定就是无人驾驶。我跟何庭波在欧洲讲这个事的时候，何庭波发明了一个词——沿途下蛋。无人驾驶就是爬珠峰，爬山过程中，有人可以半路去放羊，有人可以半路去挖矿，有人可以半路去滑雪……把孵化的技术应用到各个领域，这就是沿途下蛋。"

结合到华为的业务，任正非说："我们在走向 5G 的路上，也要将 5G 的先进技术先用到 4G 网络上，因为 4G 我们已经占有全球很大的份额，如果 4G 好用，那么，这些份额就是我们的地盘。"

"沿途下蛋"一经任正非的口说出来，市场上好评如潮，效仿者云集。然而，那些肯定"沿途下蛋"的人包括任正非可能不知道，在上海有一个攀登光刻机珠峰的企业——上微，早已提出并实践了"沿途下蛋"的企业经营战略，真可谓英雄所见略同。

在实施攀登"珠峰"和"沿途下蛋"的经营战略中，上微形成了高端光刻类设备、激光应用类设备、光学检测类设备、特殊应用类设备四大系列产品。在此基础上，上微正在攀登新的高峰，力争在 2025 年建成中国领先、全球先进的以光刻机及相关衍生产品为代表的高端智能装备集团，成为我国泛半导体产业领域生产高端智能装备的重要力量。

新的目标

90 纳米光刻机刚刚通过验收，上微就又接到了新的任务：到 2020 年完成 28 纳米光刻机的研制。

显然，对于上微而言，这是一个光荣但却十分艰巨的任务。上微生产的 90 纳米光刻机虽已进入产线试用，但还没有积累工艺适应性经验，现在面临着研制 28 纳米光刻机的任务怎样做起呢？

从光刻机的技术阶梯看，90 纳米是一个技术台阶。从 90 纳米做到 65 纳米比较容易，然后对 65 纳米光刻机进行升级可做到 45 纳米。45 纳米是一个很重要的技术台阶，32 纳米、28 纳米光刻机基本都是对 45 纳米深紫外浸没式光刻机改进升级的结果。上到 45 纳米这个台阶后，对物镜和光源进行升级可以达到 32 纳米，极限光刻工艺节点可达 28 纳米。但下一步升级到 22 纳米这一台阶，难度则将大增，因为要用到很多新技术。

现在，上微要在不到 3 年的时间，跳过 65 纳米、45 纳米等，从 90 纳米干式光刻机直接升级到 28 纳米浸没式光刻机，其难度可想而知。

从上微完成任务的时间表来看，还剩不到 3 年的时间，时间确实紧了点。但从光刻机的发展速度看，阿斯麦现在已将光刻机发展到了新一代极紫外光刻机，如果我们不提速追赶，那么，我们的新产品一出来，就又有可能像 90 纳米光刻机一样，沦为不适合主流市场需求的落后产品，从而国内芯片制造厂也就改变不了高端光刻机依赖进口的命运。

上微有完成任务的责任和使命，也有一定的完成任务的优势。经过 16 年的发展，上微现已发展成为世界第四个掌握光刻机系统设计和系统集成技术的公司。通过自主创新，在光刻机核心技术方面也取得了一些重大突破。截至 2018 年 5 月，上微申请专利总数多达 2498 项（授权 1371 项），其中申请中国发明专利 1845 项（授权 1050 项），申请国外发明专利 407 项（授权 140 项）。上微知识产权保护工作做得卓有成效，被评为国家级知识产权示范企业。

上微已形成了一支超过 1000 人的员工队伍。这是一支年龄结构合理、学科门类齐全、专业技能扎实的光刻机设计、集成的优秀工程技术人才队伍以及与复杂系统研制和产品化、产业化相适应的经营管理团队。

凭借着这些优势，再加上国家在资金等政策方面的大力支持，上微正在努力抓紧时间完成任务。

我们期待上微早日成功，实现中国人的光刻梦想。

中微半导体设备（上海）有限公司

第二篇

中微：半导体和芯片制造装备国产先锋

智　强　武　鹏　时炳臣

　　前不久，台湾积体电路制造股份有限公司（以下简称"台积电"）为其领跑全球的 7 纳米生产线确定了 5 家刻蚀设备供应商，中微半导体设备（上海）有限公司（以下简称"中微"）赫然在列。同时，台积电与中微在 5 纳米刻蚀工艺上的合作也已经展开。

　　另据报道，2017 年年初，在美国总统科学技术咨询委员会向总统提交的报告《确保美国半导体的长期领导地位》中，中微是唯一被提及的中国企业。此前，美国商务部在实地考察了中微和中芯国际后，于 2015 年 2 月 9 日公告放弃"限制对华出口刻蚀设备"并通报"瓦森纳协议"。这一事件标志着西方国家在集成电路高端装备领域的垄断和对华封锁被首次打破。

　　中微是一家什么样的企业？它凭什么能突破"瓦森纳协议"对华出口刻蚀机的限制，并与世界顶级刻蚀机公司共同成为台积电的供应商？它给中国集成电路产业带来了怎样的改变？带着这样一些问题，笔者于 2018 年 5 月来到上海，对中微进行了深入调研。

中微创办于 2004 年，是国内半导体和集成电路制造装备产业的领先企业。中微有三大产品：芯片制造前道等离子体刻蚀设备（D-RIE）、硅通孔刻蚀设备（TSV）和金属有机物化学气相沉积设备（MOCVD）。这三大产品的技术水平在各自的细分领域都位居世界前三强。

目前，中微是国内仅有的一家能够在国际市场上持续地和批量地销售极大规模集成电路制造高端装备的企业。

开启新征程

中微是在上海市政府的推动下，由一批资深留学生于 2004 年在上海浦东创立，其领军人物是公司董事长尹志尧。20 世纪 80 年代，尹志尧留学美国。1984 年，他在加州大学洛杉矶分校获博士学位。博士毕业后，尹志尧进入英特尔工作，负责电浆刻蚀业务。而后，他又先后在美国科林研发和全球最大的芯片设备生产企业美国应用材料工作。在美国应用材料工作期间，尹志尧曾任总公司副总裁及刻蚀产品部总经理。

尹志尧在美国硅谷闯荡之日，也正是中国半导体产业蜕变之时。

1983 年 5 月，国务院成立电子计算机和大规模集成电路领导小组，时任国务院副总理万里任组长，第二年改组为电子振兴领导小组，时任国务院副总理李鹏任组长。同年 7 月，国务院发布《关于抓紧研制重大技术装备的决定》，这份文件就是对我国重大技术装备发展影响巨大的国发〔1983〕110 号文件。其中，"制造大规模集成电路的成套设备"被列为重点突破的十大技术装备之一。

2000 年 6 月，在倪光南等一批老专家的推动下，国务院出台 18 号文件《鼓励软件产业和集成电路产业发展的若干政策》。2001 年，国务院对国发〔2000〕18 号文件进行了进一步补充，并发布《国务院办公厅关于进一步完善软件产业和集成电路产业发展政策有关问题的复函》，即后来的国办函〔2001〕51 号文件。这两份文件的核心内容就是对芯片企业降税，扶持半导体行业的发展。

从那一年起，一批批海外赤子回国创业。2000 年 4 月，由张汝京领衔的中芯国际在上海浦东新区成立，这标志着中国半导体产业开始书写新的篇章。

尹志尧回国创业与一个人有很大的关系，这个人就是上海集成电路产业的奠基人——江上舟，两人中学时是北京四中的校友。为了上海集成电路产业的发展，江上舟曾鼓动张汝京等一大批硅谷华人回国创业，尹志尧就是其中一位。

在一次世界半导体设备展上，尹志尧偶遇时任上海经委副主任江上舟。江上舟仔细观看了美国应用材料的设备后说："看来刻蚀机比原子弹还复杂，外国人用它来卡我们的脖子，我们能不能自己把它造出来？"面对深思的尹志尧，江上舟又补充道："我是个癌症病人，只剩下半条命，哪怕豁出命去，也要为国家造出刻蚀机。我们一起干吧！"

2004年8月，时年60岁的尹志尧决定回国创业。他说："我给外国人做了几十年嫁衣了，是时候报效祖国了。"与此同时，他还说服并带回了18位在硅谷主流半导体设备公司或研究机构工作多年的资深华裔工程师，后来有15位与尹志尧一起创建了中微。从此，尹志尧和他的团队开启了驰骋中国半导体和芯片装备产业的新征程。

尹志尧在半导体行业工作了20多年，一个人拥有60多项技术专利，被称为"硅谷最成功的华人之一"。在美国，尹志尧每年有2亿美元的研发经费。回国创业之时，上海市政府支持了5000万元启动资金，另外他们还自筹了150万美元。但这点钱对于一个像中微这样的企业，是远远不够的，很快钱就花光了。缺钱，成了尹志尧面临的头号难题。为了筹资，他跑遍所有可能注资的机构和企业，但资金缺位还是很大。此时，江上舟给他送来了个好消息——国家开发银行行长陈元同意见他。当陈元得知他们要做的是刻蚀机时，兴奋地说："这东西，我做梦都想做，一定要支持。"结果，中微从国开行拿到5000万美元的低息"技术援助贷款"。此后，中微的发展步入了快车道。

芯片制作有三个主要设备：光刻机、刻蚀机和薄膜沉积设备。"当时，我们选做两个，即刻蚀机和薄膜沉积设备。"中微副总裁兼中国区总经理曹炼生说。2008 年，中微自行研发的 12 英寸刻蚀机卖到了台湾，进入了芯片生产线。

中微成立之初，上海市政府以"科教兴市"重大项目给予了资金支持，之后又通过上海科创投集团对公司多次投资。2014 年年底，中微成为国家集成电路产业投资基金支持的第一批三家企业之一。经过几轮融资，中微注册资本现超过了 2.69 亿美元，估值人民币 80.9 亿元。中微前三大股东分别为公司员工（20.26%）、上海科创投集团（19.97%）和国家集成电路产业投资基金（19.34%）。中微现有员工约 600 名，其中约 1/4 来自美国、日本、韩国、新加坡和中国台湾等地，是一支相当专业化、国际化的精英队伍。

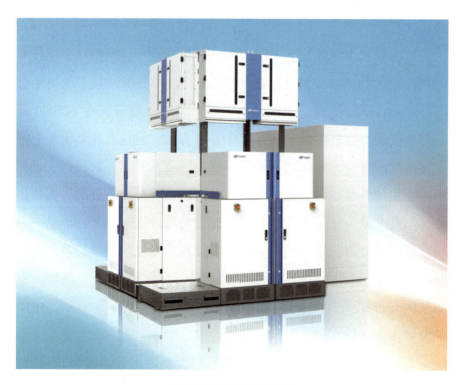

中微等离子体介质刻蚀机

每每说起中微的创建和发展，尹志尧总是要特别感谢一个人，这个人就是江上舟。2011 年，当江上舟不幸因病去世时，他专门撰文写道：上舟先生是我们的领路人。

群雄盘踞的装备市场

半导体产业十分庞大，一般包括集成电路（IC）、光电子、分离器和传感器等，其中 IC 的规模占 80% 以上，所以，半导体和集成电路这两个概念经常混用。而芯片则是指内含集成电路的硅片，它分为几十个大类，上千个小类。制造一块小小的芯片，涉及 50 多个学科、数千道工序。从产业链的角度看，半导体及芯片产业主要包括装备、材料、设计、制造、封测五大部分，其中装备和材料属于产业链的上游。在这条产业链上，目前我国企业包括半导体装备制造企业与国外企业相比，差距还是很大的。

据国际半导体产业协会（SEMI）2018 年 1 月 26 日公布的数据，2017 年全球半导体设备商出货金额达到 560 亿美元，比起上一年大幅增长接近 40%，创下历史新高。由于全球新建的 12 英寸晶圆厂逐渐向中国集中，因此半导体和芯片装备采购额增长，很大程度上来自中国。

半导体装备是半导体产业发展的基础，也是半导体产业价值链顶端的"皇冠"。目前，全球半导体装备一年销售额 560 亿美元，市场规模不算很大。但因其技术门槛非常高，所以它对一国集成电路产业的发展起着决定性的作用，因此也就成了全球竞争的制高点。

目前，中国半导体和芯片装备制造的能力，尤其是规模和投入，还远落后于发达国家。从美国高德纳公司（Gartner Group）发布的 2016 年全球十大半导体设备供应商排名看，美国、日本和荷兰三个国家的公司垄断了全部入榜企业，中国公司没有一家入围。

2016 年全球十大半导体设备供应商排名

排名	公司	营业收入（百万美元）	年增率（%）
1	应用材料（Applied Materials）	7736.9	20.5
2	泛林研发（Lam Research）	5213.0	8.4
3	阿斯麦（ASML）	5090.6	7.6
4	东京电子（Tokyo Electron）	4861.0	12.4
5	科磊（KLA-Tencor）	2406.0	17.8
6	迪恩士（Screen Semiconductor Solutions）	1374.9	41.5
7	日立高新技术（Hitachi High-Technologies）	980.2	24.3
8	尼康（Nikon）	731.5	1.0
9	日立国际电气（Hitachi Kokusai）	528.4	−16.6
10	ASM 国际（ASM International）	496.9	−14.7

资料来源：美国高德纳公司（Gartner Group）

说明：按晶圆制造设备营业收入排名

在这个排行榜中，世界前三强是美国应用材料（Applied Materials）、美国泛林研发（Lam Research）、荷兰阿斯麦（ASML）。最后一名是荷兰 ASM 国际（ASM International），2016 年营收约为 4.97 亿美元，这也是入榜的最低门槛。这个榜单各公司的销售收入只计入了设备销售收入，如果是全部营业收入，入榜企业的规模还要大一些，比如美国应用材料则是 100 亿美元以上的企业。

我们再来看中国半导体设备制造企业的十强。

2016 年中国半导体设备制造企业十强排名

排名	公司名称	销售收入（万元）	出口额（万元）	设备类别
1	中电科电子装备集团有限公司	90788.0	0.0	IC、光伏、LED
2	浙江晶盛机电股份有限公司	89783.0	0.0	光伏、LED
3	深圳市捷佳伟创新能源装备股份有限公司	76973.6	22870.5	光伏
4	北方华创科技集团股份有限公司	68690.7	719.9	IC、光伏、LED
5	中微半导体（上海）有限公司	48459.0	18691.3	IC、LED
6	上海微电子装备有限公司	29047.6	3425.0	IC、其他
7	北京京运通科技股份有限公司	26832.5	0.0	光伏
8	天通吉成机器技术有限公司	21414.0	0.0	光伏、LED
9	盛美半导体设备（上海）有限公司	16423.0	16423.0	IC
10	格兰达技术（深圳）有限公司	15006.6	7250.5	IC
合计		483418.0	69380.2	

资料来源：中国半导体行业协会

说明：按半导体设备销售收入排名

2016 年中国半导体设备销售收入总计 57.33 亿元，同比增长 21.5%，其中前十强公司销售收入总额 48.34 亿元，同比增长 28.5%。据国际半导体产业协会（SEMI）统计，2016 年全球半导体设备出货额 412 亿美元，中国大约占 2%。中国半导体设备十强企业销售收入总额，仅与世界十强的第八名日本尼康大体相当。可见，中国半导体设备制造企业与美国、日本和荷兰的企业相比，差距很大。虽然世界十强的最低门槛并不算很高，但其营收规模也高出中国十强第一名近 4 倍之多。

在市场已被世界群雄分割完毕的情况下，中国企业如何追赶？

芯片制造需要上百种装备，如扩散炉、光刻机、刻蚀机、离子注入机、薄膜沉积设备、化学机械抛光机、清洗机等，但其中占设备投资总额比重最大的，"第一是光刻机，占 20%；第二是刻蚀机，占 18%—19%；第三是薄膜沉积设备，占 15%。"曹炼生说。这三类装备占芯片制造企业设备总投资的 50% 以上。因此，攻克这三类装备是发展我国集成电路产业的"急所"。

中微正是为制造刻蚀设备、薄膜沉积设备而生。从 2004 年诞生到今天，中微一直是瞄准了国际最先进水平，在世界第一方阵的"并跑"中不断靠前。尽管在企业规模方面，中微与国际半导体装备十强公司还没法比，但仅就刻蚀机这个细分领域而言，中微的技术水平已成为世界前三强。

在集成电路高端设备行业里，价格不是很敏感的，二流设备是没有市场的。中微的刻蚀设备产品在 2008 年被台积电认可并采购，标志着中微从那时起就开始与世界上最先进的刻蚀设备供应商并跑了。

艰难的追赶之路

和国外企业相比，初创时的中微是半导体装备制造企业的后来者，因此，追赶行业的标杆企业是他们必须要走的一步。就刻蚀机而言，当今世界垄断市场的制造商有三家：美国应用材料、美国泛林研发、日本东京电子。他们不仅掌握着刻蚀机制造的前沿技术，而且体量也都是相当大，美国应用材料是 100 亿美元规模的企业，美国泛林研发和日本东京电子也是达到五六十亿美元规模的企业。这三家企业就是中微要追赶的目标企业。

中微凭什么能追赶上这些企业呢？尹志尧认为，能不能追上这些企业关键在于人，而中微和他一起回国创业的团队基本都是来自这几家公司，对他们很了解，而且个个身怀绝技，所以，追赶他们，中微并不处于劣势。

那么，中微是怎么追赶的呢？引用曹炼生的一句话，就是"咬住国际先进水平不放松"。但"咬住国际先进水平不放松"既需要人又需要钱，中微的研发团队堪称国际一流，但是巨大的投资从哪里来呢？众所周知，半导体和集成电路装备制造业是一个资金、技术密集型产业，投资大、回报周期长。比如，仅就研发投入而言，美国应用材料在过去的 10 年中，平均每年的研发投入就超过 10 亿美元，占营业收入大约 10%。中微的研发投入是一个什么样的体量级呢？曹炼生说："我们每年的研发支出差不多是 5000 万美元，即人民币 3 亿多。"这只是行业老大美国应用材料年均研发投入的 1/20。即使是这样，也给中微带来了巨大的压力。2017 年，中微的销售收入创了历史新高，达到 10 亿元，以此计算，研发支出占了销售收入的 30%。这个比例明显高于美国应用材料，但这是追赶必须要付出的代价。

如此之高的研发投入，使中微不得不为钱而争取各方的支持。尽管国家的专项研发资助能够解决一部分研发费用不足的问题，但企业最终还是要靠自己解决资金难题。事实上，中国半导体和集成电路装备制造企业都面临着和中微同样的问题。

"这就又牵扯出另外一个问题，就是说像我们这样的高科技企业到底该怎么办？在我们集成电路装备产业中现在有三个模式，即中微、上微、北微三个国内重点企业走的三条不同的道路。"曹炼生说。

上微，就是上海微电子装备有限公司，它承担了国家科技重大专项"极大规模集成电路制造装备及成套工艺专项"的65纳米光刻机研制项目。现在，他们做出的仍然是90纳米的光刻机。尽管在我国这已经是0到1的突破，但90纳米的光刻机已不是市场上的主流产品。作为一个企业，要生存下去，就要开发出符合市场需求的产品。于是，上微利用多年积累下来的核心技术，开发了一些其他产品，例如用于封装的光刻机等，在市场上这些产品卖得也不错。有人把上微的这种做法称作"沿途下蛋"。

北微，全称是北方华创科技集团股份有限公司，由北方微电子和七星电子两家公司重组而成。其研发团队以清华、北大、中科院为背景，产品做得比较多，或者说比较齐全。有人把它誉为中国版的"应用材料"公司，但以它现在的实力和美国应用材料相比，更多地还只是对它的一种美誉。

中微和他们走了一条不一样的路。"这14年来，中微就是咬住了国际先进水平，把刻蚀机从当时国际先进水平的65纳米，一直做到现在的7纳米。"曹炼生说。

等离子体刻蚀机是中微的主要产品。从2008年起，在国家科技重大专项和上海市政府的研发资金支持下，中微先后成功开发和销售了适用于65/45/28/20/14/10/7纳米工艺制程的一系列等离子体刻蚀设备，陆续覆盖了存储器件和逻辑器件制造中大部分的介质刻蚀和半导体刻蚀工艺，始终保持着与当时的世界先进水平同步。中微生产和销售的500多个刻蚀反应台已经在中国大陆、日本、韩国、新加坡、中国台湾等国家和地区40条先进芯片生产线上运行，高质量地生产了6000多万片晶圆。2017年7月，台积电宣布将中微纳入其7纳米工艺设备采购的供应商名单，使中微成为唯一有产品进入台积电7纳米生产线的中国设备企业。

中微的另两款具有国际先进水平的产品，是硅通孔（TSV）刻蚀和金属有机物化学气相沉积（MOCVD）设备。中微硅通孔（TSV）刻蚀设备已经装备了国内所有的集成电路先进封装企业，市场占有率超过 50%。同时，远销欧洲，应用于新兴的微电机系统（MEMS）传感器制造。而用于制造蓝光 LED 的金属有机物化学气相沉积（MOCVD）设备，中微在最近两年，从几乎为零的国内市场占有率一举实现超过 70% 的市场占有率，彻底打破了美国维科（Veeco）和德国爱思强（Aixtron）两家供应商长期垄断市场的局面。由于中国的金属有机物化学气相沉积（MOCVD）设备市场是全世界最大的市场，份额超过 60%，所以，中微实际上已经是该项设备全球最大的供应商。最近，中微的金属有机物化学气相沉积（MOCVD）设备正在跨出国门，走向世界。

中微的不懈努力，得到了社会各界广泛的认可。中微已获得国内外知名奖项达 50 余次，例如，国家科技发展重大专项（"02 专项"）授予的多种奖项、中国国际工业博览会金奖和银奖、上海科技进步一等奖，以及行业权威杂志 *Semiconductor International*（《半导体国际》）颁发的 2009 年全球最佳产品奖等。

有人预测，在今天半导体设备风云际会的大时代，中微有可能成为另一个"华为"。这是对中微的赞誉，也是对中微的期盼。

国际维权三大战役

中微的快速发展引起了国际社会及同业竞争对手的广泛关注。特别是美国的竞争对手对中微高度警惕。10 多年来，美国应用材料、泛林研发、维科三大半导体设备公司轮番对中微发起了商业机密和专利侵权的法律诉讼，意欲遏制中微的发展。对此，中微早有充分的准备。他们在国内外申请了 1200 多件相关专利，其中绝大部分是发明专利，有力地保护了其自主创新形成的知识产权。

第一场官司是和全世界最大的半导体设备公司美国应用材料打的。2007 年 10 月，应用材料在美国将中微告上了法庭，指控中微窃取其商业机密，才有可能在如此短的时间里就成功开发了高水平的刻蚀设备。这是一个完全没有证据的告诉。

"法院立案以后就开始搜集证据。历时近两年，没有找到任何支持原告的证据，最后不得不以庭外和解告终。"曹炼生说。

鼎盛一时的美国应用材料为什么要屈尊状告一个弱小的中微呢？其实，这就是一种强势企业为确保既有地位的商业竞争策略。当时，中微研发成功了用于制造 65 纳米至 45 纳米芯片的刻蚀机，并已开始进入全球主流市场，对应用材料构成了挑战，所以，它此时状告中微，实质上就是想破坏中微的市场机遇，遏制住中微快速发展的脚步。

第二次官司是中微的直接竞争对手美国泛林研发在台湾地区兴讼。2009 年 1 月，泛林研发声称中微公司型号为 Primo D-RIE 的等离子体蚀刻机侵犯了泛林研发的台湾地区专利 TW136706 "电浆反应器中之多孔的电浆密封环"和 TW126873 "于电浆处理室中大量消除未局限电浆之聚焦环配置"。以此为由，泛林研发将中微告到台湾地区的法院。

中微公司以事实为依据反驳了泛林研发的指控，并指出泛林所提出的被侵权的专利根本就应当是无效的专利。台湾智慧财产法院法官在听取双方针对有效性问题辩论后，基于不需要更进一步地调查关于侵权的争点驳回了泛林研发的诉讼请求，并认定泛林研发主张遭到侵害的专利是无效的。"泛林研发不服一审判决，于是他们就上诉，结果连着打三次，三审我们全赢。"曹炼生自豪地说。

泛林研发为什么选择在台湾地区状告中微？说白了，这也是一种竞争策略。"因为我们之间竞争的主要市场就在台湾地区。"曹炼生说。

针对这场官司，尹志尧说："健康的竞争是向客户提供更优秀产品的不可缺少的保证。我们欢迎与竞争对手们的公开竞争。当然，当这样的竞争对手试图以没有根据的法律诉讼来阻碍我们进军关键市场时，我们将积极捍卫我们的权利。我们非常高兴法庭驳回了他们的诉讼。"

第三次官司是和美国维科打的。这场官司的起因究其实质，还是因为中微MOCVD设备占领市场的速度太快，维科节节败退，有点受不了了。这场官司是从2017年4月份开始的，一直打到2018年2月份才以和解的方式结束。

2017年4月，维科在纽约东区的联邦法院对中微MOCVD设备的晶圆承载器（石墨托盘）供应商西格里碳素（SGL）展开了专利侵权诉讼。维科认为，西格里碳素为中微半导体设计的石墨托盘侵犯了其专利，要求禁止西格里碳素向中微供货并赔偿巨额损失。

对于维科的专利侵权诉讼，中微的专利部门很清楚，他们讲的那个专利应当是无效的。中微告诉西格里碳素可以放心供货。但美国法院支持了维科的诉讼请求，禁止了西格里碳素向中微供货。这怎么办？中微决定以其人之道还治其人之身。于是，2017年7月，中微在福建高院起诉维科精密仪器国际贸易（上海）有限公司（以下简称"维科上海"），指控其TurboDisk EPIK 700型号的MOCVD设备侵犯了中微的晶圆承载器同步锁定的中国专利，申请对维科上海发布永久禁令并赔偿经济损失 1 亿元以上。

就这样，这场专利互诉战正式拉开帷幕。曹炼生说："你不是不让石墨托盘出口吗？那我就不让你的东西进口。"2018 年年初，中微获悉，美方涉嫌侵犯中微专利权的设备即将从上海浦东国际机场进口，随即向上海海关提出扣留侵权嫌疑货物的申请。上海海关及时启动知识产权海关保护程序，在进口环节开展行政执法，根据权利人申请，暂停涉嫌侵权设备的通关，这批设备货值达 3400 万元。"这一扣，维科受不了，全世界都知道了它的产品被中国给扣了。"曹炼生说，在此情况下"维科主动打电话跟中微说，我们坐下来谈谈吧。一谈，双方都表示愿意撤诉，我们也不扣你的产品，你也不要让人家禁止出口了"。经过谈判，中微与维科、西格里碳素三方最终达成全球范围相互授权的和解协议。

尹志尧说："竞争对手们基于全球客户的利益该如何解决好知识产权事宜，这次和解是一个很好的范例。"

一路走来，中微一直在努力地践行着它的目标：在半导体和集成电路产业中，为国内的制造企业供应能够替代进口的优质低价关键设备；瞄准世界科技前沿，研制能与国际垄断巨头争一席之地的具有国际最先进水平的关键设备。

展望未来，中微透露，他们正在积极筹划公司上市，登陆中国资本市场。这无疑对尹志尧提出的"用 20 年时间超越竞争对手"的目标的实现有极大的促进作用。目前，全球集成电路产业正在向中国转移，中国也把发展集成电路产业视作国家战略，在此大好机遇下，我们期待一个领先全球的半导体和芯片装备企业的出现，这个企业就是中微。

第三篇

澜起科技：集成电路"独角兽"的演进之路

秦　伟

2018 年 4 月 12 日至 13 日，"2018 中国半导体市场年会暨第七届集成电路产业创新大会"在南京召开。这次大会发布了首届中国 IC 独角兽企业排行榜，入榜企业共 20 家，澜起科技（上海）有限公司（以下简称"澜起科技"）凭借持续的技术创新、良好的市场转化和企业成长性等优势，荣登排行榜榜单之首。

澜起科技能够取得如此成就，与其创始人杨崇和是分不开的。2004 年 5 月，被称为大陆芯片设计行业"海归第一人"的杨崇和在自己所创办的半导体企业新涛科技被美国艾迪悌公司（Integrated Device Technology, Inc.）以 8500 万美元并购，并按照协议约定在艾迪悌工作满 3 年以后，回国创办其第二家半导体创业企业——澜起科技。

彼时，中国半导体产业界可谓豪杰并起，全国类似的半导体设计公司不下 500 家。澜起科技成立初期便采用"两条腿走路"的方式，同时生产数字电视机顶盒芯片和高端计算机的内存接口芯片这两种核心技术相同的产品。

如今，大多数企业已经杳无踪影，但澜起科技生存了下来，公司的核心产品——内存接口芯片进入思科、IBM、惠普等全球著名的互联网公司，是中国真正进到国际前沿，在云计算和大数据领域占据领先地位的产品，并成为全球仅有的三家、亚洲唯一一家可以在服务器内存市场提供内存接口解决方案的芯片公司，获得了在高端服务器核心芯片领域的话语权，对改变高端内存接口芯片产业结构和竞争格局带来重大影响。

"硅谷模式"的中国实践

谈到澜起科技，得从一个关键人物说起，他就是现任澜起科技董事长、首席执行官——杨崇和，被称为大陆芯片设计行业"海归第一人"。

一批中国改革开放初期培养的电子/计算机/通信类理工科学生，在20世纪80年代出国潮中率先留洋，毕业后留在美国半导体行业工作，见识和能力都得到了锻炼。在新千年前后，这批人积攒了足够多的技术沉淀和管理经验，开始陆续从大洋彼岸回到中国创业。

杨崇和便是这其中之一。

1981年赴美，1989年获得美国俄勒冈州立大学微电子学博士学位。彼时摆在杨崇和面前三个选择：一是去纽约的飞利浦实验室，二是去得克萨斯的德州仪器，三是去硅谷的国家半导体公司。前两家是赫赫有名的大公司，待遇十分优厚，但他最终因为硅谷的创业环境和学术氛围而选择了硅谷。很明显，杨崇和希望自己学习到更多的知识，而硅谷是美国乃至全球 IT 创业的前沿阵地，有着一流的创业环境和学术氛围，杨崇和很清楚自己想要的是什么。

在硅谷一工作就是 5 年，杨崇和认为，硅谷的工作经历对他来说是一个快速积累知识和能力的过程，除了这些之外，有两条经验更是令他受益匪浅：一是硅谷的高科技精神，也是一种对工作的态度。这种对高科技事业执着的工作态度在硅谷以外的地方是很难看得到的。二是对市场的敏感度。在硅谷的公司跟随市场，什么有市场就去做什么，没有市场就算技术再牛，也只是纸上谈兵，根本无人问津。

"在硅谷的 5 年学到的东西让自己受用一生。"杨崇和表示。

1997 年，在当时的电子工业部部长胡启立和华登国际投资集团茅道临的支持下，杨崇和回国创业，创办新涛科技（在硅谷成立，由上海华虹微电子集团、美国著名风险投资公司——华登国际投资集团、日本野村证券公司等共同投资 940 万美元），新涛科技主要开发通信芯片。同时他也带回了"硅谷模式"，利用风险投资来创业，在今天互联网时代，这种模式已十分普遍，不过在当时还算是首创。

"中国的优秀人才和巨大市场终将带动整个集成电路业的发展。而且从日本、韩国、新加坡以及中国台湾集成电路产业的发展过程来看，中国大陆没有理由不能将集成电路产业发展起来。"抱着这样一颗"中国芯"，杨崇和义无反顾地踏上了归国之路。

杨崇和提道："在硅谷最热的时候，同事朋友们都笑话我回国走错了。上个月我去硅谷开会，他们又认为我回国走对了。其实我从 1994 年回国以来一直就没有后悔过，因为我坚信中国的半导体产业一定会发展起来，中国一定有我的用武之地。"

澜起科技奖状墙

1999 年 4 月，新涛科技拿下了日本松下公司的订单，成为首个走出国门的芯片，开了中国集成电路出口发达国家的先河。

杨崇和最为人津津乐道的事情，还是 2001 年在股市低迷的时候，以 8500 万美元的"天价"将创办 4 年的新涛科技卖给艾迪悌公司。这应当是大陆半导体产业的第一笔国际并购案，名列 2001 年中国十大并购案之一。虽是并购案，却开了大陆半导体产业并购的先河。这也让国际风险投资商看到资本进入机会，纷纷进军国内半导体行业，直接带动了该行业今后若干年的发展。在此之前，半导体大多是以国家资金扶持为主。

新涛科技被收购之后，依据协议，杨崇和在三年后的 2004 年创办自己的第二家公司澜起科技。"那会儿市场上已经有很多的芯片公司和风险投资了。"杨崇和说。

但是，与其他芯片公司不同的是，澜起科技一开始就选择了两条腿走路，同时开发用于数字电视机顶盒芯片和大数据、云计算的内存接口芯片。杨崇和希望借面向不同市场的产品来平衡风险，当然这两种产品所涉及的核心技术是相同的。后来的事实证明澜起一开始的选择是对的。

"技术 + 市场"的中国应用

杨崇和认为，芯片厂商获得成功离不开"技术 + 市场"。技术积累是一件必须完成而又不能一蹴而就的事情，在回国之前杨崇和就已经在美国国家半导体等公司从事半导体研发。在市场选择上，杨崇和认为赶上了国家推广数字电视和云计算成为趋势的好时候。

从 2004 年成立到 2005 年推出首款 DDR2（Double Data Rate，双倍速率）服务内存接口芯片，对于芯片研发而言，澜起似乎在大踏步前进。"但是由于上市时间较晚，并没有获得客户的青睐，更不要说大规模使用了。"面对残酷的市场竞争，杨崇和也很苦恼。

澜起科技副总裁兼董事会秘书梁铂钴为我们解释，内存接口芯片不同于其他产品，想要进入主流市场就必须通过严格的认证：首先经过服务器处理器厂商的认证，然后须经过内存条提供商的认证，最后还要经过服务器厂商的认证。"经过这三轮认证后才能获得合格的内存接口芯片供应商资格，但是有资格未必能获得客户订单，就像我们的 DDR3 到 DDR4 再到 DDR5，十年磨一剑才有现在的市场地位。"梁铂钴如是说。

2010 年，澜起科技推出基于 DDR3 的服务器内存接口芯片 M88SSTE32882H0，这款芯片终于抓住了行业的尾巴，"通过了上面谈到的三个必要认证，很遗憾的是这一次澜起科技还是没能赶上潮流，市场还是没有突破。"梁铂钴回忆，至 2011 年该款芯片的出货量超过 100 万片，但这些营收并不足以让澜起科技实现盈利。

2013 年澜起科技推出 DDR4 服务器内存接口芯片，并第一个获得英特尔的认证，到 2014 年内存接口芯片营收占据公司整体营收的半壁江山。

"自 2005 年发布首款 DDR2 内存接口芯片 M88MB3000 以来，到 2015 年先后发布了 3 款基于 DDR3 的服务器内存接口芯片，6 款基于 DDR4 的服务器内存接口芯片，成为全球唯一在 DDR3 和 DDR4 得到英特尔认证的公司"，梁铂钴颇为自豪地说，"也是全球首家可以量产 DDR4 寄存时钟驱动器芯片的公司，其主要客户为三星、海力士、镁光等国际主流内存厂商，主要用户为惠普、IBM、戴尔等服务器厂商。"

十年磨一剑，今天的澜起科技是全球唯一可提供从 DDR2 到 DDR5 内存全缓冲 / 半缓冲完整解决方案的供应商。澜起科技发明的 DDR4 全缓冲"1+9"架构被中国电子设备联合委员会（JEDEC）采纳为国际标准，其相关产品已成功进入全球主流内存、服务器和云计算领域，并占据国际市场的主要份额。澜起科技终于在全球内存接口芯片领域取得了一定成果。

2016 年 6 月，中国电子学会在北京组织召开了由澜起科技完成的"低功耗 DDR 系列内存缓冲控制器芯片设计技术"科技成果鉴定会。鉴定委员会一致认为：该技术成果突破了动态时钟分配管理、低功耗高速收发器、低延迟输出驱动器与高灵敏度输入接收器等一系列关键技术，整体技术达到国际领先水平，极大地提升了我国在 DDR 内存缓冲控制器领域的芯片设计和产业化水平。同年获

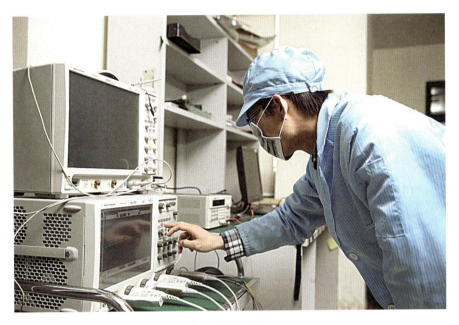

澜起科技实验室

得中国电子学会"科技进步奖"一等奖。

　　"该产品是澜起科技利用专有的高速、低功耗等设计技术，为新一代服务器平台提供的高性能内存接口解决方案。"梁铂钴介绍，"该产品已通过英特尔等业界知名 CPU 厂商的严格认证，并被三星、海力士、美光和金士顿等内存条厂商广泛使用，取得了显著的经济效益和社会效益。"

　　"而在实现这个目标期间，公司的收入就主要依靠机顶盒业务。"杨崇和颇为无奈地表示，这也是上面为什么说澜起一开始选择两条腿走路这个决定是非常明智的，公司将短期收益与长远规划结合在一起，机顶盒芯片相比服务器内存接口芯片实现起来更加容易，上市要求也没有后者严格，拥有更加广阔的市场，能在短期内就实现收益，从而支撑了澜起科技从机顶盒业务向服务器内存缓冲业务的升级。

高端的技术研发能力、敏锐的市场调查能力、灵活的融资能力，为澜起科技的进一步发展提供了坚实的基础。

而支撑这一切的背后，是人才与创新！

"澜起科技是国内少有的'拥有国际团队、具备国际竞争力、掌握国际核心技术、占领国际高端市场'的集成电路设计公司。"杨崇和非常骄傲地表示，"我们每年研发投入占主营收入的9%。"

人才是创新的根基，是创新的核心要素。据介绍，澜起科技拥有一支专业的集成电路设计团队，包括160多名研发设计人员，80%以上为硕士以上学历，其中包括从海外留学归国的博士，从事本行业领域20多年，拥有丰富的技术和经验。

"公司正在以科技创新为动力，不断增强品牌培育的实力和活力，以高科技产品占领市场。"梁铂钻表示，"目前，我们一是加快技术创新，尤其要努力掌握核心技术，占领行业技术制高点。二是强化质量管理，以高质量产品占领市场、发展壮大品牌。三是坚持引进和培育高素质人才，为品牌提供智力支撑。高度重视人才资源开发，大力引进技术、管理、市场等企业急需的人才。"

"我们希望不拘一格吸引人才，大力引进懂技术、懂管理、懂市场的专业人才，培养一大批素质良好的员工队伍。"杨崇和补充说，"同时，建立健全激励机制，为人才开展技术创新、管理创新、营销创新、产品创新提供大舞台。"

破局"无芯之痛"，提升硬件安全"新高度"

随着以5G、云计算、大数据、物联网、人工智能为代表的新一代技术浪潮的兴起，信息通信业的数字化转型正进入深水区，以"万物感知、万物互联、万物智能"为特征的数字经济时代已经到来。

数字经济的迅猛发展把数据安全提升到新的高度，为硬件安全带来新的要求。2018年，更是被称为硬件安全的元年。关于如何保证处理器安全成为业界讨论的热点，不同的人给出了不同的答案。

有没有一种技术手段，打破传统技术壁垒，为用户提供一种能够验证的处理器硬件安全判定方法？"'津逮®'处理器的出现提供了一种解决途径。"杨崇和非常自豪地说，"'津逮®'处理器基于英特尔x86架构，集成了清华大学动态安全监控（DSC）技术，再配合澜起混合安全内存模组（HSDIMM），可为服务器提供芯片级的动态安全监控功能。"

杨崇和介绍，"'津逮®'是澜起科技开发的新型数据中心计算引擎，它融合了澜起科技的混合安全双列直插式内存模组（HS-DIMM）、清华大学的可重构技术处理器（RCP）模块，以及英特尔的高性能至强处理器，具有动态重构、局部重构、支持处理器卸载功能加速等特性，能够充分应对多元化的互联网数字服务需求，是开创性的数据中心解决方案。更重要的是，'津逮®'平台自主可控，满足中国市场对本土数据中心应用的需求。"

时光回溯到2016年的1月21日，澜起科技和清华大学、英特尔公司三者在北京正式签署联手研发新型通用服务器——"津逮®"CPU的协议。时任工业和信息化部副部长怀进鹏在合作协议签署仪式上表示："2014年国务院颁布了《国家集成电路产业发展推进纲要》并成立了国家集成电路产业投资基金，重要任务之一就是发展以 CPU 为代表的高端通用芯片。很高兴看到清华大学的可重构计算技术能够与英特尔公司全球领先的处理器技术结合，共同研发全新的 CPU 架构，也很高兴看到有澜起科技这样的中国本土优秀芯片企业加入这一合作。本次合作旨在开展具有中国元素的原创性处理器技术研发，具有重大的战略意义。"

中国电子信息产业集团有限公司董事长芮晓武则认为："中国电子旗下澜起科技在存储控制芯片等领域具有全球领先的技术和产业优势，本次同清华大学和英特尔公司合作，将有力提升整个通用 CPU 领域的研发水平和产业化能力，为中国及全球市场通用高端芯片的发展做出重要战略支撑。"

"一方面在 CPU 性能上具有绝对领先优势，另一方面通过 RCP 和 HSDIMM 的组合实现 CPU 运行时硬件行为的安全可控。"杨崇和表示。

三方开发出安全可控服务器，并结合澜起科技安全内存模组推出安全可控的高性能服务器平台，在业界首次实现了硬件级实时安全监控功能，可在信息安全领域发挥重要作用。这一架构还融合了面向未来人工智能及大数据应用的先进异构处理器计算与互联技术，可为人工智能时代的各种应用提供强大的综合数据处理及计算力支撑。

"'津逮 ®'CPU 是全球首创高性能、异构、高安全的服务器平台解决方案，将从芯片级提升信息安全等级。目前，澜起科技是全世界第一家能在内存上实现芯片级数据保护的公司。"杨崇和对"津逮 ®"在国内市场取得成功充满信心，"同时，相比软件级保护，'津逮 ®'CPU 能最大限度地减少服务器性能上的损失，不影响应用速度，特别适用于金融、能源、电力、通信、交通和电子商务等信息安全关键领域，具有广阔的市场前景。"

2017 年 4 月 12 日，澜起科技有限公司举办"生态联盟通气会"，与数十位来自合作伙伴的嘉宾分享了其针对新一代数据中心处理器平台"津逮®"的相关规划。吸引了包括联想、惠普、百敖软件、新华三等企业的加入，"子晋联盟"正式成立。海纳百川，与国内外的知名厂商合作，澜起科技如虎添翼，核心技术进一步突破。

2017 年 5 月 2 日，澜起科技偕同清华大学及英特尔公司召开发布会，发布其面向数据中心应用的安全可控"津逮®"CPU 软硬件参考开发平台，向安全可控服务器商业部署迈出关键步伐。

"这次发布是'津逮®'平台研发过程中的一个重要里程碑，它有效验证了系统关键软硬件模块的功能，为 2018 年实现'津逮®'平台的商业化部署铺平了道路。"杨崇和表示。

工业和信息化部电子信息司副司长吴胜武在发布会上表示："随着全球信息安全局势的发展，对于服务器 CPU 的安全可控的要求也越来越高。'津逮®'CPU 采用系统封装形式集成了清华大学的可重构计算芯片、澜起科技的安全内存接口和英特尔最新的 X86 处理器，提升了服务器 CPU 芯片的安全性和可控性。"

"攻克服务器 CPU 是实施网络强国战略最重要的任务之一，大力发展非对称技术和颠覆性技术是实现安全可控的有效途径。清华大学与澜起科技强强合作、发挥各自的优势，在 CPU 安全架构技术上努力探索，实现 CPU 的行为可控，为 CPU 的安全可控提出了一条与以往不同的技术路径，值得赞赏。"国家科技部重大专项办公室副巡视员邱钢如是说。

2018 年 10 月 16 日，澜起科技再出大招，在开放数据中心峰会（ODCS）上发布了"津逮®"CPU、混合安全内存模组（HS-

DIMM）、可重构计算处理器卡（RCP AIC）等"津逮®"服务器平台产品及其关键技术，并宣布"津逮®"产品已进入量产阶段。新华三、联想、长城和宝德等"津逮®"生态系统合作伙伴也将于会后陆续发布搭载"津逮®"平台的相关产品，广大用户即将体验到"津逮®"商用终端产品的卓越性能和独有的安全特性。

"处理器动态安全监控技术成功迈向产业化。以'津逮®'平台为基础的系列产品的陆续推出，将会有力地推进'津逮®'这一中国本土的安全可信可控平台的应用，推动服务器、数据中心领域的变革步入一个新时代。"会上，清华大学刘雷波教授激动地表示。

2018年11月7日，第五届世界互联网大会在浙江乌镇开幕。在当天举行的世界互联网领先科技成果发布活动中，澜起科技"津逮®"处理器平台采用的"动态安全监控技术"（DSC）脱颖而出，成功入选世界互联网领先科技成果。

"世界互联网领先科技成果是由来自全球多个国家的几十名专家从全世界近千项互联网领域创新成果中投票选举产生，涵盖经相关权威机构认定的理论成果、最前沿的技术成果、最具影响力的产品和最具创新性的商业模式。"对入选，杨崇和的话语里充满激动。

目前，联想、新华三、长城电脑、宝德等服务器 OEM 厂商已相继采用澜起科技的"津逮®"CPU 及其系统解决方案，开发出了系列高性能、安全可信可控的商用 X86 服务器产品。同时，澜起科技也在持续与英特尔、VMware、中标软件、百敖、三星、海力士等合作伙伴一起推进围绕"津逮®"安全可信可控 X86 平台的软硬件生态建设。

相信在不久的将来，随着"津逮®"处理器平台的全面应用推广以及相关软硬件生态产业的发展，互联网、能源、电信、金融等重要行业的主流计算基础设施将得到切实有效的安全保障，让国人安心畅享丰富多彩的互联网创新应用。

破局"无芯之痛"，澜起科技在数据中心高端芯片领域攻坚克难、开拓创新，实现了从内存接口芯片到"津逮 ®"服务器 CPU 及平台的新跨越。同时，这一架构还融合了面向未来人工智能及大数据应用的先进异构处理器计算与互联技术，可为人工智能时代的各种应用提供强大的综合数据处理及计算力支撑。

"未来澜起科技将成为全球知名的、国内排名前 10 的集成电路设计公司，并在云计算和人工智能领域具有重要影响力。在服务器内存接口芯片领域，公司的相关技术已达到国际领先水平，目标是不断巩固技术领先地位，在市场占有率方面保持全球细分领域的第一位。"杨崇和和他的澜起科技志存高远，"同时，澜起科技要发挥领先的技术和产业优势，抓住人工智能领域的新机遇，制定合适的发展战略，找准突破口，推动集成电路产业在人工智能领域的广泛应用。"

第四篇
芯原：芯片生态缔造者

陈　曦

2001 年，发生了很多改变世界的事：第一个 3G 电话经由英国的沃达丰网络拨出；北京赢得 2008 年奥运会的主办权；微软正式发行 Windows XP 操作系统；中国加入世界贸易组织（WTO）。

也是这一年，芯原（上海）有限公司（简称"芯原"）在上海张江成立。彼时，中国集成电路产业刚刚起步，芯片行业的老大中芯国际成立不到一年，其第一家工厂还没有量产。

专注的设计服务提供商

芯原创始人、董事长兼总裁戴伟民介绍，"2000 年，中国芯片产业开始起步，中芯国际的成立是中国芯片产业开始的标志。"21 世纪初期，我国芯片代工厂一起步就面临困境，由于没有标准单元库的知识产权技术，举步维艰。彼时任加州大学圣塔克鲁兹分校计算机工程系终身教授的戴伟民博士，在 1998 年以国际专家身份出席国家半导体发展战略研讨会时就深刻意识到这一点。因此，在这个艰难"挖地基"的当口，他毅然辞去终身教授一职，回国为中国半导体事业发展打造"基石"——从标准单元库开始，破冰半导体生产的国际垄断局面。

随着国内半导体产业的逐步发展，当标准单元库不再成为掣肘之时，戴伟民带领芯原开始将 IP 和芯片设计服务作为芯原的下一站发展目标，并开创性地提出以应用为导向，基于 IP 的设计平台即服务的商务模式。基于该模式，芯原可以基于自身的 IP 技术和市场积累，更快更好地服务更多的客户。

在集成电路产业链中，芯原选择了做芯片设计，做服务提供商，至今未变。芯片设计公司，面临很多诱惑。芯片设计企业拿到的是服务费，芯片产品公司则可能因为生产出一款明星芯片而一夜暴富。这也是很多芯片设计公司投入产品环节的原因。芯原从创立之初，就对自己的定位很清晰，正如戴伟民所说的那样："服务就是服务，产品就是产品。芯原专注为客户提供定制和优质的设计服务，不做产品，坚守不与客户竞争的底线。这就是芯原的初心。"

自 2001 年成立起到 2017 年年底，芯原已经为全球将近 130 个客户成功设计完成了超过 600 个项目。

经过十几年的发展，芯原的行业地位不断提升，其芯片设计服务在全球名列前茅，国内行业第一。公司平均每周流片一款客户芯片，每月量产一款客户芯片。此外，芯原已拥有超过 1300 种不同类型的数模混合的核心 IP，是中国第一、全球前六的授权 IP 供应商，其核心 IP 包括图形图像处理器 IP、视觉处理 IP、数字信号处理 IP、视频编解码 IP 等，在各自细分领域均位居全球前三名。在国内市场，芯原的人工智能（AI）处理器授权、超高清视频编码器授权、GPU（图形处理器）授权增长迅猛，占据行业领先位置。

芯原的汽车电子解决方案已获得国内外众多厂商使用。目前，全球排名前十的汽车代工厂商（OEM）中，有 7 家的车载信息娱乐系统采用了芯原的 GPU；排名前十的奢侈品牌汽车中，有 6 家的可重构仪表面板采用了芯原的 GPU。全球现有超过 7500 万辆的汽车内置了芯原的 GPU。

专注于芯片设计，聚焦核心竞争力的提升，让芯原直接或间接与苹果、谷歌、三星、博世等众多国际顶尖企业建立了稳定、紧密的合作关系。

2017 年，随着华为发布自主设计的 10 纳米人工智能芯片麒麟970，小米手机搭载高通 10 纳米骁龙 835 处理器、iPhone X 搭载10 纳米 A11 芯片上市，智能手机迎来"10 纳米"芯片时代。

然而，在全球领先的芯片制造商已经攻克 10 纳米，如三星、英特尔、台积电等已开始布局 7 纳米甚至 5 纳米的量产时，我国大陆制造商仍处在 28 纳米量产阶段，14 纳米工艺还在推进之中。芯原承接了三星 7 纳米芯片的设计服务工作，这是对公司技术实力的充分肯定。戴伟民说："这可能是全世界第一款已经流片了的 7 纳米 EUV 产品。拥有最先进工艺的三星为什么首选和芯原进行合作？这是因为我们曾经在 10 纳米的时候跟三星合作过，使其良率有很大的提高，所以他们信任我们。"

有取舍的 ODM 商

ODM 是英语 Original Design Manufacturer 的缩写，直译是"原始设计制造商"，其中包括设计和制造两个环节。

芯原一直坚持做芯片设计服务提供商，戴伟民却说，自己是一家 ODM 商。

戴伟民认为，芯原是一家有取舍的 ODM 商。戴伟民介绍："我们现在有两个主要部门，一个是做 IP 的，授权知识产权给客户。比如你要自己盖房子，我是提供厨房也好、客厅也好，洗手间也好，只是把这些模块提供给你；还有一个部门则帮你把房子都盖好，也就是为客户提供一站式定制芯片服务。"万变不离其宗，芯原依旧保持着芯片设计服务商的身份，不做产品。

戴伟民进一步解释，从设计开始做到产品，芯原完全可以从头做到底。"但是，做服务商有一点好处就是帮人代工时，对方需要先付款。万一这个芯片客户市场出了状况，如时机不对等，我们可以规避掉市场、库存等风险。"

之所以如此执着于成本控制，是因为芯片设计行业的研发投入非常大，因此企业必须保持较高的利润率才能存活下来。纵观芯原历年的财务状况，平均每年的研发投入达到企业销售额的30%。这是怎样的概念？当前中国制造企业中，做到5%投入的还不多见。"在所有的行业中，除了生物医药公司，当属无晶圆芯片公司的研发投入占销售额的比例最高。"戴伟民如是说。

当制造业企业把设计当作附加服务提供给客户的时候，芯原这家设计企业把制造当作附加服务。芯原的定制化芯片解决方案为客户的 SoC 架构设计、IP 选择、代工厂和工艺组合提供高度的灵活性，以交付高性能、低功耗和高性价比的半导体产品。基于芯原的设计制造和物流管理服务，以及在与众多晶圆代工、封装和测试合作伙伴的共同努力下，芯原已经出货超过 20 亿颗客户芯片产品。

自 2006 年起，芯原每年设计和流片超过 50 款客户产品，建立了一个健全的、高效的设计和验证流程，并使客户受益于电子设计自动化（EDA）和设计工具复用所带来的成本节省。芯原的设计在业界领先的代工厂进行生产制造，目前覆盖的工艺范围从 0.18 微米到 7 纳米，并涉及多样化的特殊工艺制程，如 FinFET、FD-SOI 和高压 CMOS 等。此外，芯原还提供先进的封装和测试服务来进一步降低 SoC 成本和提高系统性能。

"我希望合作能够更持久，不是只做设计就结束。比如我帮你设计衣服，不仅给你设计图还把衣服做出来交给你，设计和制造都由我提供外包服务。这样的话每件衣服我都有利润可获取。与单做设计服务相比，做总包时我有更多责任，必须把芯片按时按质按量交货。"

原始设计制造商（ODM）的名字不会出现在消费者的眼中，但在产业链中的作用却是至关重要。以芯原做总包为例，其不仅要给出让客户满意的产品，还要成为客户与制造厂的纽带。戴伟民举例，曾经有一家德国的传感器制造商找到芯原，让其做一款芯片的总包。这款芯片要应用在手机上，前期的出货量可以达到 10 亿颗。芯原给这家德国客户找了一家中国的制造商。"德国公司要求很高。德国的质量，中国的制造，我们夹在当中的压力可想而知。再说这款芯片要应用到大品牌的手机里，有一颗出问题，就是大问题。最后，在我们和制造厂的共同努力下，我们合作的这款芯片一直做了七八年，德国客户要多少颗，我们就保质保量给多少。所以这也让我们国内的芯片制造厂得到了充分的锻炼和提升。"

打造行业生态

2017 年，芯原获得了国家集成电路产业投资基金（大基金）2 亿元人民币的战略投资，大基金将芯原定位为"IP Power House"。在戴伟民看来，这是对芯原公司及其业务模式的极大肯定。

好的商业模式，通过交易结构的设计，能以相对较少的付出，大范围地组织资源，实现事半功倍的效果。IP 核为设计服务提供了额外价值，基础平台在为设计服务提供可靠设计方案的同时，还加速了产品上市，同时设计服务又为 IP 核、基础设计平台的建设提供了广阔的市场。IP 核、基础平台、一站式设计服务相辅相成，构建芯原强大的技术和市场竞争力。

戴伟民认为，企业经营有三重境界。"做产品是第一层境界，要很辛苦地找市场；做服务平台属于第二层境界，如芯原和 ARM；

更高的境界，是做生态，如谷歌、阿里巴巴和小米正在做的布局；最高境界是定标准。""我们准备成立一个专门投资初创的、小公司的基金。因为小公司特别需要帮助，而且公司小的时候投资成本也低。这就是做生态的态度之一。"

大部分风险投资鲜少投资初创公司，原因就是风险太大了。众多统计显示，初创公司能活过 3 年的，已经不到两成，最终能成功的，更是凤毛麟角。芯原之所以敢于投资初创公司，因为它有足够的经验和能力来鉴别一家半导体企业究竟有没有发展前景。

若论在芯片行业的经验，鲜有企业能出芯原之右。十几年的行业积淀，不仅让芯原成为国内第一，激发了它的责任感，也让企业有了全局观和全球观。

从 1998 年作为专家受邀参与芯片行业的国际级研讨会，到如今打造出国内第一的芯片设计服务企业，20 年来，戴伟民的格局从未局限于只成就一家企业，而是希望推动中国芯片行业整体水平的提升。

现在，时机到了。

中国芯片领头人们被国际垄断按住命门的切肤之痛；新一波海归潮让硅谷人才流入国内；国内芯片企业痛定思痛，这些国际形势之下，中国芯片行业正面临危机与机遇。

从培育初创企业，到引领行业方向，芯原着力打造芯片生态链，充分展示出领军企业的魄力与坚守。2011 年至 2018 年间，芯原与中国半导体行业协会集成电路设计分会以及东莞市人民政府一起主办的松山湖中国 IC 创新高峰论坛，每年推介 8—10 款国产创新芯片，其中 92% 实现了量产，而这 8 年期间松山湖也吸引了 50 多家芯片设计公司进驻。2017 年 7 月，在中国道教发祥地青城山，举办了由芯原发起的首届"青城山中国 IC 生态高峰论坛"，打造从终端应用 / 服务平台，到 IC 软硬件设计，再到晶圆制造和封装测试的完整产业链闭环。首届论坛以"打造人工智能产业链"为主题，聚焦行业前沿话题，探索产业的未来发展趋势。论坛将每年举行，侧重不同的应用范畴，关注整个生态。

　　2010 年 7 月，美国加州大学伯克利分校的克里斯塔·安萨诺维奇（Krste Asanovic）教授决定放弃基于 MIPS、SPARC 等传统 ISA（Instruction Set Architecture，指令集架构）的研发与教学，带领团队重新开发一个完全开放的、标准的、能够支持各种应用的新指令集。早期的 RISC（Reduced Instruction Set Computer，精简指令集计算机）架构设计理念，时至今日为现代处理器设计增添了负担桎梏，一方面使得高性能处理器的硬件设计束手束脚；另一方面

芯原前台

又使得极低功耗的处理器硬件设计背负不必要的复杂度。在 RISC 的发明者之一——大卫·帕特森（David Patterson）教授的大力支持下，经过 4 年时间的努力，包括工具链、仿真器、数次流片验证，新的完整的 RISC 指令集 RISC-V 终于诞生，并在 2014 年 5 月第一次发布其用户手册。

作为美国加州大学伯克利分校计算机科学学士学位和电机工程博士学位获得者，戴伟民与加州大学伯克利分校有着深厚的感情。他一方面希望帮助母校进行推广，另一方面认可 RISC-V 在未来的发展空间。

从企业的角度而言，一个成功的项目需要和市场紧密结合，嵌入式处理器市场的重要性不言而喻，RISC-V 恰是赤壁东风。但 CPU 项目的研发成本高昂，需要尽快让其产生收益，以补足研发的投入。

芯原积累了多年的 GPU/DSP 开发经验，技术上完全有能力独立开发一个 CPU 核心，然而处理器设计非一日之功。对于 RISC-V 的推广，也是芯原打造中国芯片生态的一个尝试。

2018 年 10 月 17 日，中国 RISC-V 产业联盟由国内外 RISC-V 领域重点企业、研究机构和行业协会共同发起成立，芯原成为联盟首任理事长单位，戴伟民则获选中国 RISC-V 产业联盟首任理事长。对于戴伟民推动中国半导体事业发展的不遗余力，由此可见微知著。

布局未来

2017 年 7 月 13 日，格芯（Global Foundries，原名格罗方德）与芯原共同宣布，将携手为下一代低功耗广域网（LPWA）推出业界首款单芯片物联网解决方案。双方计划采用格芯的 22FDX®

FD-SOI 技术开发可支持完整蜂巢式调制解调器模块的单芯片专利，包括集成基带、电源管理、射频以及结合窄带物联网（NB-IoT）与 LTE-M 功能的前端模块。相较于现有产品，该全新方案可望大幅改善功耗、面积及成本。

芯原目前已着手开发 IP 套件，此运营商等级的双模调制解调器基带搭配集成的射频前端模组，旨在让客户开发出成本及功耗最优的单芯片解决方案，以供全球部署。

随着智慧城市、家居与工业应用中互联设备的数量日益增加，网络供应商也着手开发全新的通信协议，以期更加符合新兴物联网标准的需求。LPWA 技术利用现有的 LTE 频谱及移动通信基础设施，但更着重于为例如联网水表和煤气表等传输少量低频数据的设备提供超低功耗、扩大传输范围以及降低数据传输率。

芯原实验室

两大领先的 LPWA 连接标准包括在美国前景看好的 LTE-M，以及逐渐在欧洲、亚洲取得一席之地的 NB-IoT。中国政府已将 NB-IoT 定为今年全国部署的对象。根据美国市场研究公司 ABI Research 的研究，该两大技术的结合将有望推动蜂窝 M2M 模块的出货量到 2021 年逼近 5 亿。

2018 年 5 月，市场研究公司 Compass Intelligence 发布的《全球前 24 名的 AI 芯片企业排名》中，芯原排名第 21 位，在中国的上榜企业中，位于独角兽 AI 公司寒武纪和地平线之前。

得益于互联网、移动互联网的普及，中国在人工智能、物联网的技术研发和行业应用上走在世界前列，因此有业内人士认为，在人工智能领域，中国芯片有望弯道超车。戴伟民表示，人工智能时代需要"云端+智能终端"都具备强大计算能力。人工智能芯片分两种，一是用在云端的芯片，我们的技术已相对成熟；二是用在手机、手环、汽车、监控摄像头等终端上的芯片，我们正在降低成本和功耗上下功夫，并已取得显著成果，获得广泛应用。

芯原的机器学习和人工智能技术已经全面布局智慧设备的未来发展，同时通过 2016 年并购图芯技术有限公司（Vivante）获得了其图形图像视觉等关键技术，为建立完整的人工智能解决方案平台奠定了良好的基础。

例如，芯原面向计算机视觉和人工智能应用的高度可扩展和可编程的 VIP8000 神经网络处理器达到了业界最高的推理性能和能效水平，是目前市面上最可扩展的神经网络处理平台。新一代神经网络引擎 IP 的推出，使得芯原成为这类应用市场发展的重要推力。从永不断电的电池驱动类 IoT 客户端到 AI 服务器集群，性能领先业界的 VIP8000 处理器将持续扩大其应用空间。

　　目前，芯原的神经网络处理器已获得多款国际知名 AI 芯片的采用，以推动监控及消费终端的智能化升级；同时还被应用于全球第一颗对标 L4 自动驾驶的片上系统芯片中。

　　未来，芯原将通过对 FD-SOI、RISC-V、LPWA 与 AI 的提前布局，保持业内领先地位，为包含移动互联设备、数据中心、智能物联网（AIoT）、汽车、工业和医疗设备在内的广泛终端市场提供全面的系统级芯片（SoC）和系统级封装（SiP）解决方案。

第五篇
格科微电子：小小芯片大事业

崔人元

在上海市之外说起浦东，人们或许知道那里有一个国家级高新技术园区——张江高科技园区，但是，如果说到这个园区在业界有"中国硅谷""中国集成电路设计制造中心""中国科技企业领袖之都"等美誉，很多人则会意外地问："不是北京中关村么？不是深圳高新区么？"不是，是上海张江高科技园区！

创立于 1992 年的张江高科技园区能够享有这样的称誉，是因为有很多人在这里废寝忘食地搞研发，做出了非常可观的成绩。这里有一位企业老总，曾经亲自在第一线搞技术攻关，他有个习惯是思考问题时咬紧牙关，结果因为太投入太忘我了，居然把牙齿咬崩了几颗。这个故事，打着电玩追着星的年轻人认为就是个段子；有点阅历的年长者则想起了陈景润等前辈科学家，认为这种埋头苦干的人、拼命硬干的人，正是鲁迅先生所称赞的"民族的脊梁"。

2018 年春夏之交，美国处罚制裁中兴通讯公司，人们才普遍注意到原来集成电路是这么重要，中国面临的芯片问题这么严峻，国人的心情如同打翻了五味瓶，各种说法纷至沓来……经过一段时间的沉淀和冷静，我们现在来张江高科技园区看看，这里有不少芯片企业，这些企业既能给我们真切的自信，又能让我们清楚与国际先进的距离，格科微电子（上海）有限公司（以下简称"格科"）就是其中之一。

数一数二的业绩

格科是中国领先的图像传感器芯片设计公司，致力于 CMOS（Complementary Metal Oxide Semiconductor，互补金属氧化物半导体）图像传感芯片、液晶显示器（LCD）驱动芯片、高端嵌入式多媒体 SOC 芯片及应用系统的设计、开发、测试和销售的集成电路设计，产品面向全球移动设备及消费电子市场。格科设计、开发及销售的 CMOS 图像传感器芯片，可采集光学图像并转换成数字图像输出信号，主要用于功能手机、智能手机及平板计算机等移动终端。格科设计、开发及销售的液晶显示器（LCD）驱动芯片，可驱动液晶显示器（LCD）面板将图像数据显示于屏幕上。

格科 CMOS 图像传感芯片和液晶显示器（LCD）驱动芯片的出货量，多年来在国内市场占有率排名第一，全球市场占有率排名第二。截至 2017 年，格科量产出货芯片累计超过 56 亿颗；2017年，格科芯片的出货量：消费类电子常用图像传感器（CMOS Image Sensor）集成电路（IC）芯片约 8.2 亿颗，液晶显示器（LCD）驱动芯片约 2.8 亿颗，占 CMOS 图像传感器芯片全球市场份额的25%，占中国市场份额的 65%；2018 年，在新产品的带动下，格科 CMOS 芯片出货量超过 12 亿颗。格科产品的销售额，在 2011

年突破 10 亿元，2017 年增长至 25 亿元。格科目前的产品包括 QVGA、CIF、VGA、HD、2M、5M、8M、13M 系 列 CMOS 图 像传感器芯片和液晶显示器（LCD）驱动芯片（QQVGA、QCIF、QVGA、HVGA、WVGA）系列。在移动设备和消费电子领域，芯片出货量是衡量企业实力和产品竞争力的非常重要的标准。

CMOS 图像传感芯片设计和算法，格科拥有完全的自主知识产权，并拥有世界领先水平、最佳性价比的制造工艺。格科是中国第一家率先成功量产图像传感器的企业。国内第一颗量产的 CMOS 图像传感芯片、第一颗基于 BSI 工艺的 5M 像素图像传感芯片和第一颗 BSI 工艺的 2M 像素 CMOS 图像传感芯片，都是出自格科。在芯片生产线方面，与中芯国际合作研发，建立国内第一条 CMOS 图像传感器生产线；和中芯国际、凸版中芯彩晶电子合作研发，建立国内第一条彩色滤光与微透镜工艺加工生产线。在芯片封装方面，自主研发了 COM（Chip On Module）工艺。

格科坚持自主创新，专利硕果累累，不少是高质量核心专利。格科目前已经取得 6 项 CMOS 图像传感器结构和工艺方面的国际专利，发明专利 116 项，实用新型专利 120 项，还有 200 余项 CMOS 图像传感器结构方面的中国专利正在审批之中。其中，有 10 余项专利是 CMOS 图像传感器芯片领域内非常基础和具有突破性的创新。从 2010 年起，格科每年都获得中国半导体行业协会颁发的年度"中国十大集成电路设计企业奖"，并获得国家认定企业技术中心称号。

格科同时成功打造出中国 CIS（CMOS Image Sensor, CMOS 图像传感器）产业链，与产业链各个环节上的关键企业结成长期战略合作伙伴关系，与供货商（如凸版中芯、晶方科技、华天科技等多家世界知名的晶圆厂、代工厂、封装厂）、CMOS 摄像模块制造商、液晶显示器（LCD）模块制造商、终端设备制造商及设计公司等业界参与者的这种关系，确保了格科产品的产能及质量，并充分发挥格科的创新能力、产品设计优势、工艺研发优势和制造工序的灵活高效。

在 CMOS 图像传感器领域，全球最领先的厂家是索尼、三星、海力士、豪威科技和安森美等巨头。各巨头在对工艺的理解、对电路设计的完美度、对市场价格的主导权等方面，都有较长时间的积淀，已形成垄断和技术壁垒。例如索尼，作为 CCD（Charge-coupled Device，电荷耦合元件）领域的霸主在图像传感器领域一直保持着领先的技术优势；而三星和海力士都有自己的制造工厂，工艺研发的掌控度高，成本结构优势巨大。

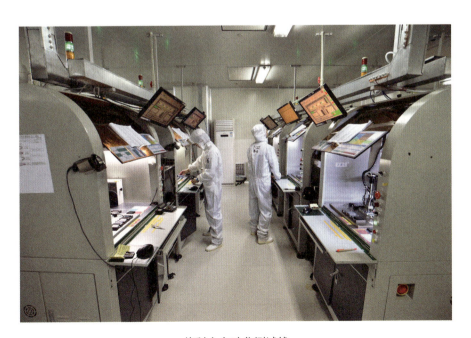

格科全自动化测试线

格科在这样激烈的市场竞争中取得前述成绩，实属不易。

幸运的公司

格科的董事长兼首席执行官是赵立新。创立格科之前，赵立新曾先后在新加坡半导体企业做了 3 年半导体制造（蚀刻工艺），在美国硅谷企业做了 3 年 CIS 设计，随后进入 UT 斯达康做了 2 年芯片设计工作，在工艺和设计两个领域都积累了相当的经验，这为后来做图像传感器的设计准备了基础。很早就判断传感器领域未来一定大有前景的赵立新，2003 年带着在业余时间取得的高端图像传感器领域的几项专利，从美国回到祖国开始创业。

赵立新说："凭几项专利就来创业，当初是不是把事情看得太简单了？现在看来确实是有些疯狂，我那时真是无知者无畏。但我很幸运，遇到了一位高中同学，虽然他也不清楚什么高科技，却决定投给我 200 万美元作启动资金。"2003 年 12 月，公司注册开张了。很快几个月过去了，本来要做高端传感器工艺开发和产品设计的赵立新发现，自己的专利在国内市场上英雄无用武之地！"听了很多朋友的忠告后，我们果断改变了主意：踏踏实实回到低端传感器领域。创业公司是没有多少选择的，必须首先考虑怎么活下来。我回国前设想的是先做工艺研发，再把电路技术做好，最后再做产品，并推动产业链国产化。可是在当时市场、资金等条件不具备的情况下，要走高端路线，肯定就成为先烈了！"

"我自己觉得格科是一家很幸运的公司。"赵立新一再谦虚地把格科的成功归结为幸运，"格科起步就赶上了天时地利。"当时，中芯国际公司想做图像传感器，寻找项目合作伙伴，格科凭着技

术优势成为候选合作伙伴
之一。格科帮助中芯国
际建立了图像传感器晶圆
（CIS）生产工艺线，中芯
国际则负责其研发费用。
依托中芯国际雄厚的资金
投入和深厚的工艺底蕴，
格科在中芯国际的平台上
试验了 40 多次的多项目
晶圆（Multi Project Wafer，

格科 1300 万像素图像传感器芯片

简称 MPW）就做出了成功的产品，而其他投片的图像传感器设计
公司都失败了。当时国内还没有图像传感器芯片相应的前道工艺制
造技术，中芯国际如果从海外引进技术需要 2 亿美元，而通过和格
科合作，只花了几千万美元就成功研发出具有国际竞争力的图像传
感器工艺线。同时，格科在与中芯国际合作研发工艺的过程中，也
成功研发出适合中国市场的图像传感器产品，率先在本土的中低端
图像传感器市场取得了突破。中芯国际由此将研发资金集中投入了
格科，而格科最终也成为中芯国际在国内最大的客户，实现了代工
厂与设计公司的双赢。

　　格科成立后的头几年，正逢中国消费电子产品蓬勃兴起的时期。
有着中芯国际前道工艺线相配合，格科努力在设计、工艺等方面做
到极致，并进行了很多创新。格科当时做出的芯片成本大大低于同
行同性能的芯片，凭借显著的性价比优势，格科很快成了手机单一
芯片市场份额最高的公司，甚至形成了市场垄断地位；更幸运的是，
当格科的第一个独立产品上市时，恰好遇上市场缺货，于是，格科

不但开始赢利，还一举拿到了红杉、华登国际的风险投资。

格科在迅速成长。2005 年，格科的供计算机摄像头使用、采用 VGA 芯片设计的 CMOS 图像传感器开始批量生产付运；成立格科香港公司，作为采购、销售、物流及存货中心。2008 年，首个采用格科 4–T 核心技术的 CMOS 图像传感器研发成功；出售首批带有系统芯片的 CMOS 图像传感器。2011 年，首个采用格科 N–Sub 核心技术的 CMOS 图像传感器研发成功。之后，格科明显加快了前进步伐，从三年一大进步变为一年上一个新台阶，新的研发成果不断出现：

2012 年，首个液晶显示器驱动芯片及 200 万像素 CMOS 图像传感器研发成功，并开始量产付运。

2013 年，首个运用背照技术的 200 万像素 CMOS 图像传感器研发成功，并开始量产付运；首个 500 万像素 CMOS 图像传感器研发成功，并开始投放市场。

2014 年，在台湾积体电路制造股份有限公司（TSMC）的 12 英寸 90 纳米逻辑平台上研发的透硅成像（TSI）图像传感器制造技术研发成功，并进入量产阶段；图像处理算法取得突破，QVGA 零电容产品 GC9304 完成测试验证，开始进入批量生产。

2015 年，首个 800 万像素 CMOS 图像传感器研发成功，并开始投放市场；首个 1300 万像素 CMOS 图像传感器研发成功，并开始投放市场。

2016 年，第二代背照式（BSI）CMOS 图像传感器成功投放市场，并批量生产；COM 自主研发封装成功投放市场，并批量生产；LCD 驱动芯片年度出货量突破 1.5 亿颗。

2017 年，第二代 FWVGA 产品（0D0C）成功投放市场，并批量生产；HD 0D0C 产品研发成功。

"全球集成电路产业竞争经过激烈竞争，早已经进入寡头竞争时代，主角是英特尔、高通、台积电、德州仪器及海力士等大企业。格科经过 10 年发展才打进去成了图像传感器的全球市场主流供应商，但这也只能算过了生存关。"经过市场洗礼，赵立新已经培养出了以市场竞争为导向的企业家思维，"格科一直在不断提升整体竞争力，巩固图像传感器行业以及液晶显示器驱动行业的领先地位。"

创新获得实力

幸运不是从天上掉下来的，幸运是给有实力的企业的；若无实力，幸运来了你也承接不住。实力才是王道。格科的实力在于掌握着过硬的核心科技，核心科技来自格科的自主创新。

赵立新强调："格科坚持把技术创新作为自己的核心竞争力。格科是一家创新型公司，自主创新是一直坚持并努力的方向。"格科管理团队由多名曾在美国硅谷担任高级管理人员的人士组成，覆盖算法、芯片设计、验证、模拟、后端、软件和系统等方向；现有研发运营员工 520 余人，生产线员工 300 余人。格科拥有 CMOS 图像传感芯片的综合实验室和测试线，已经通过 SGS ISO9001、ISO14001 等管理体系的认证，在中国大陆、香港、台湾以及美国等地设有分支机构，营销网络也遍布全球。

格科创新了 COM 芯片封装技术工艺，掌握了突破性的自主核心技术——COM 的创新封装专利，并研发了特殊的设备。这个创新对于格科至关重要，也带来了非常可观的利润。

CMOS 图像传感器芯片的封装非常具有挑战性，因为封装工厂并非超净室，当硅片被切开成一个个裸片（die）时，如果环境中有微粒掉到传感器上，整个产品就报废了。多年前，以色列人发明了 CSP（Chip Scale Package）封装，在传感器上放置一层玻璃挡住灰尘，但这又挡住部分光线和反射，导致图像质量下降。而且下面的锡球与基板之间是硬连接，由于不同材料的热胀冷缩系数不同，会有一定的长期失效率。CSP 技术门槛低，生产简单，厂商众多。

目前芯片高端封装工艺主要采用的是 COB（Chip On Board）技术，即在裸芯片上打金线，由于金线可以吸收应力的变化，所以一致性与性能更好，但缺点是对环境洁净度要求较高、制程设备成本较高。而苹果公司采用了另外一种封装方式，即 Flip-chip（倒装焊封装），它不把芯片定位在基板上，而是用一个陶瓷框，把芯片直接粘上去，最后用金球直接超声热焊，这种方法成本也很高。

格科的技术团队花了大量时间、精力和资金，终于灵光一现，想到直接把金线悬空来做引脚。生活经验中黄金是比较软的，可是比头发丝还要细的细到 25 微米的金线，如果同时长度变得很短，在 300 微米左右时，金线会奇迹般地变得坚硬而有弹性，可以直接用来做引脚，也能够被测试。不过，要把金线斩断变成引脚却不容易，格科为研发这个特殊的专用设备就花了 4 年多时间和很多资金，成功实现了将 300 微米左右长度的金线，做成引脚，将 COB 工艺创新演进到 COM 工艺。

"让人惊喜的是，在 COM 封装下，将摄像模组的传感器、镜头以及音圈（VCM）马达在标准工艺下组装，实现摄像模组标准化，性能完全可以媲美高端的 COB 工艺，甚至还更加优化，焊接以后的可靠性比 COB 还更高。COM 没有倾斜的问题，光学对得很准，也没有移动脏物的困扰。"赵立新说，"格科先做中高端的

COM 封装产品。格科和索尼从 2015 年底开始这种创新的合作。索尼出芯片给格科，由格科进行 COM 封装。三星也挺乐意与格科合作，这不会涉及他们的专利，只是利用格科创新的 COM 模组封装优势，改变外围电路，帮助他们降低成本。"

格科靠过硬的自主研发实力、不断创新的精神以及强大的市场拓展能力，在全球 CMOS 图像传感器芯片市场上，打破了索尼、三星、海力士等巨头的价格垄断。格科通过创新，光刻层数比竞争对手少 20%，核心尺寸比对手少 30%，两相叠加，使格科成本优势巨大，产品的性价比非常高，自主产品较国外同性能产品售价低 30% 以上。

而且，格科的创新还产生了经济学所说的溢出效应。有了格科的 COM 封装后，产业链下游的封装、测试、制造企业就不需要超净车间了，省了这个成本。格科的方案是标准化的，减少了很多不确定因素；而之前模组厂商的做法是要去配对不同手机的印制电路板（PCB），非标准化导致很多不可预测的问题。格科正在帮助目前的 CSP 厂商提升产品性能，做到与 COB 技术相似的模组水准，进一步提高良品率和降低成本。性价比极佳的格科芯片，也让国内外更多的普通消费者能够在购买手机等设备时享受实惠。

决胜手机市场

赵立新认为："芯片设计是一个竞争很残酷的市场，不能做到第一，就无法生存下去。做错了是可以改，但市场不给机会。除了客观的机会，最关键的是直觉、眼光和对市场先知先觉、研判掌控的能力。消费电子领域的半导体市场需求变化太快了。首先要紧贴市场需求去研发、去创新，产品一定要好。其次要有好的团队、好的规划、好的执行力。公司最高层要推动创新，否则不可能执行和有效率。"

国内有其他做传感器产品的公司，也有技术实力和战绩，但在产品上市时间上输给了格科。格科在 2014 年 9 月的芯片出货量突破了 1 亿颗，出货量相当大，而且产品优、成本低，规模、品牌、研发、工艺、技术也有明显优势，别的公司就很难有机会追上格科了。格科的创新力、工艺、设计优化和营销模式、服务模式，与国外对手相比也具有明显的优势。

近年来半导体产业的发展速度趋缓，一些人对半导体行业的前途产生了怀疑。赵立新认为，半导体产业仍然是前途广阔的行业，人工智能、机器视觉等前沿科技需要更强大的半导体硬件。但也要看到，半导体行业发展至今，工艺研发、电路研发都需要巨大的成本投入，而随着竞争加剧，利润率又在降低。赵立新指出："国内的芯片生产厂商、芯片应用厂商，首要问题都是要活下来，要思考差异化盈利模式，狂打价格战只会把大家都搞死。没有足够的利润来投入研发、来养人才，企业还怎么能够发展呢？"

格科多年来一直把手机市场看作是关键的战略性市场，尽管格科芯片曾大量被安防监控设施、电脑等生产厂家采用。"手机市场上必须赢！半导体公司赢了手机就都赢了，输了手机就都输了。以前谈的 3C（Computer、Communication、Consumer Electronics），现在几乎要变成了 1C，就是手机。手机市场的体量大，竞争也最激烈。从技术的发展来讲，手机也是驱动技术进步的最大动力。如果芯片没有每月百万千万颗量级的出货量，哪来足够的资金支持创新、改进工艺、升级设备呢？"赵立新说。回顾中国半导体产业的发展，可以说抢占手机市场是本土芯片企业做大的关键，华为海思、展讯、紫光展锐（RDA）和格科，都是在功能手机的浪潮中脱颖而出快速壮大的。在可预见的时间内，没有其他电子产品能取代手机市场的霸主地位。

手机从功能手机（Feature Phone）发展到智能手机（Smart Phone），对半导体行业又进行了大浪淘沙。智能机时代是马太效应的时代，半导体产业中是强则更强，弱则更弱，甚至赢家通吃，而且半导体行业创新的投入非常大，颠覆性创新又很难出现。像在手机基带市场，高通可谓一骑绝尘，联发科、展讯、RDA 跟高通之间的距离在功能手机时代已相差不大了，智能机时代却突然一下又甩远了，博通、英伟达（NVIDIA）、美满电子（MARVELL）等都渐渐退出去寻求其他出路了。

全球 CMOS 图像传感器领域领先的是索尼、三星、海力士、豪威科技和安森美，他们对工艺的理解、对电路设计的完美度追求，都有较长时间的积淀。例如，索尼在工艺上早就做电荷耦合器件（CCD）图像传感器，豪威有台积电的支持，安森美之前有美光的工厂，而三星和海力士各有自己的工厂，工艺研发掌控度高，成本优势大，并且资金雄厚，可以支持其压低价格打价格战。国内大部分 CMOS 图像传感器企业和这些高端企业之间存在较大的差距，而国内企业的资金投入和经营规模又不足以支撑研发投入，所以想要追赶是很难的。

"格科因为很早就和中芯国际有密切的合作，能够做出巨大的工艺研发和电路研发投入，所以能够逐渐缩小与世界领先企业的差距。追赶是辛苦的，但我们必须努力做。"格科通过在封装技术上取得的重大技术突破，开拓了新的营收模式，给格科带来了更多的利润。在手机市场上，格科坚守住自己的中低端产品部分；通过与全球巨头的合作，适应中国市场的中高端产品需要。

2015年起，市场上有了双摄像头智能手机，华为、苹果等巨头随后纷纷推出自己的双摄机，给用户带来了不同的良好体验，双摄像头设计渐成市场的主流趋势。格科自主研发的COM工艺将面向中高端产品线进行布局，与同目前公司主打中低端CMOS图像传感器芯片产品，进行差异化发展。已经有很多双摄产品上采用了格科的2M/5M产品作为副摄像头，手机上包括500万、800万和1300万像素的背照式图像传感器产品，数码的200万、400万像素图像传感器，在业内位于中高端水平。

但市场上手机主摄像头的首选还是索尼，格科正在加紧追赶索尼。格科优先考虑的是怎样在智能机上取得突破，在手机摄像头的热门方向上，踏踏实实地不断升级产品和技术，同时也做战略上的转型。格科自主研发的高端CMOS图像传感器数据处理芯片，正在扭转国内芯片水平一直处于低端的局面，也将改变中国IC产品一直服务于中低端市场的定位，将打破高像素CMOS图像传感器的国外厂商的垄断，升级和培养国内高端的CMOS图像传感器模组厂，带来整个产业链的升级，为中国飞速发展的通信和消费电子市场提供良好的支持，力争在CMOS图像传感器数据处理芯片的研发创新和产业化上与世界同步。

赵立新说："不敢与狼共舞，不去与全球领先的企业同台竞技，就会一直是追赶者，就成不了领先者。我是搞技术出身的，是偏向技术的管理者，最看重的是能够做出一些真正优秀的产品，能够得到同行的认可。格科要在海外赢过对手，还要赢得让对手比较服气。"格科的COM封装专利性能好、经济效益高，让索尼服气，所以索尼愿意合作。

2010年，格科还尝试推出了一款基于图像传感和移动互联网商品条形码比价的APP"我查查"，并在苹果公司官方公布的APP Store年度应用排行榜中，荣膺2011年年度最佳生活应用。"我查查"这个移动互联网比价购物信息平台，很受数亿下载用户的欢迎。"格科的手机摄像头销量很不错，手机应用是未来的发展趋势，所以就有了把摄像头芯片和手机应用结合起来的想法，就做了这个手机条码比价软件。它的优势一个是后台庞大的商品信息数据，二是我们独有的模糊算法，可以从模糊的图像中算出准确信息，能够支持中低端智能机定焦摄像头，大大降低了扫描对硬件的依赖。它的未来不可限量。"赵立新说。

人才创造未来

"我们能不能做出一款超越索尼的芯片来？我们能否做出一款产品让全世界都认可我们中国人的创新能力？"赵立新道，"在国外的时候，国外对中国产品的评价大多是'价格低、质量低'，格科要改变他们对中国产品的看法。事情都是人做出来的，只要我们中国人努力干，是能够做到的。中国的工程师是有天赋的，中国的企业是有创新能力的。我有一个梦想，就是做出一家有真正强大的创新力的公司。格科要向高端发展，要搞出集海外技术、自身原创技术、中国高效运作、持续创新于一体的平台和成功的商业模式。"

2014年，赵立新个人获得了中共上海市委颁发的"上海领军人才"荣誉。要实现理想，离不开人才和对人才的长期培养。格科尊重人才，尊重创新，给予人才行业内可观的报酬，并给优秀人才设置了期权激励计划，同时也注重对年轻人的培养，很多优秀的年轻人通过踏踏实实钻研技术，变成了行业精英，所以格科的人才流失率比较低。

随着移动互联网的发展，受到移动智能设备和汽车应用爆发式增长的驱动，CMOS 图像传感器产业也高速成长，估计 2020 年将达到近 200 亿美元的市场规模，并且应用场景将从智能手机逐渐延伸到汽车、医疗和监控等各个领域，CMOS 图像传感器具有广阔的市场前景。赵立新表示："格科对未来的增长有充分的信心。"

"现在房价太高了，互联网和金融炒得太热了，很多优秀的毕业生放弃了半导体行业，去做电子游戏、金融，挣快钱，可以理解，也真是很可惜。"赵立新表示出感慨和忧虑，"格科是求才若渴，可是现在招人情况有点不太乐观。以前去大学里招人，宣讲教室里都坐满了，现在只有一半。互联网、金融企业招人，教室场场爆满。"

多年来，格科积极赞助中国研究生电子竞赛集成电路专赛等校园活动，希望提高年轻人对半导体的了解，吸引有才华的年轻人钻研真正的设计和解决真实的问题。赵立新说："格科的愿景是'成为世界一流的芯片公司'，欢迎有理想、有才华的年轻人加入进来！半导体行业是有市场的，是国家需要的，是大有前途的。我个人的人生态度是，要努力把自己的才干发挥出来，做有意义的大事情，而不是想着去做大官发大财。"

成功有成功的理由

回顾格科的发展历程，赵立新总结分享了三点格科的经验：

一是要有世界一流的技术。半导体产业是一个高度全球化的领域，企业的核心技术必须要在全球市场上具有竞争力，长板要够长。

二是创新来自所有的环节，必须对整个行业从前到后都要有比较通透的理解。成功的企业往往都是技术、工艺、应用、市场能力均衡的多面手，若对电路设计、工艺、应用和市场的理解，知识面太窄、短板太多，是不行的。格科的成功，是因为从设计到工艺到市场都弄懂了，能力全面，又能持续学习和进步，做得比较精致。

三是要戒骄戒躁，长期积累，厚积薄发，不要指望三年五年就变成老师傅。

通过对格科的研究，我们认为，还可以增加两条理由：

四是格科注意处理好各方面关系，与人为善，做事可靠，能带给各相关方以利益。若同学不信任你，就不会投入启动资金；若不能解决合作方的问题，不可能与中芯国际、索尼成功合作。

五是技术重要，市场同样重要。即使你的技术顶天，也要保证能够市场立地，否则你的投入将是浪费。有一位经济学家说："虽然技术上有高端、中端、低端，但企业终归要面向市场，只要不违法悖德，能解决客户的实际问题并满足有效市场需求的技术，才是适合企业发展的技术。那种认为面向普通大众市场的产品和技术是低端或中端的传统说法，至少是偏颇的、不准确的，容易误导企业经营和大众理解。"屠龙之技、牛刀杀鸡，不是经济的做法。苹果有苹果的用户市场，小米有小米的用户市场，得到市场认可，有效益才是好技术好产品。习近平总书记在党的十九大报告中指出："中国特色社会主义进入新时代，我国社会主要矛盾已经转化为人民日益增长的美好生活需要和不平衡不充分的发展之间的矛盾。"满足"人民日益增长的美好生活需要"不是强调技术本身的高低，而是强调你的产品和技术符不符合市场需求。

第六篇

韦尔股份：韦尔半导体的微笑曲线

佟文立　武　鹏

　　沪市 2018 年 8 月 14 日晚间重要公告：上海韦尔半导体股份有限公司（以下简称"韦尔股份"）拟约 150 亿元收购 3 家芯片设计公司。

　　一石掀起千层浪。这一消息一经发布，立即引起了芯片设计行业的极大震动。

　　从公告的内容看，这确实是一次不同寻常的并购行动。韦尔股份发布公告称，拟以 33.88 元 / 股（除息后）发行约 4.43 亿股股份，收购北京豪威科技有限公司（以下简称"北京豪威"）96.08% 股权、北京思比科微电子技术股份有限公司（以下简称"思比科"）42.27% 股权、北京视信源科技发展有限公司（以下简称"视信源"）79.93% 股权，同时拟募集不超过 20 亿元配套资金。最终交易对价确认为 149.99 亿元。视信源为持股型公司，主要资产为思比科 53.85% 股权。

　　本次交易完成后，韦尔股份将持有北京豪威 100% 股权、视信源 79.93% 股权，直接及间接持有思比科 85.31% 股权。

根据公告，韦尔股份与标的公司业务高度协同，收购标的主营业务为摄像头芯片、CMOS 图像传感器芯片的研发和销售，符合上市公司未来发展战略布局。

业界评论，这次韦尔股份近 150 亿元的大并购，是继阿里巴巴收购中天微之后，国内芯片领域又一重大标志性并购事件，将对芯片设计领域产业重组产生重大影响。因此，这个事件包括韦尔股份都引起了市场的极大关注。

贸易起家，师从安森美

韦尔股份成立于 2007 年 5 月。公司总部坐落在被誉为"中国硅谷"的上海张江高科技园区，是一家致力于半导体器件研发和设计的高新技术企业。公司在上海、北京、深圳、武汉、成都、厦门、青岛等城市、中国台湾和中国香港，以及韩国和美国等国家设有 30 余家子公司、分公司或办事处。

2017 年，公司实现营业总收入 24.06 亿元，同比增长 11.35%；半导体设计业务板块实现营业收入 7.21 亿元，同比增长 1.43%。根据集邦咨询 2017 年 12 月发布的研究报告，韦尔股份是中国 IC 设计企业十大公司之一。

截至 2017 年 12 月，韦尔股份（含子公司）共拥有商标 27 项、专利 59 项、集成电路布图设计 85 项、软件著作权 69 项。

2017 年 5 月，韦尔股份首次公开发行股票并在上海证券交易所上市，正式登陆资本市场。

现在的韦尔股份是一家高新技术企业，但当初它却是一家贸易公司，从做半导体产品贸易代理起家，最终化蛹成蝶，转变为高新技术企业。

中国企业家都熟知产业经济学中的"微笑曲线"理论。这个理论指出，在产业链中，产品附加值更多体现在"微笑曲线"的两端——研发设计和营销服务，处于中间环节的加工制造附加值最低。因此，企业要获得更多的附加值，就必须向"微笑曲线"的两端延伸。

从"微笑曲线"理论来看，韦尔股份把握着市场营销和研发设计两端，而产品制造则外包给制造企业。这一点与制造企业不同，制造企业一般是以制造为起点，向两端延伸，而韦尔股份则是以代理销售为起点，再向产品研发和设计进军，并没有涉足制造领域。韦尔股份走这样一条路与它创立时的历史环境和自身特点有很大关系。

　　韦尔股份的创始人虞仁荣先生，1990 年毕业于清华大学无线电系，1998 年他创建了华清公司（"华清"是"清华"二字顺序的颠倒），做贸易代理生意。华清公司发展到 2007 年，虞仁荣看到国产芯片在电子通信领域应用得越来越广泛，并且已经有几个品牌冒出来之后，才在上海成立一家半导体元器件设计公司，就是现在的韦尔股份。早期两家公司在股权上没有隶属关系，后来两家公司合并成一家公司，这两家公司的业务也就成了上市公司韦尔股份的两大主体业务——代理销售和研发设计。

　　半导体产品从使用的材料来看可以分为两种：一种是以硅为基材的产品，另一种是以陶瓷为基材的产品。

　　以陶瓷为基材的是主感类产品，包括电容、电感等。日本的村田、TDK 以及韩国三星等是电容市场的主要公司，台湾国巨公司是电阻市场的主要公司，一家就占了全世界 50% 以上的份额。

　　韦尔股份的分立器件则属于以硅为基材的产品系列。与同为以硅为基材的处理器和存储器等主流半导体产品相比，如果把处理器和存储器比作汽车发动机，分立器件就是其中的一些类似螺丝的标准品或通用件。

　　目前，华清公司代理的产品系列中依然包括台湾地区、日本和韩国的电容、电感等产品。"在代理外商产品期间，最大的收获是来自分立器件供应商美国的安森美半导体（ON Semiconductor）公司（以下简称"安森美"）。"韦尔股份总经理马剑秋说。

　　安森美是半导体领域的著名跨国公司，2018 年在美国 500 强企业排行榜中名列第 492 位。安森美总部在美国亚利桑那州的菲尼克斯，公司全球雇员 3.4 万人，2017 年全年收入 53.88 亿美元。

　　据马剑秋介绍，通过代理安森美的产品，华清最好的时候有

1000 多万美元的利润。正是基于这一基础，华清公司的创始人虞仁荣先生才有了进军产品设计领域的念头。

当时的考虑是，分立器件的市场很大，那时的售价大概是现在的三四倍，而华清已经非常熟悉这个市场。不过，要想做一家产品设计公司，也将面临需要解决的几个问题："第一是要有足够的钱，第二是要知道做什么产品，第三是能够把产品做出来，第四是有把握把产品卖出去。"马剑秋说，"在这四个问题上，有三个问题是已经解决了的。启动资金比较好筹集，卖什么产品和如何卖出去也是清楚的，因为之前已经在卖了，剩下的问题就是要找人把产品做出来。我们从当时的上海先进半导体公司引入了一位人才（现在是韦尔股份的副总经理），最终把产品给做出来了。后来，产品慢慢地从几个变成几十个，直到现在活跃销售的 500 个型号和实际可提供的 1000 多个型号。"

除了对产品市场的熟悉，由贸易代理进入设计领域的韦尔股份还在贸易代理期间从安森美那里学会通过与客户沟通来定义产品的经营模式，这也是今天韦尔股份区别于其他供应商只能提供标准品的模式的核心竞争力来源之一。

马剑秋坦诚地说，正是安森美培养了后来的韦尔股份。安森美十分重视跟客户的连接，不单是去客户那里卖一个产品。和客户的沟通始于源头的设计环节，就是在产品最初还没有定性的时候，就要花大量的时间和客户的工程师沟通。对于销售管理来说，就是要知道客户目前正在做哪些项目，每个项目都是什么样子，它的定义是什么样的。因为客户在整个硬件设计过程中，有太多的产品规格和性能的电子元件可供选择，其实他并不知道去选哪一个能实现他的目标。在这种情形之下，比如说碰到某个技术问题就要跟客户谈，跟客户说你可以提供一个什么样的产品，用上去就能解决问题，达到客户的性能指标。一来二去，客户就很熟悉了，产品用上去也确实达到了客户的要求。客户慢慢地就会对供应商产生依赖，下一个项目来的时候就会知道这个地方用什么样的产品能行，用什么样的产品不行。

安森美的经验还包括对客户的了解要深入项目。据马剑秋介绍，客户可能有很多个项目在同时进展，每个项目都有不同的配置，配置不同未来出来的整机性能也就不同。根据这个信息就会知道客户应该用哪一个产品，然后就可以把这个产品介绍给客户工程师。客户工程师可能选了 ABC 中的一种产品，没选 D 和 E。为什么没选？这就是一个很好的反馈。客户可能还用了其他厂商的 F 和 G 产品，这也是一个很重要的信息。总体来说，在有了足够的信息之后，我们就能更好地改进下一步的工作。首先是客户的需求可以预测出来，可以相对精确地预估这些产品的产能分配。其次是能够知道一个产品为什么没有被客户选用，同时可以分析以后有没有机会把这个生意再拿回来。再次是可以分析哪些产品客户还没有，但却又是他真正有需要的，而我们也有能力去做，这个产品跟自身产品线的发展又是有契合的，通过找出一些比较共通的点，去进一步完善产品线。

不过，这种通过密切的客户需求沟通来定义产品的理念对企业的销售人员也是个考验。直至今日，韦尔股份在销售人员培养，或者说现场技术支持工程师（FAE）的培养机制方面仍然是别具一格。韦尔股份每年都会从电子科技大学、西安电子科技大学、华中科技大学比较知名的高校引进 20 个左右的本科生，然后进行系统的培训。经过两三个月的统一培训后再把他们放到市场上，在一个竞争的环境下进行优胜劣汰。

从华清时期算起，通过 15 年以上的经验积累，韦尔股份形成了一种与客户密切沟通的能力，这种能力其他代理商和国内供应商是无法企及的。

打造核心竞争力

韦尔股份之所以能够取得如此成功，很显然，与它逐渐形成的企业核心竞争有直接关系。从贸易起家转变为以产品设计为主的韦尔股份，其核心竞争力体现在以下几个方面。

首先是与客户沟通的紧密度。在激烈的市场竞争环境下，只有和客户密切沟通，才能及时准确地把握客户需求，才能做出相对来说更贴近客户使用需求的产品，从而获得客户认可并给客户留下良好的印象。在与客户进行了紧密沟通后，即使为客户定制的产品遭遇了其他厂商的同规格性能仿制，客户的先入为主认可度优势也依然存在。

马剑秋以公司的主打产品分立器件中的第一大项——起静电防护作用的瞬态二极管（TVS）产品为例，解释了与客户紧密沟通的重要意义。据他介绍，在手机从功能机向智能机转化的时代，通过与像联想、华清、联发科（MTK）、龙旗等客户做了紧密的沟通之后，韦尔股份当时发现这些客户有共同的痛点，就是在充电口的保护上提出了一些新的要求。这个时候韦尔股份提出了一些自己的想法，经过再三印证之后，大概用了一年的时间就把样品做了出来。韦尔股份的这个产品成为改变客户整个应用的一个方案。后来，包括像外资供应商恩智浦（NXP）都开始参考这个方案。但就产品上

市的速度而言，他们都没有韦尔股份快。

与客户紧密沟通的一个重要结果，就是韦尔股份形成了以客户需求为导向的研发模式。韦尔股份以客户需求特点来确定产品研发方向，在产品研发过程中，各部门全程参与，结果显著地缩短了研发周期。根据市场部与半导体分销业务对市场信息的及时反馈，韦尔股份的技术研究中心和产品研发中心能够及时地根据市场信息设计出符合终端客户需求的产品。

其次是重视研发和机制创新。韦尔股份非常重视技术研发工作，近年来不断加大研发投入。2015—2017 年，公司半导体设计业务研发费用占半导体设计业务销售收入比例逐年提高，分别达到 8.20%、9.58% 和 14.04%。正是因为对产品研发的持续投入，才使得韦尔股份在相对弱势的一些产品上的追赶速度和效率也更快更高；而在优势产品上，韦尔股份则继续保持着非常大的优势。同时，韦尔股份根据产品研发规划进行有针对性的研发和创新。每年根据市场反馈情况规划下一年的产品发展目标，根据现有技术能力开展技术创新，确保研发创新活动服务于产品发展规划。

研发机制的创新主要体现在研发人才团队方面。截至 2017 年 12 月，韦尔股份共有员工 803 人，其中研发技术人员 289 人，占比达 35.99%。目前，核心研发团队人员均有国内外重点院校相关专业研究生及以上学历，一些人曾在上海先进半导体、上海贝岭、美国高通、美国德州仪器（TI）、美国英特希尔（INL）等知名半导体设计公司担任过重要职位。研发团队在瞬态二极管（TVS）、金氧半场效晶体管（MOSFET）、肖特基二极管（SBD）设计、模拟集成电路设计、新型封装技术等领域拥有深厚的技术积累。韦尔股份的研发人才一部分是基于现有的团队来培养，另外一部分是从业内大厂引入专才。韦尔股份在美国达拉斯还有自己的研发团队。此外，韦尔股份还在产业布局上通过一些工厂建设和投资，实现对研发团队的延伸。也就是说，韦尔股份的研发，不光是靠本身的技术团队，还有一些与外部合作的技术团队，这样能够更快、更有效地推出一些新的产品。

最后是韦尔半导体能够在供应链管理上，处理好上下游的关系。作为一家设计公司，韦尔股份的产品生产制造部分是外包的。在制造环节，韦尔股份的主要供应商包括上海华虹、上海先进半导体和韩国的东部高科；在封装测试环节，主要供应商包括长电科技、通富微电和上海泰瑞斯。虽然韦尔股份对产品的生产工艺不是特别考究，但因他们使用的是非标准工艺，所以，产品定制工艺的研发也就构成了核心竞争力的一部分。

因为产能需求量大，再加之已成功上市，韦尔股份在供应商心目当中的地位也得到了明显的提升。目前，韦尔股份的发展理念已经和代工供应商取得了比较好的共识，通过供应商产能的资源倾斜获得了一个很好的支撑。比如，MOS 管产品的产能在近两年特别紧张，韦尔股份通过努力，在中芯国际深圳厂达到了每个月 3 万片的产能供应保证。

韦尔股份从贸易代理起步，再向研发设计进军，十几年来形成了自己独特的竞争优势，也打造出了公司得以持续发展的核心竞争力。

谋划未来的发展之路

回顾韦尔股份十几年的发展历程，可以说取得了累累硕果。面对未来的发展，韦尔股份又规划了新的发展之路。

首先是要提升产品的价值空间。以韦尔股份产品最大的应用市场——手机行业为例，随着产品系列的增加，在每部手机上的采购供应额还有 50% 的提升空间。手机是一个巨大的市场，但今后提升每部手机的价值空间更为重要。

其次是要拓展产品的应用领域。从手机到网络通信，再到机顶盒、电脑等。广泛应用于移动通信、车载电子、安防、网络通信、家用电器等领域。韦尔股份将不断地研发高性能的模拟和混合信号集成电路，为客户的电子产品提供更高的价值。

最后就是通过国际化来获得新的增长空间。从六七年前开始，韦尔股份就逐步在中国台湾、韩国、美国进行了一些渠道建设，以后会持续不断地进行更多的尝试。

目前，韦尔股份正在操作并购北京豪威的事宜。本次交易前，韦尔股份主营半导体设计和分销业务，其中设计业务的主要产品包括分立器件如瞬态二极管（TVS）、金氧半场效晶体管（MOSFET）、肖特基二极管（SBD）等，还有电源管理芯片、射频芯片、卫星接收芯片等。

韦尔股份表示，本次交易标的公司北京豪威、思比科为芯片设计公司，主营业务为 CMOS 图像传感器的研发和销售。韦尔股份与标的公司的客户均主要集中在移动通信、平板电脑、安防、汽车电子等领域，终端客户重合度较高。通过本次交易，一方面丰富了上市公司设计业务产品类别，带动公司半导体设计整体技术水平快速提升，另一方面也为公司带来智能手机、安防、汽车、医疗等领域优质的客户资源。

在手机摄像头的感光芯片领域，北京豪威曾排名世界第一，目前也是世界前三，拥有 15% 的市场份额。韦尔股份通过并购北京豪威，可以获得一些在美国、韩国和中国台湾地区的渠道。可以说，这次成功的并购，将会极大地提高韦尔股份的国际竞争力，也将使韦尔股份一跃成为一个半导体领域的国际化大公司。

展望未来，韦尔股份立足于半导体分立器件设计行业，利用在技术、资质、品牌、销售渠道、服务等方面的优势，以移动通信、数码产品为发展根基，积极拓展产品在安防、网通、智能家居、可穿戴设备等领域的应用。韦尔股份将通过清晰的产品和市场定位，构建稳定、高效的营销模式，形成差异化的竞争优势。此外，还将通过并购等资本化运作和规模扩张等方式进行产业布局，对射频芯片、蓝牙芯片、卫星直播芯片等产品进行设计及研发布局，力争用 3 年到 5 年的时间快速提升公司综合竞争力和创新发展水平，并在此基础上实现公司营业收入和利润稳步、持续、快速增长，为股东、用户和社会创造最大的价值。

总之，韦尔股份将一方面抓住研发设计这个核心不动摇，另一方面将继续发挥在市场营销方面积累起来的独特优势，全面打造属于韦尔股份的"微笑曲线"，并全力将公司发展成为具有国际竞争力的现代化国际公司。

艾普柯微电子
Epticore Microelectronics

第七篇
艾普柯：专注成就王者

刘志昊

　　艾普柯微电子（上海）有限公司（以下简称"艾普柯"）是一家专注于为各类应用市场提供光电传感器解决方案的高新技术企业。艾普柯保持着对消费电子市场敏锐的嗅觉，从最初为智能手机和平板电脑提供环境光和距离传感器，到开发出可穿戴设备应用的心率传感器，及推出光电传感器的创新商务模式——半定制。

　　"艾普柯成立于2011年10月，2013年首次获得联发科（MTK）平台认证，并随后获得展讯和高通平台认证。2013年底，艾普柯获得奋达科技等公司的战略投资后，公司踏上了高速发展之路。"艾普柯首席执行官李碧洲说，近几年，面向火热的3D人脸识别应用，艾普柯新增了ToF传感器及解决方案。随着公司产品线的日益丰富，核心竞争力也越来越强，已发展成为中国大陆排名第一的光电传感器公司。

　　"艾普柯是大陆唯一一家通过联发科平台认证的光电传感器公司，在光电领域的专注是艾普柯最大的竞争优势！"李碧洲如是说。

艾普柯提供的光电传感器包括环境光传感器（ALS）、距离传感器（PS）、心率传感器（HRS）、飞行时间（ToF）传感器等，并为客户提供从产品定义、器件设计、晶圆加工、封装和测试、光学结构设计到算法实现等的一站式服务。

聆听来自心脏的信号

老中医微眯双眼，神情肃穆，正在给客人号脉……

西医借助听诊器，仔细聆听来自身体的脉动……

很熟悉的场景，很严肃的话题——健康。

随着人民群众生活水平的日益提高，健康已经成为幸福感的重要组成部分。健康服务需求也逐步成为百姓日常的第一需求。

我们没有理由不关注健康，只是中医的号脉，显得过于神秘；医院里的各种仪器则太生冷而且似乎距离很遥远。

作为一名电子爱好者抑或是一名医疗器械研发工程师，你可能希望能拥有一款心率检测模块，随时地、近距离地聆听来自心脏的信号，切实感受科技的魅力。

健康是可穿戴产品的主打功能之一，要实现健康数据的监测，就离不开各种传感器。"与任何一个科技领域一样，智能穿戴市场也在改变。"李碧洲表示，"基本的智能穿戴设备最初都只能计步，但现在逐步进化成多功能设备，集多种健身和健康功能于一体，一旦这些设备与蜂窝网络连接，预计就将提供独特的应用和通信功能。这也将解决另外一个关键问题：将这些设备从智能手机上解放出来，创造独立体验。"

"在目前智能终端设备中，光电传感器已经作为标配产品应用，在芯片研究领域，包括健康监控、个人信息等数据采集与处理目前是光电传感器研究发展的重要方向。"李碧洲表示。

2015 年，艾普柯微电子推出了国内第一颗可测量心率加血氧的光电传感器解决方案 EM7018。该方案将距离传感器、环境光传感器、LED 驱动与红外 LED 集成在一个光电模组上，其中的 LED 阵列包括绿光、红光和红外 LED，可以组合成心率检测、血氧检测与佩戴检测等功能。EM7018 内部集成了一个 16 位的 ADC，以提高动态范围，从而减少串扰影响，简化了外部窗口设计。

李碧洲介绍，"作为一款用于心率检测的传感器芯片，EM7018 可以达到比较高的准确度和实现多种工作模式以消除干扰信号，并免费提供基础的软件算法；艾普柯还可以与合作方一起提供高阶算法，帮助客户获得医疗认证。这款芯片适用于智能手机和可穿戴式设备，是同类产品中尺寸最小的。"

创新要"一步一个脚印"

"核心技术的创新发展带来了智能制造产业的全面裂变。"这是

整个电子信息产业的共识。

"多年来，公司始终坚持把提高自主创新能力放在首位，大力促进公司发展为主要任务，提高公司在市场中的核心竞争力，培育自主创新文化。"李碧洲表示。

以公司为主体，以市场为导向，以人才建设为核心，构建产学研相结合的技术创新体系，加快科技成果的产业化进程，增强企业的自主创新能力，形成一批具有自主知识产权的核心技术和产品。

在政策支持的作用下坚持创新之路，遵循公司的服务方针，严格规范管理，紧抓创新机遇不放松，在市场中创效益，进一步提高公司经营运行质量，保持公司稳健、高效、快速地发展。

近年来，大到谷歌、微软，小到华强北，都在积极地研究这项技术！"ToF 这项技术由来已久，将会成为实现我们未来智能社会生活环境的最基础的技术之一。"这是业内人士最简单粗暴的表述。

ToF 是飞行时间（Time of Flight）技术的缩写，即传感器发出经调制的近红外光，遇物体后反射，传感器通过计算光线发射和反射时间差或相位差，来换算被拍摄景物的距离，以产生深度信息，此外再结合传统的相机拍摄，就能将物体的三维轮廓以不同颜色代表不同距离的地形图方式呈现出来。

李碧洲介绍，"艾普柯从 2015 年开始研发阵列式 ToF 传感器，当时两方面的原因让我们产生了这个念头：一方面是公司本身就立足光电传感芯片技术，研发 ToF 传感器有一定的技术传承性；另一方面就是看好 ToF 传感器市场的发展前景。"

"国际大厂和初创公司都开始看好 ToF 传感器产品线，并竞相进入 ToF 技术领域。"李碧洲说，"这说明 ToF 传感器市场前景非常光明，但同时也加速了同行产品的升级速度。激烈的市场竞争对我们来说，既是机遇，也是挑战！"

据了解，艾普柯很早就对单光子雪崩二极管（SPAD）形式的单点 ToF 技术进行了预研。2015 年联想（Lenovo）推出了 Tango 系列 AR 手机，PMD 公司为其提供 ToF 传感器，艾普柯为其提供定制版的距离传感器。在与联想的合作中，艾普柯看到了阵列式 ToF 传感器的巨大市场潜力，果断放弃了已经研究一段时间的单点 SPAD 技术路线，转向"CCD+CMOS"的阵列式 ToF 技术方案。

"按照艾普柯以往的成功经验，我们一定要认清自己的优劣势，不与国际大厂拼资金和规模，把重点放在与产业链上下游合作实现技术创新方面。"李碧洲胸有成竹，针对当前智能手机市场出现的 3D 视觉机遇，艾普柯瞄准了 ToF 传感器芯片小型化作为主攻方向。

"我们需要迅速拿出满足市场需求且令人欣喜的产品。"这是决心也是李碧洲给自己下的一道"军令状"，"艾普柯一开始就把重点放在高精度和低功耗方面，我们并不急于推出高分辨率的产品，更重视'一步一个脚印'稳扎稳打。"

因此，正是由于艾普柯多年来在光电传感器领域的经验积累，才具备了实现 ToF 传感器小型化的能力。艾普柯的芯片设计和工艺，是在 CMOS 工艺基础上实现了高灵敏度的 CCD 像素，然后通过上万次的积分得到精确的深度（距离）信息。CCD 像素位于晶圆表面，在普通 CMOS 工艺过程中实现。ToF 传感器采用普通电压芯片即可，不需要高压或复杂、高成本的雪崩光电二极管。

艾普柯的 ToF 芯片通过电路设计（采用片内电路）实现了高压、负压等片外供电系统的效果。另外，艾普柯通过优化像素及像素之间的间隔、改进芯片制造工艺、优化势阱和光生信号的信号流通路，来实现像素尺寸的小型化，进而实现芯片尺寸的小型化。

"一方面我们利用 TSV（硅通孔）技术作为芯片封装方案，减少了封装的横向面积；另一方面我们在光路设计方面下了比较大的功夫，并且利用注塑成型（Molding）工艺将光学镜头、光源、ToF 芯片等都封装在一起，产品一体成型，最大限度地减小了产品尺寸。"李碧洲自豪地表示，"与市场上主流 ToF 产品相比，我们具有两方面的独特优势：完全独立创新的芯片工艺和封装技术，在产品小型化、高像素、低功耗、远距离等方面作出重要努力；充分利用国内供应链，以更低的成本和更快的响应速度来服务好客户，使客户能快速推出质优价廉的 ToF 应用产品。"

"最具投资价值企业"擅长找到蓝海

众所周知，传感器已是智能手机的标配，尽管市场很大，但竞争也十分激烈。"我们的策略是采用当下十分流行的智能硬件商业模式，从手机红海中，力图找到多样、小众应用的蓝海。"在李碧洲看来，传感器市场已经是红海市场，广域的市场应用产品尽管市场巨大，但是利润点过低，而具备特定应用的传感器如检测输入心率、血氧浓度、健康数值等产品，市场总量不大，但空间中的毛利润很高，因此艾普柯推出了创新的商务模式——半定制产品。

对此李碧洲解释道："半定制的产品，是在原有的主打产品基础上，做一些改动实现半定制化，我们是通过一些改动，让市场量产化的产品可以获得定制化市场的高利润，同时又因为其可量产化可以提高市场量，这是我们模式的一种创新"。

"艾普柯也在为自己擅长的光电传感器寻找新的起点。"李碧洲说。

艾普柯看到通过光的方法，还可以检测到脉搏、血氧浓度等信息。其原理是，当一个人的脉搏跳动的时候，由于血管的收缩，血管中的血液密度会发生改变，从而引起反射光线细微的变化，通过检测这种细微的变化可以推算出心率、血氧浓度和水分含量等信息，甚至可以通过这个信号来得出脉率的波形，以此来判断人的健康状况，从而与当今十分有潜力的云计算、健康监测市场相联系。另外，光传感器还可以参与灯光的色温调节、室内定位等。由此看来，光电传感器的应用十分广泛，其中的技术关键是算法跟硬件的结合。

"像心率、血氧浓度等健康监测类产品的特点是总量不多，但毛利相对较高，所以我们想抓住。"李碧洲介绍，"因此要换一种思路，从商业模式上进行创新。"为此，艾普柯采用半定制的方式，在艾普柯现有的三合一光传感器的基础上，可以做一些小的改动，例如为了检测血氧，可能需要增加 LED 灯；检测心率可能用另外一种波长。这样针对不同的应用，客户可以配置不同的 LED 灯。检测光也是如此，距离感应通常用 940 纳米波长的红外感应，检测环境光用 550 纳米量程，另外可能有些客户需要实现 UV（紫外光）检测，艾普柯设计的传感器阵列可以针对不同的波长进行优化，并有很多的选项适用于不同的应用。

再有，艾普柯也在与 ARM 公司探讨合作机会，ARM 核可以集成到艾普柯芯片里，使很多智能硬件的基础开发者可以把算法集成到艾普柯的芯片上，但这并不是全套地重新设计一个芯片，只是在几十个工序步骤中改动少量的几个。这种商业模式，既可面向手机等海量市场，又可以覆盖到毛利率较高但批量不大的新型应用。

"我们不单单做光电传感器，因为现在做智能硬件的客户，可能需要你从 MCU 算法到通信模块等出一整套方案。"李碧洲表示，艾普柯的优势不仅是采集光信号，还能对一些原始的数据进行预处理，例如用高精度 A/D 转换器提高测试灵敏度、消除外界的环境光干扰以及温度和单体一致性补偿和过滤直流噪声等功能。相比于同类的跨国企业，艾普柯的方案性价比更高，并且能提供一些保健级的健康算法。

李碧洲认为智能硬件的形态多样，对于传感器与模组的需求也呈现需求种类多、每种数量少的特点。"如果为每种智能硬件都开发一颗芯片，显然是不现实的。但是每种应用对于光电传感器的要求仅是略有差别，例如 LED 不同、感光芯片不同或 ADC 的位数差异等。虽然应用各异，但是大的方向是相同的。"

"艾普柯的半定制化希望帮助客户选择合适的传感器，提供相应的算法，并留给客户一定的空间去创造差异性。这样既避免了重复开发的成本，加速了智能硬件厂商开发速度，又适合现在智能硬件百花齐放的局面。"李碧洲表示。

李碧洲介绍，艾普柯目前有三大产品线齐头并进，后续公司会继续利用领先的光电传感技术，寻找光电传感方面的市场机遇。在产品方面，艾普柯以前立足于研发一些小而美的产品线，但目前已开始调整战略，与一线品牌手机客户开展合作。艾普柯会根据客户的主流产品规格来定义自己的产品，努力做好国外传感器的替代工作，并引领国内传感器的创新发展。

"作为国内光电传感器领域的领先公司，我们希望把产品及技术都研究透彻，在技术上达到国际领先水平，同时整合好国内传感器供应链，最终成为全球市场的主力供应商之一。"李碧洲掌舵下的艾普柯未来规划非常清晰。

上海帆声科技股份有限公司
SHANGHAI FREESENSE TECHNOLOGY CO.,LTD.

第八篇

帆声图像：机器视觉检测的探索者

武　鹏　佟文立

2018 年 5 月 10 日，微链——一个泛创业人群聚集的平台，联合启明创投、华映资本、熊猫资本、丰厚资本、蓝湖资本、青松基金、星未来资本、晨晖创投，以及上海创业接力基金、IC 咖啡、太库、麦腾、InnoSpace 共同发布"上海独角兽企业榜单""上海准独角兽（估值 1 亿美元以上企业）榜单"，上海帆声图像科技有限公司（以下简称"帆声图像"）获"准独角兽"称号。

据微链数据统计，上海共有 47 家独角兽企业，237 家准独角兽企业。独角兽企业一般是指那些估值达到 10 亿美元以上的初创公司。而这次微链发布的"准独角兽"企业，则是把门槛设在估值 1 亿美元的初创企业。帆声图像能够入选"准独角兽"榜单，说明其估值超过了 6 亿元人民币。这标志着市场对帆声图像 6 年来努力的认可。

帆声图像成立于 2012 年，是国内领先的基于质量管理的智能制造综合解决方案供应商，专门从事机器视觉系统集成研发和服务。现已成为液晶行业视觉检测综合解决方案的领跑者，产品包括视觉检测、过程控制测量、电性能检测、静电防护与产品质量过程监控、视觉传感器以及智能相机。

帆声图像旗下有 4 家子公司，分别是惠州帆声智创科技有限公司、江苏帆显精密机械科技有限公司、武汉帆茂电子科技有限公司、上海帆翎光学检测科技有限公司。

帆声图像的发展战略是致力于成为细分行业产品质量检测标准的领导者，依托持续的开发、不断创新和优化产品，保持其在行业内技术的领先来推动公司业绩的快速成长。

质量需求引发的创业

全自动机器视觉检测设备属于国内领先的前沿技术和解决方案，在帆声图像成立之前，国内完全没有类似产品或案例，属于行业突破性质的研发和首次应用。"当时，2012 年刚成立的时候，别人都没搞清楚我们公司在干什么。"帆声图像市场主管周之易说。不过说起帆声图像的创业史，却颇有些机缘巧合之意。

据帆声图像总经理于亚楠介绍，帆声图像的联合创始人之一汤韬略原在金融投资领域，另外两个联合创始人严骏和王敏开始是在上海飞利浦，后来上海飞利浦接连被同宝和台湾群创收购，但都是一直做跟屏幕显示相关的行业。一直到 2012 年的时候，车载的液晶显示屏客户主要都是大众、宝马等欧系汽车大厂，对于产品质量的要求非常严格。当时，所有企业都是人工检验，客户就提出来必须用机器方式替代人工做出检测，因为人是不稳定的，对制造控制是有风险的。而两位联合创始人在群创的时候也发生过多起比较大的质量风险事故，一批屏幕因为可靠性的问题，导致几千辆宝马的召回，引起了最终客诉，惩罚生产厂商。而在2012年前后，消费电子手机不像现在这样发达，当时对品质要求最高的就是车载液晶屏，于是客户就在中国寻找有没有能够做这个事情的人。

于是，契机也就出现在2012年，汤韬略的父亲是上海一个知名的画家，需要一台能够为艺术品鉴定真伪的设备，由于艺术品检测对于设备光学算法的需求很高，所以市场上基本找不到这样的设备。最后，汤韬略的父亲找到了严骏，让严骏帮忙制造了这样一台设备。这台设备完成后严骏找到了汤韬略，并对汤韬略说："我帮你父亲做的这台设备只能在科研方面应用，能够应对的范围并不大。但是现在工厂对于质量检测的需求却越来越大，海外的一些机

器视觉检测设备已经逐渐能够量产了，而在中国这还是一个待开发的领域，你有没有兴趣跟我一起来从事这个行业？"

在严骏的邀请下，经过深思熟虑之后，汤韬略觉得这确实是一个可行的方向，再加上自身对于机械和科技的梦想，他决定投资并开始组建团队。王敏在得到邀请后，仅用了 3 天时间，就从原企业辞职，毅然决然地成为帆声图像的第一名员工。

2012 年年底成立，2013 年、2014 年帆声图像还属于初步摸索阶段，前两年主要的工作是做一些产品的研发，第一类产品研发是做屏幕的导电玻璃（ITO）电极划伤检测，应用于车载液晶屏的可靠性检测。

当时，国内市场也是处在初期阶段，用户对于机器视觉自动检测多处于观望。当时用机器检测还是一件高大上的事情，所以，国内厂商多采用进口的韩国设备和日本设备。但是，那时的设备非常贵，如果全部用进口设备去完成检测工作，会面临非常大的亏损，所以当时多数国内厂商都是买一台进口设备，摆在那里充门面，有客户来，也显得高大上。2012 年左右的时候，市场是处于一个不成熟到逐渐成熟的过程，到 2015 年以后，随着国内一些技术的成熟，门槛开始降低。同样一种产品的价格大概是 200 万元，对于客户来讲，通常情况下这台设备在 18 到 24 个月之内就可以回收投资。由于有了这样一个契机，国内的一些客户就进入了一个应用的高峰期。

帆声图像抓住了发展的机遇，在 2013 至 2017 年的四年中各项业务快速发展壮大。2014 年，首次实现了盈利并于 2015 年实现营收超过 2000 万元，2016 年实现营收超过 6634 万元，2017 年实现营收 1.3 亿元。几年间，帆声图像的业务增长都连续达到

200% 以上。同时，在行业中的地位也日渐提升，帆声图像实现了导电玻璃（ITO）划伤检测设备在行业内属首创，背光检测设备行业内首次量产，成为中国大陆唯一一家能够提供液晶后段模组全制程自动光学检测（AOI）设备和解决方案的机器视觉供应商。

"不过从产业发展态势来看，要完成一个完全手工到基本自动化的转变，这个过程至少要 5 到 8 年。"于亚楠说。在现实操作中，客户的生产线分为新线和老线，老生产线的业务压力非常大，不可能有很长时间的停线改造期，所以，帆声图像首先做的都是一些新投的产线。老线会做逐步进行自动化替代人工检测的改造，但完全自动化也并不现实。到目前为止，任何一种机器的视觉方式，还没办法完全模拟人眼的视觉呈现的效果，所以，这个过程也需要技术革新的逐步完成。比如，2015 年以后的消费电子产品，无论是屏

幕分辨率还是产品设计的复杂率，都在大大提升。现在 1080P 到 2K 的屏幕，基本上达到了人视网膜分辨的极限。

在汤韬略、于亚楠看来，消费电子产业发展到这个阶段继续使用大量的人工检测，特别是背光检测，显得太缺乏人文关怀。正像一位专家所说："背光检测就是人在暗环境下检测，那么强的光，人眼盯着看，一看就是连续两个小时。从事这种检测的工人，两三年以后得上青光眼的职业病是大概率。我们都知道晚上睡觉前不要关着灯看手机，手机还有黄光的护眼模式，但是，我们原来的工厂，背光检测都是暗环境，要排除别的光的干扰，在暗环境底下就一片一片点亮看，对人的伤害非常大。"

所以，自动化检测不仅是降低成本、保证质量的需要，从人道主义来看，自动化检测取代人工检测也是大势所趋。

深刻地理解制造业和视觉检测行业

作为帆声图像的联合创始人之一和董事长的汤韬略，在后来的融资过程中经常被问及的一个问题就是从事制造业的原因是什么。其实除了自幼对机械和科技的向往外，对制造业的深刻理解也是这种情怀的来源之一。

汤韬略在回忆创业动机时经常提起这样一件事："我接触到的许多民营制造业的企业主都会告诉我，他们的设备都是德国的、日本的，都是世界上最好、最先进的设备，所以他们能做出国内最好的产品。在这种情况下，我们的企业本质上没有核心技术，所以赚的利润就非常薄，也就是赚个劳动力差价。这对我的触动比较大。我就想什么时候我们的制造业有自己的核心技术、设备和产品，那才是真正地改变了制造业。"

在汤韬略看来，做制造业就像做一个俱乐部，首先要做一个标准。发起人制定的这个行业标准，是为了把门槛做得更高，是为了把更多的竞争对手挡在门外。所以，行业标准其实已经不仅仅是一个标准，更多的是一些行业的管控，对整个市场的管控措施。中国制造业由大变强，需要很多技术突破，检测就是一个要重点突破的产业方向，但它原来在制造领域是不受待见的。

说到目前火热的智能制造，汤韬略特别指出："在德国的制造领域里面，当工艺和制程达到最好的时候，在产品质量已经做到99.9%的情况下，他们认为检测是没有意义的，最早在德国的智能制造里面对这一块是有质疑的。"

汤韬略认为，德国企业在产品设计之初，就是要追求极致，产品可靠性要求很高，而检测其实是和产品可靠性相抵触的。但检测作为一个保证质量和可靠性的手段，也是不可或缺的。日本企业则是考虑如何将整个过程的控制做到极致，德国企业的思路是如何将准备做到极致，两者的技术发展方向稍微不一样。而美国企业是另外一个模式，主要考虑如何满足从工厂直接到家庭的需求。德国的工业制造是技术无人化、纯自动化的思维方向，而日本还有中国台湾地区、韩国都是精益制造的概念，也就是如何在这个过程中更精益求精，包括对成本的控制、对管理的控制、对原材料的控制。这是不同的方向，机器视觉正好在这个过程中慢慢地应用而来。

早期自动光学检测（AOI）的目的主要是想解决产线上的工人犯低级错误的问题，即防呆。今天是用半自动的软件视觉方案去解决，以后可能是全自动，这在生产效果和可靠性方面是一个大幅度的提升。中国是一个制造大国，过去有大量的廉价劳动力投入，但现在劳动力成本越来越高。如何通过智能制造来替代人工，这是一个需要思考的问题。企业里大量的人工检测，难以保证产品的可靠性，这种大量高频率重复的人工劳动有被机器取代的需要。随着这样的需求不断增加，自动光学检测（AOI）的市场就逐步做起来了。一方面是与视觉检测技术相关的计算能力、图像能力、处理能力的快速提升，以及人工成本的快速提升，另一方面也是随着客户市场的需求，包括这种智能工厂对可靠性的依赖，最终就形成了这样一个市场。

在做市场的过程中，帆声图像的团队与其核心客户建立了一种独特的关系。帆声图像的团队对液晶类的制程非常熟悉，甚至于比大部分客户都要熟悉，这一点得到了核心客户的广泛认可。所以，客户对帆声图像的核心诉求不是卖一两台的检测设备，而是要通过设备去帮助客户在制程工艺上得到提升，帮助优化生产线。事实上，这样做才能真正给做自动光学检测（AOI）的企业带来最大的价值。

今天的帆声图像认为，做自动光学检测（AOI）的核心价值在于服务，既要为客户生产工艺的提升做服务，又要为技术的变革提供服务。帆声图像已经慢慢地发展成了一家服务型企业。比如，作为开发与制造液晶行业视觉检测设备的领跑者，帆声图像为行业内各大知名企业提供视觉检测方案，服务的客户包括京东方、群创、友达广电、华映、天马、信利、创维、海信等著名企业。

帆声图像的愿景

说起帆声图像未来的愿景，于亚楠毫不犹豫地说："做'中国机器视觉检测行业领军企业'。"其实，仅就视觉检测领域某些具体产品而言，帆声图像已经可以称作冠军企业。例如，帆声图像研发的导电玻璃（ITO）划伤检测设备在行业内属首创，背光检测设备行业内首次量产；同时是中国大陆唯一一家能够提供液晶后段模组全制程自动光学检测（AOI）设备和解决方案的机器视觉供应商。导电玻璃（ITO）划伤检测设备在车载液晶行业占有率达到90%以上，实现了液晶后端模组智能产线解决方案的首次产业化应用等。现在，帆声图像要做"中国机器视觉检测行业领军企业"，显然不是指单项产品对竞争对手的超越，而是指综合实力对竞争对手的全面超越。

机器视觉检测是一个新兴行业，企业都在探索各自的发展路径。从行业领先的几家企业来看，各有各的打法，各有各的高招。例如，北京凌云光子投资控股有限责任公司，从销售代理做起，然后基于代理的产品再做二次开发，慢慢地发展到做装备。再如，武汉精测电子技术股份有限公司，最初做电性能检测，其核心团队擅长于做硬件电路设计，后来的机器视觉检测业务基本来源于并购。

在同行业的企业中，"只有我们一家是从核心算法开始的，也只有我们一家在视觉图像核心算法领域长期坚持不动摇，这个信心从来没有变过。"于亚楠说。这是帆声图像与其他企业的不同，同时也可以理解为帆声图像的竞争优势。

于亚楠认为，帆声图像在产品覆盖面和算法领域是最完整、最齐全的企业，其他企业都只是做其中一个方向。他用木工做了个比喻说："当所有木工都只做桌子或者椅子时，我却桌子、椅子、床、大衣柜什么都做。虽然由于技术细节的不同，能做好椅子不一定能做好柜子、床等，但是，我毕竟在这里面都试过错了，积累了经验。"

从 2016 年开始，帆声图像就尝试着跨行业、跨领域，比如做军民融合项目就是跨行业跨到了军工领域，另外还进入了生物领域等。于亚楠认为，要成为视觉检测行业的龙头企业，一定是跨多个行业的综合型企业，有综合实力和丰富经验，才能真正成为行业巨头。但是，"我觉得跨行业应用也好，制造也罢，最核心的技术还是算法。"于亚楠说。

很显然，帆声图像要做行业龙头企业的底气，在于它不断积累起来的综合实力和经验，更在于它所掌握的核心算法。

面对未来，帆声图像将充分发挥自己的竞争优势，向几个领域或者说几个方向拓展。一个方向是在显示领域围绕着 LED，也就是围绕着自发光显示设备研发视觉检测设备。第二个方向是围绕着半导体的柔性电路板，像半导体封装，做一些储备，争取进入这个市场。

同时做好自己特有的外观检测。帆声图像一直希望能够建立自己的用于外观检测的整体系统，面对各种材料、各种不同的客户需求，做一个整体的方案。

目前，帆声图像已建立了一支粗具规模的人才队伍。这支队伍是帆声图像实现未来愿景的人力资源保证。帆声图像现有的员工 200 多人，70% 以上是研发人员，平均年龄 32 岁，其中不乏博士、硕士。人力资源队伍由工艺优化、数学模型设立、图像软件开发、自动化集成、光源开发、智能相机模块开发等功能团队构成。

帆声图像什么时候能够实现行业领军企业的愿景呢？汤韬略说争取用 3 年时间。为什么是 3 年呢？汤韬略解释道："视觉检测市场是一个很庞大的市场，仅 3C 产品（计算机、通信和消费类电子产品）的视觉检测市场就有上千亿元的规模，这个市场的爆发点我们预测在 2020 年左右，现在正好处在一个变革的时期。"

机不可失，时不我待。在这个视觉检测市场大变革的时代，帆声图像将用 3 年时间，实现成为"中国机器视觉检测行业领军企业"的愿景。

第九篇

上海兰宝：传感器龙头是这样成长的

黎光寿

　　工业测控传感器是实现工业自动检测和自动控制的首要环节和核心部件。在制造业大国向制造业强国的迈进中，传感器是获取各种信息的重要工具，是物理信息和人工智能的桥梁，被称作"自动化产业王冠上的明珠"，越来越受到重视和青睐。很多专家直言不讳：所谓工业物联网就是"互联网加工业传感器"。

　　创立于 1998 年的上海兰宝传感科技股份有限公司（以下简称"上海兰宝"）是国内领先的工业自动化、测控传感器产品供应商。

　　经过 20 年的持续技术创新，该公司已经成长为上海市高新技术企业、上海市"专精特新"企业、奉贤区科技小巨人企业、企业技术中心、企业工程技术研究中心、专利管理示范企业、上海市著名商标、奉贤区四新经济示范企业、奉贤区知识产权优势企业、中国仪器仪表行业协会理事单位。产品通过了 CCC、CE、UL 等国内外权威认证。

　　批量化生产和个性化生产相结合，是上海兰宝最具特色之处，该公司既有在国际市场上广泛竞争的通用市场化产品，也为客户提供个性化、特殊任务、复杂应用环境的智能化传感器解决方案。凭借"等质低价"和"等价高质"的差异化策略在竞争激烈的全球市场上终于占有一席之地。

中国传感器龙头

工业测控传感器是指用于工业自动化领域，通过对物体的位置、距离、位移、速度、转速、数量、压力、张力、液位等参数进行测量，将被测量的信息变换成为电信号或其他所需形式的信息输出，从而满足信息的传输、处理、存储、显示、记录和控制等要求的器件或装置。

目前全球传感器市场主要由美国、日本、德国的几家龙头公司主导。据 2017 年统计数据：美国占据 35%、日本占据 20%、德国占据 15% 的市场份额，排名分列前三，三国占据了世界市场的 70%。更重要的是，三国都形成完整的体系，许多厂商都实现了规模化生产，企业年生产能力可达数千万甚至上亿只，并几乎垄断了"高、精、尖"传感器和新型传感器的市场。

而中国的自动化传感器行业起步于 20 世纪 80 年代。伴随着中国改革开放，西方先进的自动化机器设备搭载着大量传感器进入中国，一度以高价垄断了市场，也同时催生了中国本土自动化传感器产业，在物联网和智能制造浪潮下，传感器行业迎来了大发展阶段。有数据显示，2017 年中国工业传感器市场规模达到 200 亿元，市场年增长率达到 13.1%。

上海兰宝作为国内传感器品牌的领军企业，产品线丰富、种类齐全、性能稳定可靠，凭借技术创新以及丰富的市场经验，不断为客户提供完善的自动化产品解决方案。从国内市场看，兰宝电感式传感器在国内传感器市场占比达 4%，光电式传感器占比 2%，占比份额远高于其他国内品牌，随着传感器市场的逐年增长，兰宝与国际品牌的差距不断缩小。

兰宝产品在量程精度、响应速度、可靠性、微型化、网络化、智能化、低功耗等方面具有明显的性能优势，其中增强远距离型、全金属封装型、强磁免疫型智能电感式传感器，背景抑制型、偏振反射型、对射型智能光电式传感器，智能光纤传感器，增强远距离型智能电容式传感器，高精度智能陶瓷厚膜压力传感器产品达到国际先进水平。其生产的产品主要应用于制造业自动化工业现场控制，进行位置、方向、频率、距离、位移量、压力等机器设备工作信息的感知。其主要客户群体分布在物流、工程机械、机床、汽车制造、纺织机械、包装机械、3C、光伏等行业，业务遍及全国各地及国际商务往来 70 多个国家和地区。

"只要涉及自动控制领域都需要使用传感器，因此其下游应用几乎涵盖工业社会的各行各业。"上海兰宝副总经理谢勇介绍，该公司多项产品的关键指标处于国内领先、国际先进水平，其中电感式传感器、红外光电式传感器、电容式传感器、激光测距传感器等已经赶超一些国际领先品牌。

据介绍，上海兰宝通过自主创新掌握了传感器产品的关键核心技术，目前拥有 70 余项专利、30 余项软件著作权，并有近 20 项专利技术被认定为上海市高新技术成果转化项目；此外还自主研发多个专用集成芯片，作为该公司大部分产品的核心部件；生产方面，公司自主研发传感器全自动测试台、自动化生产线、智能化标定设备等专机装备，实现产品自动化生产，保证产品高品质和高可靠性。

2017 年 11 月 7 日至 11 日，第十九届中国国际工业博览会在国家会展中心（上海）隆重举办。上海兰宝携 PTK 系列测距传感器、PTM 系列激光位移传感器、高精度绝对值编码器、PSG 智能光电传感器、智能 3D 区域检测传感器、张力控制系统和绝对式磁栅传感器等最新产品与技术盛装亮相，向来自全球的超过 2500 家展商及逾 16 万中外专业观众"秀"了实力。

这次亮相表明，经过 20 年的努力，上海兰宝已经发展成为国内工业测控传感器领域的一家具有出色竞争能力的快速成长企业，建有与自身发展相适应的研发中心，工业测控传感器和工业测控传感系统两方面协同发展，持续提高产品的科技附加值和服务附加值，发展目标锁定行业国际一流，全力把握和满足领域客户质感需求，在传感市场中具有较强的竞争优势。

从仿制到超越

中国自动化产业是从 20 世纪 80 年代以后才正式开始的，一些国外的自动化先进设备被大量引进，工业自动化设备之一的传感器也被引进了中国。但这些自动化设备引进之后一个巨大的短板是缺少售后服务，诸如核电和大型炼油厂等高价值设施，都未能很好地处理厂家售后服务的问题，于是催生了国内企业的仿制潮。

上海兰宝近 20 年发展历程大致可分为三个阶段：

初创期：1998 年至 2003 年，该公司完成了传感器应用技术、生产工艺关键技术的自主创新设计。基于"不以利润为唯一目标"和"以行业标杆为竞争对手"的经营策略，兰宝以优良的品质、有竞争力的价格优势，获得了市场认可，主要产品首先应用于烟草行业，逐步扩展和覆盖了纺织、机床、工程机械、印刷、冶金、钢铁等传统行业。欧洲品牌公司慕名前来合作，兰宝产品销往欧美国家，其工艺技术的可靠性和稳定性得到了检验和确认，合作过程中，欧美先进工艺技术的溢出效应也助力了兰宝的成长，为下一步发展奠定了基础。

成长期：2003 年至 2008 年期间，是公司传感技术研发和工艺技术提升较快的 5 年。由于产品销量和用户的扩大，足量用户的意见、反馈、需求，成为兰宝发展的新动力。特别是在产品国际化营销过程中，超越国际标准的需求成为国产传感器的挑战。在此期间，研发团队先后潜心技术攻关，在传感器温度补偿电路技术、抗干扰电路技术、测量运算技术、远距离测量技术、光学系统技术等方面取得了重大突破，公司产品进一步扩展到汽车制造、制药、食品包装、起重运输、现代物流、智能制造等应用领域。

快速发展期：自 2009 年以来，上海兰宝实现传感器技术研发平台的构建，大幅提高了个性化、特殊化需求传感器的开发速度，公司各项业务领域快速扩张，产品线日益丰富，高端系列产品的占比不断提高，产能逐渐扩大，发展成为国内最大的离散传感器制造商之一。

以科技创新为先导

传感器产业是个技术密集型产业，小小的一个传感器模块，跨越了数模电子、通信、计算机、微电子、软件算法、数学建模、光学、电磁学、测量学、微机械等多个学科。正因如此，尽管看好这个行业的人很多，但因专业门槛高，能形成技术竞争力的企业寥寥无几。兰宝连续多年持续进行高额研发投入，实施科技创新先导战略，积累了很多优秀的技术资产。例如：在光学测量研究方面，引进了高科技人才。通过与国内外专家和院校合作，专项攻克了光学透镜、光学部件自主设计难关，开发了光学设计仿真平台；建立了光学感知、光电转换关键部件技术数据库，通过模型仿真和分析可以为快速研发及方案可行性提供理论支持和决策参考。

在关键技术应用方面，兰宝于 2012 年与德国著名发明家赖梅及其赖梅公司（Reime GmbH）建立战略合作伙伴关系，取得国际先进的工业电感式传感测量技术在授权范围内的全球独占许可使用权。该技术许可包含了国际最先进的数项敏感头设计关键技术、应

上海兰宝产品图

用电路设计技术、专用开发软件库文件、应用 HALIOS 技术开发
的电感式传感器的核心软件算法以及该软硬件开发的平台和环境、
基于 HALIOS 技术的 INPHAN 测量技术、相关的计算机软件、调
试环境、通信组件及硬件开发接口适配器技术。

　　此外，兰宝与电子科技大学国家传感器工程中心成都分中心合
作成立了联合实验室，目前，已经在 ANSYS 软件平台上合作开发
了电磁场仿真软件。该软件是国内首款专为电感式传感器设计的融
结构、电场、磁场分析于一体的大型通用分析工具。通过产学研联
合和科研成果转化，以产促研、研产结合，建立高、精、尖的传感
器设计开发模式，不断强化电感式传感的核心技术研究和应用。

　　目前，公司共有研发人员 50 多人，已形成了一支结构合理、
专业齐全、经验丰富的技术研发团队。同时，公司还通过配置国

内外先进的 GETM 室、工频强磁场发生器、智能雷击浪涌发生器、高压脉冲实验仪、周波跌落发生器、传导抗扰度一体机、智能型群脉冲发生器、智能型静电发生器等先进的研发测试装备，为扩展研发领域、提高研发速度、确保研发质量、加快量产进程提供了重要保障。此外，公司自行设计的 VGT 全自动传感控制器可视化测试平台，采用数据库管理，融测试、管理、维修为一体，层层把关，保证了产品的质量和高可靠性。

在研发课题的选择上，公司研发中心与市场部紧密联动，市场部依靠其直接采集终端用户第一手需求信息的优势，配合研发中心进行课题筛选分析和产品概念设计，使后续承担研发工作的工程师在制订研发计划之前可以清晰地勾勒出未来产品的所有技术参数和细部特征，减少项目变更，既降低了研发成本，又缩短了研发周期。

深入一线市场

从 1998 年到 2008 年的十年间，对上海兰宝来说，尽管开发了很多规格产品，但自己的产品都处在备用件的"二线市场"上，企业要得到发展，必须进入原装产品的"一线市场"才有希望。结果，2008 年国际金融危机给了上海兰宝机会。

国际金融危机爆发时，欧洲的订单量急剧减少，于是上海兰宝将销售的目标方向收回国内，调整战略，集中精力加大研发投入和细分市场研究，通过差异化竞争和聚焦策略，逐步扩大了国内市场份额。在国内市场上，价格战往往是最有效的手段。

之所以能打价格战，主要是上海兰宝采取了三种策略，第一种是单品大批量制造，降低成本。第二种是智能化和兼容化，实现一个单品运用多种软件算法就能够适应几百种工况，起到其他产品起不到的作用；用统一的技术和产品平台来兼容更多的产品，"我们一个产品就可以覆盖几百种工况，生产线上做出来，一千个十分钟就生产完了，这样就让成本降到最低"。第三是零库存，减少资金积压。

工业测控传感器因行业、工艺、生产环境、气候条件等差异导致需求千差万别，市场需求呈现"个性化、多样化"的特点，因此，产品具有"定制化、多品种"优势的厂家更能获得下游客户的垂青。

针对客户不断增长的"个性化、多样化、专用化、智能化"需求，公司在研发设计时，由工程师现场调研进行需求分析，提出完整的解决方案。这些方案所包含的不仅是传感器的功能设计和应用，而且包括传感器信号的输出、通信、网络、融合计算、相关控制甚至上位机软件。

在销售上，上海兰宝没有采取传统工业企业的代理模式，而是在全球主要的市场建立自己的销售点，派自己的人去开拓市场，及时解答客户的疑惑，准确及时地获取第一手的需求信息，并帮助客户调试和检修产品。甚至面对某些客户，直接介入客户的产品开发设计，将上海兰宝产品直接推向终端制造商，从原来的二线市场进入一线市场。

二线市场的核心就是替代，销售员的思维模式就是低价竞争，产品的命运掌握在维修人员手里，且销售量也不大，对企业来说价值有限。产品进入一线市场后，直接安装在终端商出厂的产品上，销量就上来了，一个上规模企业一年消耗的上海兰宝产品就有可能比原来上海兰宝全市场销售的多，这也大大提升了上海兰宝产品的市场占有率。

谢勇认为，相对美日德等国家的企业来说，尽管中国企业还不够强大，但中国有比较完善的产业布局，这让中国企业和国外企业可以进行差异化竞争。美日德品牌企业都是通过代理商销售的模式，他们的产品是标准化的，他们的市场领域都像一个个大饼，他们只满足了通用的需求，却没有能力照顾到个性化的特殊需求，这些需求就像饼和饼之间的夹缝，所有的夹缝加在一起也是一个很大的"饼"。个性化产品的满足，就是优质服务的体现。上海兰宝和中国许多企业生存的机会，就在这样的夹缝里。

"夹缝里"求生存、谋发展。上海兰宝在"夹缝里"走出了一条成功之路。2017 年，上海兰宝的营业收入突破 2 亿元。

作为一家不断创新、锐意进取的现代企业，上海兰宝以丰富的经营实践和对专业技术的精湛掌握，在竞争激烈的工业自动化行业披荆斩棘。历经 20 年的市场洗礼，上海兰宝始终坚定发展目标，完成了一个中国传感器企业由小到大、由弱渐强，并迅速走向世界的成长历程。

"有工业流水线的地方，就有上海兰宝的传感器。"今天的上海兰宝，不仅是中国工业传感器行业领跑者，也是中国工业传感器行业成长的见证者，更以全球视野开拓市场，以国际业界领先作为标杆，着眼于大市场、高科技产品，朝着"把公司发展成为国内领先、国际知名的大型传感器产业基地"的企业目标迈进。

据介绍，在已经起步的智能制造时代，正是上海兰宝所面临的风口，这家公司的战略是进一步推动传感器技术的革新突破，进一步丰富产品线，提升品牌市场占有率，为更多的行业、客户提供更具附加价值的产品与解决方案。

上海兰宝有关负责人认为，随着中国战略性新兴产业布局的逐步完善，传感网与物联网等产业的发展将带动上海兰宝业务领域进一步拓展。在"制造强国建设战略"以及物联网技术等新元素的推动下，我们有理由相信，上海兰宝在推动生产制造业实现"工业4.0"的道路上，将发挥越来越大的作用。

第十篇

矽睿科技：突围"中国芯"的困局

陈　曦

　　2018 年 4 月 16 日，中国平静的夜晚被美国的一纸禁令打破——未来 7 年将禁止美国公司向中兴通讯销售芯片。这纸禁令不仅让中兴通讯遭遇了有史以来最黑暗的时刻，更在中国科技企业中掀起了一场巨大的"震荡"，人们焦虑而又急切地讨论："中国芯"的出路在哪里？中国科技企业的"命脉"掌控在其他国家手中的状态，到底什么时候才能改变？

　　在"中兴事件"爆发的一个多月后，"松山湖·中国 IC 创新高峰论坛"在东莞举行，这是中国半导体行业协会集成电路分会年度三大会议之一，也是国产芯片新品的发布会，代表着国产芯片的最新动态。在本届会议上，"中兴事件"是绕不过去的热点话题。上海矽睿科技有限公司（以下简称"矽睿科技"）首席执行官（CEO）孙臻一身正装出现在圆桌论坛上，他说："冷静思考这件事，要做到真正的全球领先，应该从全面突破转变为市场的领导者。如果我们在技术上有所突破，大家互相形成制衡，别人限制我们之前也会有所忌惮。"

孙臻的一席话并非空穴来风，早在 2014 年，矽睿科技就已经研发出世界上第一款 AMR 与 ASIC 集成、全球首款最小尺寸的 AMR 三轴单芯片磁传感器。孙臻告诉记者："传感器芯片或许会是中国尽快走到世界先进水平的一个领域。"

大品牌背后的"隐形力量"

传感器是一种检测装置或器件，智能手机要实现指纹解锁、自动亮度调节、横竖屏的切换等功能都必须用到传感器。然而与绝大多数芯片公司一样，传感器企业同样面临着"品牌认知度低"的尴尬局面。

因为芯片从没有机会独自出现在终端消费者面前，这也就意味着人们熟知苹果、中兴、联想等品牌，却鲜有人知道这些大品牌智能产品系统的芯片来自哪家。孙臻更愿意把这种现象称为"品牌隐形"，是大品牌成功背后不可或缺的"力量"。目前，矽睿科技的客户已经涵盖联想、中兴、华硕、魅族、360、小米等众多知名企业。

矽睿科技的主营方向是 MEMS 传感器即微机电系统（Micro-electro Mechanical System）。孙臻告诉记者："在国际上，现代意义的传感器产业发展开始于20世纪八九十年代，中国开始于2000年，国内已经晚了 10 到 20 年，而我们公司创立于 2012 年，实际上又比国内最先开始的企业晚了 10 多年。"

随着改革开放的到来，一批走在时代前沿的科研人纷纷觉察到，这个在过去几十年中发展异常缓慢的传感器产业将迎来一场

前所未有的改变。不久后，在 1986 年，传感器技术被列入国家
重点攻关项目，我国传感器产业进入实质性发展阶段。在随后的
九十年代传感器技术和产业得到了长足的发展。当时间进入新千
禧年，科技在人类历史上再次发生翻天覆地的变化，国家大力发
展集成电路产业，新型传感器出现并快速发展。

尽管起步晚，但矽睿科技的发展却异常迅速。2014 年，矽睿
科技获得中国电子成就 2014 年度最佳设计团队奖；2016 年，矽睿
科技被评选为"五大中华创新 IC 设计公司"，并被国际业界权威媒
体美国的 EE Times 评选为"全球 60 家最值得关注的新兴半导体企
业"之一；2018 年，仅仅用了不到 6 年时间，矽睿科技就跻身"中
国半导体 MEMS 十强企业"。

"技工贸"的逆袭之路

矽睿科技为什么能够在如此短的时间内成为国内一流的半导体
企业？孙臻用两个字总结——技术，他说："我们走的是一条技工
贸的发展之路，是一个完全技术导向的公司。"

对于科技型公司来说，"贸工技"和"技工贸"是两条完全不
同发展模式。"贸工技"是以贸易为先导，重视营销，能够使企业
迅速积累资本，促使企业迅速发展壮大。相对来说，"技工贸"是
一条"慢车道"，需要强有力的技术为先导，接着推动生产和贸易
领域。矽睿科技与英特尔一样，选择了这条更慢的路。

传感器是一种科技门槛非常高的产品，每种产品的研发设计成
本达亿元量级，而研发周期长达 1—2 年。此外，在半导体行业，
还有一个"令人生畏"的摩尔定律：英特尔的创始人之一戈登·摩

尔指出，当价格不变时，集成电路的性能将在 18—24 个月内提升一倍。这也就意味着目前最先进的产品在两年内就会被替代，对于企业而言，如果技术迭代的速度跟不上，就会被市场"无情"淘汰。因此，很多企业却步于高门槛之前，或由于缺乏资金和耐心的沉淀，牺牲在了研发之路上。

为了能够在瞬息万变的市场上站稳脚跟，矽睿科技在基础性的科技研究上投入巨大：主营业务收入的大部分用于科技研发，在 2015 年、2016 年，企业研发经费支出甚至占主营业务收入的 104% 和 165%，截至 2017 年年末，矽睿科技从事科研的人员占到企业全部职工的 60%。

截至目前，矽睿科技已经自主申请 80 余项国内及国外发明专利，其中包括国家发明专利授权 30 余项，国际发明专利授权 2

项。研究出多项国内外顶尖产品：2014 年推出 AMR 三轴传感器 QMC7983，创下两个世界第一——世界第一款 AMR 与 ASIC 集成的三轴单芯片磁传感器，全球首款最小尺寸的三轴磁传感器；2018 年，矽睿科技发布六轴 IMU 芯片 QMI8610，在性能上已经超越欧美的主要对手……

不过，技术研发只是矽睿科技要解决的第一个难题，如何将技术制造成产品，把"中国创造"落地成实实在在的产品是矽睿科技遇到的更大困难——巨额的技术资本投入在"制造"面前犹如"小巫见大巫"：一条集成电路的生产线投入需要四五十亿美元，甚至上百亿美元。

在国内外，为了节省资金，不少公司采用了代工厂的模式，将设计好的产品交由专门的制造工厂进行生产。不过，一家代工厂一般同时会承担多个公司的生产，并且不承担产品设计缺陷等风险，对于初创企业来说影响巨大。经过多次研究，矽睿科技最终探索出一套"虚拟 IDM"的方式：运用自己的设计和制造队伍，租用生产线，来完成矽睿科技产品设计和生产制造的全过程。这也就意味着矽睿科技需要投入资金，购买专业设备放入生产厂商的生产线中，这个想法在当时并不被大多数人理解，孙臻说："设计本来就是轻资产，还花费巨额资金购买制造设备，放入制作厂商的生产线中，别人都认为我们脑子是不是有问题。"

幸好，事实验证了矽睿科技选择的正确性。最终，矽睿科技与上海华虹宏力半导体制造有限公司达成战略联盟，形成了国内目前唯一的通过自购磁传感器设备实现虚拟 IDM 的量产制造方式的传感器产品线，使得矽睿科技既拥有了从设计到制造的完整知识产权，又降低了企业成本。成立 6 年来，矽睿科技累计出货各

类 MEMS 传感器芯片近亿颗，并成功把产品的良品率提升至 90%
以上。

后来者弯道超车

尽管矽睿科技在国内传感器市场上取得了重大的成功，但孙臻
并不避讳谈及与国际技术的差距，"别人（国际上）花了三四十年
达到了今天的成就，我们要在短短几年内达到这样的水准也不客
观。"在全球市场上，来自美国、日本和德国的几家龙头传感器企
业占据了世界市场份额的 70%，想要在国际上已经发展成熟的传
感器领域超越，孙臻形容其为"从别人口袋里取东西"，难度很大。
要想成功，关键是要找到"成长的饼"。

市场瞬息万变，在这场世界级别的科技赛跑中，"弯道超车"

气压高度计

并非完全不可能，机会来源于物联网。

物联网即物物相连的互联网，将互联网的用户端延伸任何物品之间，实现生活、生产的智能化。2003 年，美国《技术评论》就提出物联网技术将是未来改变人们生活的十大技术之首。而传感器作为数据采集的入口，是物联网的"心脏"。美国权威咨询机构 Forrester Research 预测，到 2020 年，世界上物联网的业务将是人与人通信业务的 30 倍，物联网将成为下一个万亿级的通信业务，这也就意味着，随着物联网的发展，对传感器的需求也会越来越多。

2017 年，中国农历鸡年，一种名为"跑步鸡"的散养鸡爆红网络。跑步鸡的概念来源于京东：给鸡套上脚环，脚环上必不可少的元器件是传感器，它可以监测散养鸡的步数，跑到 100 万步的鸡，被称为"跑步鸡"。每只跑步鸡在京东商城的最低售价为 128 元，远远高于市场平均价格，却依然供不应求。

孙臻认为，通过这种方式，创建智慧农场，结合"区块链"技术，可以让人们直观了解散养鸡的生长状况，建立起了鸡农与消费者之间的实质信任，能够提高产品价值。目前，矽睿科技的传感器已经广泛运用于智慧农场领域，除了计步之外，还能通过算法判断一只鸡的身体状态，如果鸡生病，可以通过定位找到生病的鸡，避免疾病的传染，"从这个角度来说，也将给鸡农带来巨大利益。"

除了智慧农场之外，矽睿科技还切入智能家居领域。在 2018 年"松山湖·中国 IC 创新高峰论坛"上，矽睿科技的高级总监范翔介绍了公司最新推出的集成预处理引擎的六轴 IMU 芯片 QMI8610，这种芯片可大量运用于智能门锁等智能家居领域。通过传感器对门角度的测量，加上系统算法，人们可以在 APP 上随时查看开门关门的情况。孙臻说："现代很多人都比较焦虑，常常出门之后担心门没关，而这个设计对于现代人就很有价值。"在国内，这种智能门锁的传感器独有矽睿科技在供货。

随着物联网的发展，类似于计步器、智能门锁等细分领域的应用场景需求会越来越多，矽睿科技的传感器不断运用到智慧农场、智能家居、可穿戴设备、医疗、VR 等各个领域。孙臻说："物联网是一个巨大的市场，很多细分领域的应用都是全新的，在国际上没有，从这些领域切入，不停地耕耘，就有机会弯道超车走入世界前列。"

不断攀登高峰

对于半导体企业来说，中国市场上的机遇与挑战时常同时存在。

作为全球消费电子制造中心，中国已经成为全球最大的半导体消费国，在 2017 年，中国预估市场规模占全球份额的 62.9%。而在传感器领域，中国传感器市场需求一直呈 15%—30% 的增长趋势，远高于国际市场平均增长率 12%，根据有关部门的预测，未来几年内，中国国内传感器产品的市场需求增长率最高可达 35%，这将是一个巨大的市场蛋糕。

然而，艰难的现实是，系统厂商并没有给予国内半导体企业足够的生存商业环境：系统厂商在已经很成熟的芯片领域很难替换为国产器件，一是在当前的消费环境下，替换国产芯片，害怕降低品牌价值；二是由于国内技术起步晚、国内外技术的差距，系统厂商替换为国产芯片，需要承担比较大的试错风险，即便是性能相同的芯片产品，厂商在价格上仍然要求比国际的更低，"价格便宜一点，好像能补偿一些风险"。孙臻说。因此，国内系统厂商对于国内传感器企业的拉动性并不强——中国 70% 的传感器依然依靠进口，而在高端传感器这个比例甚至超过了 80%。

在这样的现实下，国内的半导体企业要么被市场洗牌，要么在市场中找准角度努力突出重围，而矽睿科技显然属于后者，其突破国内困境采用的是最直接的"笨方法"——根据市场需求，持续加大科研创新。孙臻说："我们不仅要比自己过去跑得快，还要比其他国家跑得快，才能最终缩小差距。"

常见的运动传感器包括感测设备线性运动的三轴加速度计、用于设备感测地球磁场变化的磁传感器，以及测试设备转动速度的陀螺仪。目前，矽睿科技已经研发出陀螺仪、加速度计和磁传感器产品，成为全球唯一能将所有运动传感器技术在同一技术平台实现的公司，并实现了全球首款三轴 AMR 与 ASIC 集成的单芯片磁传感器和国内首款三轴单芯片加速度计的量产。

2015 年，矽睿科技推出了虚拟陀螺仪方案，在市场上引发不小的震动。运动传感器中的三轴加速度计、磁传感器、陀螺仪三者共同作用，配合体感算法，就能精确模拟运动游戏的实境体感，比如在 VR 中，能够实现全方位沉浸式感受，在手机中提供更加逼真的游戏体验。然而，陀螺仪的价格却高于加速度计和磁传感器的总和，令许多终端产品商望而却步。但矽睿科技推出的虚拟陀螺仪，只需要搭载加速度计和磁传感器，就能实现陀螺仪功能，大大降低了成本，能够为众多手机企业提高产品的性价比，让矽睿科技在手机消费市场上占据一席之地。

除了在单个传感器科研上的创新外，矽睿科技还看到了传感器市场的另一个空缺——传感器组，将传感器组与算法、理论结合，形成实用性强的系统软件，这依靠的也是矽睿科技强大的科研创新能力。目前，矽睿科技已经拥有遍布工艺制程、芯片设计、算法和系统软件的专利组合。

2016 年，矽睿科技推出高精度室内定位导航系统，通过自主研发的惯性导航算法和位置融合引擎，实现了高精度、可靠、无死角的室内定位，可以实现迅速导航所需商品的位置、停车场内停车位查找等等实际功能，经过实际测试，这套自主研发的算法已经达到业界领先水平。

基于对矽睿科技未来发展的良好预测，矽睿科技得到了迄今为止国内 MEMS 传感器公司最大单笔融资，这轮融资来自上海联和、国投创业，还有与国家半导体大基金关联的超越摩尔产业基金的投资。

在未来，矽睿科技希望通过自有核心技术的积累，辅以并购等资本手段，形成专利壁垒，进一步提升公司的竞争力。

2018 年 7 月 12 日，长达 4 个月之久的"中兴事件"终于落下帷幕，在多方斡旋下，美国政府最终撤销了对中兴的禁令，但国内市场更希望"中国芯"力量的崛起能够避免这样的事情再发生。孙臻说："我们的愿景是 3 年时间做到全球的'1.5 流'，5 年成为世界一流的传感器企业。"

NewVision

第十一篇

新相微电子：做芯片就要有野心

黎光寿　吴瑞馨

　　根据群智咨询发布的 2018 年第一季度全球液晶电视面板出货量排名显示，中国知名液晶面板企业京东方的出货量超过了 LG、三星，成为世界第一。这也是京东方继智能手机显示屏、笔记本电脑显示屏、平板电脑显示屏、显示器显示屏四大领域出货量实现世界第一后，又在电视显示屏这个细分领域实现了世界第一的出货量。

　　液晶面板一共有靶材、彩膜、液晶、驱动 IC 和背光源五个关键部件，其中驱动 IC 的作用相当于液晶面板的"发动机"，成本只占整个面板的 5%，往往不被人关注。但如果没有驱动 IC，液晶显示屏就没办法成功显像，屏幕就没有画面，因而它成为液晶显示屏的关键零部件。

　　但中国的驱动芯片自给率却很低，超过 80% 以上的驱动芯片都依赖进口。据 CINNO 研究（CINNO Research）的数据显示，在 2014 年大陆所占据的不到 20% 驱动 IC 市场份额中，新相微电子(上海) 有限公司（简称"新相"）是最主要的供应商。

数据显示，作为大陆最大的驱动 IC 厂家和第一大液晶驱动芯片设计企业，新相最近几年呈高速发展趋势，2016 年更是得到大基金等各方资金扶持。新相副总经理马祖飞告诉记者，在未来十年，世界面板业的重心在中国，新相也将紧抓这一产业发展所带来的市场机遇，继续加大研发投入，深耕本土市场，以期获得更大的市场份额。

据 CINNO 研究预估，国内面板驱动 IC 国产化率在 2018 年有可能提升至 35% 以上。而由于"中兴事件"的影响，国家对集成电路产业的政策和资金扶持，对新相等面板驱动 IC 企业来说是一大助力，也将推动中国液晶面板早日摆脱对国外技术和产品的依赖。

艰难带来契机

迄今为止，世界液晶面板行业几乎都集中在日本、韩国、中国大陆和中国台湾等地。但 1991 年到 1996 年期间，全球兴建的至少 25 条 TFT（Thin Film Transistor，薄膜晶体管）液晶面板生产线中，有 21 条建在日本。随着液晶面板产业的兴起，日本的平板制造业供应链也在最短时间内形成了上中下游完整的配套体系。知名的夏普便是日本液晶面板行业的龙头老大。

20 世纪 90 年代，韩国举全国之力发展液晶显示屏，三星和 LG 先后崛起；我国台湾也紧紧抓住了中国改革开放的契机，取得了市场的巨大成功。夏普 2000 年推出世界第一台液晶彩电后，以康佳为代表的大陆彩电厂商大量采用"拿来主义"，从日韩及我国台湾地区购买液晶显示屏，安装到彩电整机上，向广阔的市场销售，根本还来不及研究液晶显示屏究竟该怎么制造。

中国彩电竞争在 2000 年前后进入白热化阶段，长虹、康佳、TCL、海信、海尔等品牌竞相以降价方式，大打价格战，2004 年左右，康佳率先把中国彩电一下子从显像管时代带入液晶时代。但原材料和关键零部件被外国人控制的痛苦，只有中国人能够深切感受到，价格战的结果，是终端产品价格不断下降，而基础材料和关键零部件价格却在市场过热的喧嚣中稳步上升。

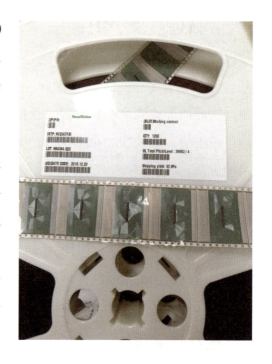

2002 年 4 月，上海广电集团与日本 NEC 签署合作意向书，共同投资大约 100 亿元人民币，在上海莘庄工业区建设一条 5 代线，由合资公司向 NEC 购买相关专利和技术，终于建成中国第一条，也是世界第七条 5 代线，于 2004 年 10 月 8 日开始正式投入生产。随后，京东方和龙腾光电也相继通过收购和合资手段引进液晶技术，建立起中国第二条和第三条 5 代线。

建立了液晶面板生产线之后，中国人才发现，包括驱动 IC 在内，靶材、彩膜、液晶和背光源等五个关键部件以及关键材料都被日韩企业牢牢控制，尤其是仅占面板成本 5% 的驱动 IC，中国没有一点话语权，早期的液晶面板生产线，最后几乎都以惨淡收场。

而专注于解决面板芯片的新相，于 2005 年正式成立。新相的创始人、CEO 肖宏博士具有丰富的设计能力和经验，肖博士判断液晶面板在中国大陆具有巨大潜力，而且材料的国产化、本土化也是大势所趋。如果抓住机会发展本土化液晶显示器驱动 IC，抢先占领国内市场，将是一个巨大机会。

肖博士曾在美国加州伯克利大学（Berkeley）攻读电子工程并获得博士学位，之后进入 IBM 沃森（IBM Waston）研发中心担任研究员，并且还曾在美国、中国台湾合伙创办过两家 IC 设计公司，其曾经开发的驱动 IC 产品进入过索尼爱立信（Sony-Ericsson）、京瓷（Kyocera）、惠普（HP）和戴尔（Dell）等国际一线厂商，多次开发出的具有自主知识产权的 TFT 驱动 IC，曾占到 SVA-NEC（中航光电）、CPT 两家公司 50% 市场份额。

由于肖博士在行业里的地位和名声，新相成立之初，他既负责研发核心技术，还投入大量自有资金，并依靠其卓越的技术能力和优秀的市场影响力，先后吸引了众多投资基金入股新相。

用示范带动用户

一家具有明确目标的公司成立，其实只是一个痛苦的开始。首要的任务就是如何获取客户。而在还没有做大做强之前，客户是不会自己主动找上门来的，要想将产品卖出去，必须主动开拓客户。

在新相成立之初，当时国内面板行业尽管已经逐渐发展起来，但是面板的关键部件驱动 IC 几乎还是靠进口。"这有两点原因：第一，长期以来，大陆面板制造的关键部件都由日本、韩国和我国台湾地区的公司垄断供应，已经形成一种默认规则；第二，大陆虽然也有不少面板部件制造的厂商，但由于品质或品牌的问题，不敢轻易贸然使用国内企业产品。"

这让新相开拓国内客户异常艰难。新相及时调整市场策略，聚焦以价格为导向的华南客户。"因为客户刚开始对国产产品有担心，不敢采用国内驱动 IC，不敢做小白鼠，这也很正常。"业务副总马祖飞带领业务人员，几乎每天都在联系客户，一家一家地拜访、介绍，再从拜访过的上百家企业中挑选有意愿的公司进行二次拜访、甚至三次拜访。

敢于做第一个吃螃蟹的人向来是少数，大家都怕自己成了实验中的小白鼠，尤其是高科技企业。产业链向中国大陆转移是大势所趋，在马祖飞看来，既要向客户讲清楚这一点，又要在客户的实际使用中，以优质服务解除客户的后顾之忧，真正体会到使用国产芯片的好处，客户就不会拒绝接受新事物了。

"我们通过选择重点客户，用全方位的技术服务、良好的产品品质和敢于承诺的信誉保障，通过以点带面，抢高地、树旗帜、塑品牌，逐步把市场打开，把新相的品牌影响力扩大，最终建立了广泛的市场基础"。

在公司新老骨干带动下，新相的市场率先从华南地区突破，先是一些小企业，后来逐渐过渡到一些大企业，2009 年京东方正式使用新相的产品。目前除了京东方外，新相的知名客户还包括深天马、华星光电、龙腾光电、中光电等企业，终端客户主要是以联想、海信、NEC、戴尔、惠普、伟世通（Visteon）等为代表的电子科技企业。

经过十多年的发展，新相电子产品成功导入国内 TFT 面板 10 代线以及 LTPS、AMOLED 面板 6 代线，成为中国大陆唯一一家能全面提供用于智能手机、平板电脑、台式电脑、笔记本电脑以及电视的 TFT-LCD 驱动 IC 和电源 IC 的厂商，且成为国内首家成功量产 TFT 驱动 IC 的设计公司。目前驱动 IC 出货量累计达到 10 亿颗，成为国内平板显示驱动 IC 的龙头企业。

在成功赢得市场的同时，新相也陆续赢得许多荣誉——2009 年，新相荣获"第三届中国半导体创新和技术奖"；2010 年荣获"2010 年度中国留学人员创业园百家最具成长性创业企业"称号；2013 年，荣获"中国中小企业成长标杆企业"称号；2016 年，荣获工信部"最具投资价值企业"称号，产品被评为"最佳市场表现产品"称号；2017 年，荣获"2017 年度中国 IC 设计成就奖"和"第十二届中国半导体创新产品和技术奖"；2018 年，荣获"2018 年度中国 IC 设计成就奖"。

重点放在国内市场

从 Display Search 公布的研究数据可以看出，全球面板产业格局中，韩国占据的市场份额最高，中国大陆占据的市场份额还不到

1/3。从数据的发展趋势可以看出，大陆面板产业的市场份额呈逐年上升的趋势，预计到 2025 年，中国占全球面板市场份额将达到 45%，"这意味着中国企业又迎来一次发展机遇"。

随着大陆液晶面板的市场份额提高了，核心零部件的需求量也会相应提高。而数据已经表明，未来全球显示驱动 IC 市场规模呈稳定的上升趋势，2017 年，全球显示驱动 IC 年总产值为 76 亿美元；预计 2021 年，全球驱动 IC 年总产值将突破 100 亿美元大关，2025 年将达到 136 亿美元。

"未来液晶面板的市场主要在中国。"新相认为，全球市场的增量部分主要在中国，而在 2025 年前，中国大陆将取得比境外同行更多的市场份额，本土显示驱动 IC 的市场需求预计也将逐年增加，2025 年，本土液晶面板市场需求驱动 IC 预计达到 60 亿美元。这意味着，在未来不长的时间内，面板行业的核心部件国产化无疑将迎来一个爆发式发展。

2011—2015 年 5 年间，新相通过企业经营团队的高效管理，销售额每年都在快速增长。根据新相微电子制定的 2016—2025 年企业销售额目标和实际具体销售额数据综合，其预计销售额将以较高的复合增值率实现高速发展。

"未来的突破性发展是基于两个方面。首先是市场，新的面板产业大幅度增长，TFT-LCD 的 8 代线到 10 代线都在投资建设开发，面板产能不断扩张，国内市场占全球的市场份额在快速成长，意味着未来的市场需求度越来越多。其次是新相通过 2016、2017、2018 三年发展，基础夯实了，就会进入到新产品开发、市场拓展的快速成长爆发期。"马祖飞说。

水清木华研究中心的数据显示，目前全球显示驱动 IC 厂商销售额排名前十的厂商都是韩国、日本、美国和中国台湾地区的企业，还没有大陆的企业。基于对未来市场爆发性增长的预测，新相还制定了2021—2025年的企业销售目标，到2025年销售额预计将进入全球显示驱动芯片领域前三。

国内市场目前是新相的重点目标市场。"这个份额是我们该吃的，也是必须要吃到的。"马祖飞语气坚定地告诉记者，"我们从现在的市场占有率不到5%不断提升到20%、30%，要成为主力供应商。""因为有这几年的积累，大陆面板企业的发展，以后海外的面板企业也会逐渐接受、使用我们的驱动IC。"

随着新型显示方式的不断发展，新相在当前主流的液晶面板上继续向更大尺寸、更高解析度、更低功耗产品研发，同时将LTPS（低温多晶硅）、AMOLED（主动矩阵式有机发光二极管）的技术牢牢把握在手中，抓住市场进入快速发展的有利时机，更在LTPS、AMOLED、触摸与驱动融合（TDDI）、指纹识别、T-con芯片等高端项目上进行深度布局。

计划上市打造好品牌

据介绍，新相瞄准的目标市场主要分为四部分：第一，与国内各大面板厂商合作，包括京东方、华星光电、中国电子、天马、惠科、和辉光电等面板企业；第二，与国际各大品牌手机厂商合作，包括华为、联想、中兴、小米、OPPO、vivo等手机厂商；第三部分是与海信、TCL、创维、康佳、长虹、海尔等电视厂商合作；第四部分，同各大电脑品牌厂商包括戴尔、联想、惠普、宏碁等终端客户合作。

新相显示驱动 IC 产品的品质和竞争力已经达到国际水准，和行业前十的驱动 IC 相比并不差，在价格方面又比国外许多驱动 IC 更有竞争力，未来新相能够进入全球前三已经具备一定基础。

除了积极开拓市场来实现全球行业龙头的目标外，增加新的产品线也是必要之举。新相现在的产品主要包括大尺寸驱动芯片、手机驱动芯片、LTPS 芯片、AMOLED 芯片、T-con 芯片、电源管理 IC、指纹识别 IC 等，大尺寸驱动芯片和手机驱动芯片这两项目前是新相的主力出货芯片。目前下游的手机触控、传感器一块已经基本形成一条较为完整的产品线。

新相制定了对未来 5 年、10 年的战略规划——将逐步加大对电源管理 IC、T-con 芯片、触控芯片、MEMS 的生产，丰富新相的产品线，增强市场竞争力，扩大市场份额。

从市场竞争的角度看，国内面板产能增长，未来势必会有更多驱动 IC 企业会抢占国内市场份额，而国内市场份额有限，新相扩展全球业务的战略决策也是大势所趋。"只盯着碗里的还不够，不足以支撑我们成为全球行业龙头的目标，所以要把海外的韩国市场、日本市场尽快放到碗里来。把我们的市场变成一口锅。"马祖飞说。

而从市场策略来看，要把销售做大，不仅需要市场人员的努力，最重要的就是打造公司及产品的影响力，让客户不断加深对公司和产品的深刻印象，吸引客户主动找上门。

品牌是客户对产品线和产品的技术品质的认可，需要企业在生产产品的时候，严格把控质量关和服务关。新相积极参与各种技术论坛以及行业交流会，让更多专业人士知道和了解新相的业务、产品分类、聚焦领域和客户对象，并通过各种场合不断把公司的发展战略及愿景告诉世界。新相还计划通过改制上市的方式扩展品牌。"上市除了融资以外，更是扩展产品品牌、企业品牌非常好的平台，能不能上市就相当于一个试金石。"

靠资本加快行业整合

"我们现在和国际先进的半导体企业差距还很大，一方面要靠加快自身发展速度来解决，另一方面就是要依靠资本的力量来加快发展。"马祖飞表示，对新相来说，最核心的问题是企业要自立自强，同时积极争取各种投资基金和政府支持，可以加速公司发展。

近几年来，陆续有多家大型基金公司分别向新相提出投资建议，但新相出于产业互补、控制风险的考虑选择对新相发展最有利的投资者，从而可以加快实现我们的国产进口替代，加快成为细分行业的隐形冠军。

数据显示，在目前每年进出口商品中，中国进口逆差最大的是半导体芯片，2017年全球半导体销售额是4200亿美元，中国就占了3200亿美元，除其中600亿美元是中国的本土企业生产交易，2600亿美元的芯片是进口。

马祖飞告诉记者："透过数据可以看到，中国市场是半导体绝对的龙头，销售额占到75%甚至80%以上；其次，中国本身半导体自给率非常低，3200亿美元的销售额中，只有20%的销售额是中国自己的交易，而且有很多是外资企业，真正民族的产品还是很少，差距非常大。反之，也正说明成长空间非常大。"

新相管理层认为："我们做高科技企业必须看清楚两点：第一是中国的消费市场巨大，制造业非常发达，有市场就有机会；第二是中国政府和中国企业家已经深深认识到，要成为真正的制造业强国，国家经济要发展，科技要发展，都离不开核心芯片的成功。做芯片，新相不怕失败，不怕亏损。唯有敢于投入，敢于创新，才有成功的机会。"

新相做芯片，就是有野心！

小小芯片，寄托了新相人产业报国的家国情怀！

artosyn
酷芯微电子

第十二篇

酷芯微电子：低调前行 用心做好"中国芯"

王志琴

7月21日，在极客公园 Rebuild 2018 科技商业峰会上，大疆总裁罗镇华发表了《无人机的产业思维》演讲。他表示，无人机正在进入更多产业并成为激发变革的开端。不仅无人机开发者们可以利用大疆的平台自由开发挂载在大疆无人机上的负载、吊舱，未来企业里的运维可以像管理 IT 资产一样管理维护无人机技术资产。

大疆——这家来自深圳的本土无人机制造厂商，长期在全球消费级无人机市场占据领先地位，并不断扩展自己的疆界。过往十年，中国鲜有科技企业能够就某一领域在全球形成这样的影响力。

而在大疆发展的过程中，作为大疆的合作伙伴——上海酷芯微电子有限公司（以下简称"酷芯微电子"）的贡献功不可没。当大疆生产的无人机惊艳了整个世界的时候，却很少有人知道其中的无线图传方案正是由酷芯微电子所提供。正是这一颗小小的芯片，改变了过往的图像传输方式，也让大疆生产的无人机惊艳了世界。

低调实干　做有竞争力的产品

2016 年 3 月，大疆推出新一代消费级航拍无人机——大疆精灵 Phantom 4。这款无人机的特别之处在于将"计算机视觉"与"机器学习"技术首次引入消费级无人机，使得这款产品具备了"障碍感知""智能跟随""指点飞行"三大创新功能。其中最吸引消费者和业界关注的莫过于它的前向避障功能和 7 公里的图传技术。

这款产品的图传方案使用的不是 ADI 的 SDR 方案，也不是联芯的 LC1860 平台自带的 SDR 方案，而是酷芯微电子全套数字基带加射频收发器的芯片解决方案。实际上早在 2014 年，大疆发布的 LightBridge 以及 Inspire 1 上的图传方案就是酷芯微电子提供的。在干扰严重的 2.4GHz ISM 频段，仅用 100mW 的发射功率，即可

传输高清视频 7 公里以上。与竞争方案相比，传输距离提升 5 倍以上。

之所以能在激烈的竞争中胜出，酷芯微电子创始人之一——总经理钟琪将其归结为在正确的时间作出了正确的决策。

2011 年 7 月，酷芯微电子成立。这家公司的创始人是三位来自复旦大学微电子专业、在集成电路领域有着近 20 年经验的同门师兄弟。

在此之前，酷芯微电子董事长姚海平和总经理钟琪曾经创办上海圣景科技发展有限公司，这家公司后来成长为全球第三大 IC 反向分析服务提供商，并被英国上市公司 UBM Techinsight 收购。而 CTO 沈泊，也是先后创建两家芯片设计公司，并分别被美国上市公司 Trident 和台湾上市公司联咏科技收购。凭借在行业内的多年经验，三位伙伴重新创办了酷芯微电子，开始瞄准新兴领域自己定义产品芯片。虽然公司创立的时候，集成电路产业还没有如今这样被重视，但多年的经验让他们敏锐地感觉到，从事芯片设计将大有可为。

作为信息技术产业的"食粮"，集成电路（IC）技术水平发展与应用规模已成为衡量一个国家综合国力的重要指标。而近些年，我国的 IC 产业在多个方面产生了可观的成就。

集成电路的重要性不必多说，然而芯片从最初的想法雏形到最后变成终端产品的一部分，是一个漫长的过程。据钟琪介绍，对于一个复杂一点的芯片，从设计规格确定，到芯片基本功能验证完成，可以让下游的客户进入量产使用，通常都需要 2 年左右的时间。然而，这并不意味着工作就完成了。下游客户拿到芯片后要根据自身的终端产品进行设计，再到终端产品销售给最终的使用者，通常还需要 1 年以上的时间。而且越是复杂的芯片，周期会越长。但是芯片对于很多产品来说，又是不能缺少的核心部分。对于创新型的芯片设计企业来说，需要对产业有深刻的理解，能够把眼光放得比较长远，而且要有很大的勇气，敢于为未来持续地大量投入。

幸运的是，酷芯微电子创立没多久，就为芯片设计找到了明确的领域。

2012 年，成立不久的酷芯微电子开始和大疆合作，开发远距离无线通信芯片。回忆起当时合作的契机，钟琪表示："首先无线图传本身在未来的发展中是有前景的，虽然当时我们不能肯定无人机市场一定会很火，但是我们觉得无线宽带的图传本身在未来能够找到应用的地方。就这样，我们找到了落脚点，因为无线图传的解决方案在无人机这个行业确实是个痛点。"

在随后的合作中，酷芯微电子的研发人员在整个研发过程中不断思索，什么样的产品才能更好地解决智能硬件在通信、视觉计算等领域的痛点，节约下游客户的开发时间和成本，从而获得更高质量的数据。最终他们把研发的主要方向确定为在通信基带和射频、图像处理和编码、智能视觉处理器领域向客户提供芯片级支持。

然而，对无人机技术熟悉的业内人士或许都明白，要满足无人机远距离传输的要求并不简单。在技术上需要满足以下几个特点：质量要高，功率要低，抗干扰能力要强，传输距离要远，国家法律法规的限制以及适应电池技术的发展。这当中，不仅要解决距离和功耗之间的平衡，其中还涉及很多调制技术，比如用好的纠错方式来提高抗干扰能力、信道信源技术的优化等。

这些难度，无论是对酷芯微电子还是其他企业来说，都是一个难题。然而，这个难题却激发起酷芯微电子团队的无限斗志。正如钟琪所说："在那个时间点我们觉得这是一件很不错的事情，因为它有技术门槛，不是随便一家公司就能搞定，而在这方面我们有信心去做。因为这个芯片当时在世界上找不到解决方案。那也就意味着我们和其他企业一样，大家在同一条起跑线上，这样我们做出来的芯片就会很有竞争力。同时我们和大疆双方理念比较相同，如果双方合作，是有机会把这个产品做出来的。"

新技术面前人人平等。在无线图传芯片设计方面，国内与国外的差距正在缩小。从前期的芯片规格设计想法，到自主研发做出雏形，之后不断改进，最终做出符合要求的芯片在产品上使用，这样的过程用了两年时间。

回顾起最初的抉择，钟琪坦言："这个过程从企业角度来说，其实还是面临一个很大的风险。"毕竟在漫长的研发周期中，谁也不能保证没有更好的技术出现。而一旦这种情况发生，也就意味着前期所付出的努力都白费了。幸运的是，这种潜在的风险并没有出现。2014年酷芯微电子的基于FPGA的方案成型，顺利通过了大疆无人机的整体测试，并且被大疆反馈"和全世界其他同类型产品相比，没有更好的产品能替代"。

顺利熬过这段风险无处不在的日子，钟琪认为这与整个团队能够沉下心来搞研发有莫大关系。"开始几年，团队的想法就是要沉下心做几年。这期间，不一定要想着盈利有多大，而是要把一些关键的技术解决了，让一些产品能够落地，把技术做实在了。这在某种程度上确实是比较考验领导者决策的魄力跟眼光，因为真的有很大风险"。

的确，对大多数创业者来说，创业过程更像是一个长跑的过程，需要领导者有坚韧不拔的心志。在创业过程中，总会经历各种各样的困难挫折，也总要面临各种各样的抉择，这其中就包括企业道路方向的选择。唯有凭借坚忍的意志才有机会渡过难关，踏上成功之路。

也正是凭借着最初的坚持，酷芯微电子如今在无线图传解决方案方面积累了越来越多的经验。如今，酷芯微电子设计的控制器芯片已经助力全球各大无人机制造商的数百万台无人机产品，而且技术远超其他同类企业。钟琪表示："迄今为止，市面上还没有出现能跟我们第一代技术完全匹敌的产品，目前的技术和市场份额在无人机图传遥控领域居于领先地位。"

尽管如此，酷芯微电子依然很低调。如果百度搜索酷芯微电子，能找到的资料和报道却并不多。作为一家低调的科技公司，酷芯微电子一向主张，要用自己实实在在的技术和产品赢得业界的认可。正如钟琪所说："如果在市场上我们发现这个行业中一些有潜力的合作伙伴，我们会通过自身足够强的基础实力争取客户，推动双方共同发展。相对来说，我们公司发展的方式不是通过大量市场宣传或者公关，更多是通过选准合作伙伴，扎实做事。然后再寻找新的合作伙伴，再扩大市场范围。"因为整个创始人团队都明白，脚踏实地低调前行才能让企业走得更远。

持续投入　让研发快人一步

公司创立伊始，酷芯微电子的创业团队就明确了未来企业的发展要以研发为驱动导向。因此酷芯微电子每一年科研投入的费用都很高。而对于这种投入，钟琪表示："酷芯坚持以技术创新来驱动市场，通过大量的研发投入来获得企业持续发展的动力。我们的团队想做一些真正有意义的事，也不单是为了赚钱，我们把技术和产品做好自然能赚钱，但是把事情做得更好更重要。所以我们赚到钱以后就往研发上面投入。我们的理念是要做好的东西，然后投入再做更好的东西，这样才能把路走得越来越广。"

酷芯微电子每年的研发投入都保持占收入的 50% 以上，并持续增长着。持续不断的研发投入也推动着酷芯微电子的产品和技术不断向前。

在宽带无线通信产品方面，针对民用航拍无人机应用场景的视频传输和遥控解决方案，酷芯微电子自主研发了芯片。据钟琪介绍："酷芯自主研发的芯片，在世界范围内率先解决了适用于民用无人机应用的数字高清无线视频传输难题，让民用航拍无人机实现了从模拟图传到高清数字图传的跨越，这也是民用航拍无人机在近几年实现超高速增长的重要基础。"目前，由酷芯微电子设计的芯

片已成为大疆主要产品线 Phantom、Inspire、Lightbridge 等机型和产品的标配。随着研发的深入，由酷芯微电子所开发的产品也正在拓展应用范围，逐步由较多针对航拍类无人机应用转向超低延时视频传输，以及行业宽带自主网等更加广阔的应用方向。

在数字通信技术方面，酷芯微电子基于 COFDM 技术，根据超远距离宽带无线通信的需求，吸收 4G/5G 通信技术中的优点，支持从几百米到几十公里高清无线视频传输，目前基带已经完成 3 代技术演进，在市场上尚未出现完全达到酷芯微电子第一代技术性能的芯片。更让研发人员感到骄傲的是，"由酷芯微电子自主研发的射频收发器，其性能在某些方面已经超过目前世界领先的美国 ADI 公司同类型芯片 AD9361 芯片。"

在图像处理（ISP）方面，酷芯微电子自主研发的 ISP 具有色彩还原度高、在高动态范围的情况下快速响应、支持低光照度下的降噪、强光抑制、除雾等功能和特点。据钟琪介绍，酷芯微电子产品的图像效果和目前世界领先的美国安霸（Ambarella）公司高端 ISP 处于相同的水平。

一直以来，创新是流淌在酷芯微电子血脉里的基因，"追求卓越、勇于创新"被定义为企业的核心理念。尤其在科技日新月异的时代，酷芯微电子更是将创新发挥到极致。钟琪表示："作为以创新驱动为导向的公司，其核心技术要跟随产品需求不断地扩展和升级，而酷芯微电子有能力根据市场需求研发出最具有竞争力的相关产品。"

2017 年，酷芯微电子推出了至今为止设计最复杂的芯片 AR9201。据了解，这颗革命性的芯片采用了 28 纳米工艺，集成了 ARM A7、基于 CEVA DSP 的视觉和深度学习模块、多路音频编解码、多路高性能 ISP 以及第三代 ARLink 宽带无线通信基带等功能，能够为现有的智能硬件产品提供丰富的接口。这对于当下热门的遥控机器人、智能安防监控、全景摄像以及无人机等智能硬件应用领域无疑是一大福音。

集众多功能于一身，给下游厂商带来的一个最直接的好处就是节省成本。如今，电子产品的创新节奏越来越快，对成本的要求也越来越高，市场的需求驱动着芯片厂商更加集成和更快创新。芯片功能集成无疑也是降低成本的一种方法。

然而，在芯片降低成本的道路上，我国的芯片企业似乎走过不少弯路。在芯片行业，以往本土企业在产品策略上基本是采取跟随方式，依托成本优势来获取市场份额，但是这样的低价模式从来都是慢性自杀，因为企业难以获得持续发展的造血能力。纵观半导体行业发展史，真正有能力持续发展的企业都是具备领军者意识，就是不跟随其他厂商，以自己的理解定义产品，以创新去赢得市场获得领先优势，而不指望靠对手失误获得市场。具有强大生命力的生态系统源于其中个体的差异化发展，个体差异化越明显则生态系统越强大，作为一家 IC 设计企业，酷芯微电子正在形成差异化发展趋势，这也让它从众多的芯片设计企业中脱颖而出。

凭借着骄人的成绩，2013 年酷芯微电子通过国家"集成电路设计企业"认定，2016 年获得上海市高新技术企业认定，2017 年成为上海市集成电路行业协会理事单位。

虽然，酷芯微电子在无人机无线图传解决方案方面具有先发优势，但是他们认为技术只是构成竞争优势的一部分。在推动产品落地的过程中，除了要拥有领先的技术和产品，构建行业的竞争优势同样重要。这意味着要选择一个合适的行业与合作伙伴，并在其中精耕细作，与合作伙伴互相扶持共同成长。只有更深入地了解了客户以及行业的需求，才能提供更精准、更符合行业需求的产品和解决方案。而在近几年的过程中，扶持一些有潜力的合作伙伴一起成长，也成了酷芯微电子的一项重要工作。

着眼当下　布局人工智能

刚刚过去的 2017 年被《华尔街日报》《福布斯》和《财富》等刊物称为"人工智能之年"。人工智能（AI）作为 2017 年最大的科技热点，成为科技圈和资本圈最热的词。在这一年当中，从算法到芯片，从提升到应用，人们见证了人工智能进入全面爆发新周期。

如今，AI 正走出实验室走向 AI+。从技术成熟度、市场空间、行业信息化程度等多个维度进行分析，专家和机构预测安防、金融、医疗、汽车、服务等行业将成为"AI+"时代变革的主要行业。以人工智能在机器人领域的应用为例：智能新零售、智能家居管家、智能视觉扫地机器人、陪护机器人、娱乐机器人已成为市场新宠。在政策的大力扶持和传统产业转型升级的拉动下，机器人概念将持续火爆，市场参与热度将继续上升。

在人工智能领域，得芯片者得天下。这样的说法，人们越来越认同。

而在几年之前，人工智能远不像现在这样火热。但是，从 2013 年开始，一直关注着技术发展的酷芯微电子逐渐意识到，随着人工智能的理论和算法研究取得了长足的进展，人工智能正在加速变为现实。只是，在这个发展过程中，也出现了很多问题。"目前看到的很多成果，大部分的核心运算还是通过超强服务器或者云服务器群平台来实现，这种系统架构无法运用于实时性、移动性要求很高的嵌入式终端人工智能硬件。"钟琪如是说。而那时酷芯微电子的研发团队认为嵌入式的人工智能硬件才能够真正融入人们日常生活，给人们带来更多的便利。对于这样的判断，钟琪解释道："在针对嵌入式应用的终端人工智能处理器方面，目前在国外主要有 Intel 收购的 Movidius 处理器，国内有中科院的寒武纪处理器及地平线机器人将要推出的专用处理器。但由于芯片整合度不高，软硬件系统开发难度大，这些处理器都还缺少正在落地的实际应用。市场上还是缺少针对嵌入式应用的高集成度、易于开发的芯片平台。"

在芯片的开发过程中，酷芯微电子团队越来越清晰地认识到人工智能硬件将有着广阔的发展空间，因此在芯片设计的过程中，酷芯微电子开始提前布局人工智能相关产品。基于这样的思路，在经过 2013 年和 2014 年两年的讨论论证后，酷芯微电子在 2015 年正式立项，启动相应的产品研发项目，在芯片设计中融入了 28 纳米工艺。

谈起最初的想法，钟琪说："人工智能近几年其实发展特别快，这里面本身有人工智能发展的规律，包括现在人工智能的算法。其实在很早之前就已经有人提出算法了，但那时候的计算机运算能力很差，大家觉得这个算法不可能实现。这几年随着集成电路技术的发展，运算能力飞速提高，原来不可能算的事情现在变成可能算了。2013 年我们觉得芯片的运算能力还不够，坦白说人工智能的芯片如果达到可用的话，它对工艺有一定的要求，我觉得 28 纳米的工艺是一个起步点，低于这个做出来的东西，在对人工智能运算能力有要求的产品上就不可用。应用 28 纳米工艺以后，基本上做出来的芯片在有些领域就可以运用了。并且随着大家逐渐地进步，产品会有一个飞速提升。"

如今，酷芯微电子设计的第一代终端人工智能芯片已经在无人机、视觉扫地机、无人货柜、安防摄像头等智能领域和终端厂商合作，相应的终端产品将在明年陆续推出。同时二代终端人工智能芯片也正在研发中。

当下，AI 处在风口，资本的进场让行业真正起飞。寒武纪 A 轮融资 1 亿美元、地平线 A+ 轮融资近亿美元、商汤科技 B 轮融资 4.1 亿美元、旷视科技 C 轮融资 4.6 亿美元。相比这些高调的科技公司，酷芯微电子在无线宽带通信和终端人工智能处理领域都显得低调。

然而也就是这样一家从不高调的企业，却同样怀揣着大梦想，正如钟琪所说："未来酷芯将持续坚持'追求卓越、勇于创新'的核心理念，以最佳用户体验为出发点，和优秀的系统厂商一起，从最优系统角度来定义设计目标，通过芯片来体现核心价值，为'中国智造'贡献自己的力量。在即将到来的人工智能硬件产品发展浪潮中，通过提供核心芯片，让中国的制造企业可以和国外的企业在同一起跑线上起跑。"

第十三篇

上海三思：巅峰之路

焦建全

　　站在美国纽约时代广场中心地带，抬头望去，会看到无数巨幅 LED 广告牌 24 小时不停息地、以秒为单位变换着各类艺术精湛的广告片。在这个被称为"世界十字路口"的曼哈顿中心，寸土寸金，而巨幅 LED 广告牌则是寸秒寸金。

　　从百老汇大街出入口进来，对面约 50 米远的高楼拐角有一块巨幅 LED 屏广告牌，这块高像素 LED 广告牌面积约有四个标准篮球场大小，足有 6 层楼高，长度横跨整座大楼并绕过楼角，是时代广场最大的 LED 广告牌之一。

　　这幅巨大广告牌不时闪现"SANSI 三思"字母和汉字结合的艺术体以及其他的汉字信息，有时还会闪现一个戴着眼镜、笑容可掬的睿智老人和三思产品的英文介绍。

　　"三思"是谁？怎么能在寸秒寸金的地方做如此价格不菲的广告？这位笑容可掬的老人又是谁？

　　上海三思电子工程有限公司（以下简称"上海三思"）总裁王

鹰华揭开了这块巨幅广告屏的背后谜底："这块显示屏 1600 平方米，2500 万像素，是纽约时代广场乃至全球分辨率最高的广告屏，是由上海三思生产承建的，调试使用后业主感叹：'The best LED display I've ever seen！（这是我见到过的最好的 LED 显示屏!）'，屏幕上的这位笑容可掬的睿智老人就是上海三思创始人陈必寿董事长，我们都叫他主任。"

上海三思的产品现在占据着时代广场显示屏市场的较大份额，不仅如此，他们的产品还用在了港珠澳大桥、2018 中国国际进口博览会、2018 年年初重建的北京长安街彩虹门以及全国多条地铁和高铁线路上。除此之外，上海三思还在 LED 照明方面革命性发明了陶瓷散热和反射式 LED 灯具，开了行业先河。

而这一切都起源于 20 多年前，陈必寿三思之后的一个决定。

创业初心

陈必寿的名片与一般董事长名片不同。一般名片是董事长三个字和一些社会机构头衔，陈必寿虽然有中国光学光电子行业协会显示屏分会常务理事、交通部运输经济信息系统专家、交通部高级职称评审委员会委员和上海光电子行业协会半导体照明专委会副主任委员等头衔，但是在名片上并没有写，只是写上了三个字：研究员。

原来，陈必寿在 1993 年创办上海三思时，已是交通部上海船舶研究所主任、研究员，50 岁的他可谓功成名就。早在 1980 年，陈必寿先生前往德国南部博登湖畔的康斯坦茨大学，主修计算机控制系统专业，成为改革开放后中国首批留学人才的一员；1990 年就成为国务院首批特殊津贴专家。

1992 年春天，邓小平南方谈话，再次吹响了改革开放的号角，受其影响，一批知识分子主动下海创业，形成了"92 派"企业家。"92 派"是中国现代企业制度的试水者。陈必寿实际上是"92 派"实业企业家的一员。

杭州智慧路灯项目

多年以后，陈必寿回忆创办上海三思的情景。时任上海市委书记吴邦国在一次会上说：这么大的上海，所有这些民营企业加起来，还不如一个北大方正，那怎么行，要鼓励知识分子创业。

这对参加会议的陈必寿触动很大，他决心创业。把多年的研究技术转化成现实产品并产业化，争取填补当时行业的空白，这也是科研人员的梦想，陈必寿决心付诸行动。然而，大多数人劝他"千万不要动，你冒这个险干吗呢！"

同时，陈必寿也受到很大鼓励，尤其是交通运输部高级职称评审委员会徐如镜教授的鼓励："如果出来创业的话，对国家、集体、个人，都是很好的事，从这个道理讲，风险就没有了。"陈必寿是所在五人小组最年轻的一位，和徐如镜同组。

陈必寿最后一锤定音："我们搞科学肯定是有饭吃的。"他不再考虑个人得失，开始着手成立公司，并确定了未来公司科研和产品的主要方向："第一个 C 是计算机（Computer），第二个 C（Control），是控制，第三个是通信（Communication），那么 3C 怎么叫，叫三思比较好。"陈必寿回忆。还有"三思而后行"这句话，对品牌传播也有帮助，而且也符合科研人员"大胆假设、小心求证"的工作风格。

1993 年正式商量成立公司时，共 7 个人，到公司注册时，共 16 人参加，筹集到 16 万元开办资金，租用了两间小办公室，把 LED 作为主攻方向。LED（Light Emitting Diode，发光二极管），是照明技术的一次革命，其产业化方兴未艾。

几乎与此同时，成立不久的上海证券交易所（以下简称"上交所"）也找到了陈必寿，想让他到上交所担任技术总负责人，陈必寿考虑后，上交所的相关工作可以做，但不要去上班，工作可以由上海三思负责完成。凭此契机，刚刚成立的上海三思开始大展身手。

六大机遇

上海三思成立后，几乎抓住了 LED 显示屏的每一次机遇，迎来了上海三思的顺利发展。

第一大机遇是证券显示屏市场。陈必寿没有去上交所，却从证券显示屏市场抓住了上海三思的首个机遇。受南方谈话影响，中国的资本市场也获得空前发展，各家证券公司在各地设立的证券营业部也蓬勃兴起，营业部大厅里的大型 LED 显示屏几乎成了每家营业部的标配。凭借陈必寿和三思同事在 LED 显示屏方面的积累，两年时间，上海三思占领了全国证券公司营业部大厅 90% 的行情显示屏市场，主要原因是他们做出的显示屏质量非常有保证。随着电脑普及，证券营业部大厅人头攒动争看信息显示屏的情形已经不再，但是，"三思产品的可靠性，就是那个时候做出来的。"陈必寿回忆。

　　第二大机遇是室外 LED 全彩显示屏。上海三思开了国内 LED户外广告屏市场应用的先河。1995 年，上海徐家汇东方商厦树立起一块超大型室外弧形 LED 全彩色显示屏，此前，LED 户外广告屏国内企业做不了，全部需要进口。现在，上海三思的户外广告显示屏不仅是其重要利润来源，还成功进军"世界十字路口"纽约时代广场，这在文章开头已有交代，至于如何进入时代广场，这是另一个故事，在下文中会有讲述。

　　第三大机遇是高速公路的快速发展。上海三思在国内高速公路显示照明市场占有率一度超过 60% 的份额，产品包括交通情报板、诱导屏、小型信息屏和指示标志。在 2018 年 10 月开通的港珠澳大桥，上海三思就提供了 900 余套 LED 可变情报板和各类 LED 交通控制标识。在高速公路的隧道段，上海三思更是提供了解决方案。"我们最早的一条隧道照明项目（景德镇—鹰潭隧道），到现在已经有 11 年了。照明已经将近 10 万小时了，而且现在还非常好。"王鹰华说。

　　第四大机遇是地铁的高速发展。凭借在高速公路隧道 LED照明领域积累的丰富经验，上海三思进入了地铁 LED 照明领域。2010 年，上海三思承担了深圳地铁 2 号线全线的照明重任，这也是中国乃至全球第一条全线采用 LED 照明的地铁线路，获得了行业最高荣誉——中国 LED 应用优秀工程奖，为上海三思此后快速抢占地铁 LED 照明市场树立了标杆。现在，上海三思承建的地铁 LED 照明涵盖上海、深圳、杭州、南京、成都、西安、郑州等多个一、二线城市的数十条线路。

第五大机遇是高铁的迅速发展。京沪高铁连接京津冀和长江三角洲两大城市群，而上海三思的全彩大屏就应用在该线多座高铁站，主要城站有北京南站、天津高铁站、上海虹桥站等。其中，上海虹桥站年客流量高达数千万，是华东地区规模最大的高铁枢纽。上海三思在此安装了 4 块 118 平方米全彩屏，向往来乘客展示大都市的魅力，同时也提供车次信息和票务信息屏等。另外，在沪宁城际高铁专线中，在"东北最美高铁"——吉图珲高铁，还有沈丹高铁，上海三思的高铁显示屏，包括票额屏、售票窗口屏、出站信息屏都在应用。上海三思研发制造出一系列适用于高铁的 LED 显示屏，包括到站显示屏、出发信息屏、票务窗口屏等等，犹如繁星璀璨，闪耀在国内众多城市的高铁站点。

第六大机遇是智慧城市建设。2012 年 12 月 5 日，住房和城乡建设部正式发布了启动智慧城市建设战略。其中，智慧路灯系统被喻为智慧城市的重要载体和终端系统。早在 2000 年初，上海三思就率先提出"灯联网"的概念，引发国际界的热烈讨论。2015 年，上海三思完全自主研发的智慧路灯系统亮相，并快速在国内外 50 多个国家和地区得到应用，比如北京左安门西街、北京通州副行政中心、杭州 G20 会议、深圳、东莞及德国、沙特、法国、波兰、奥地利、英国、美国、比利时等。其中，江苏淮安洪泽区是国内首个大规模应用智慧路灯系统的示范城市，由上海三思全程设计承接；上海举办的中国国际进口博览会周边道路 500 余套的"多杆合一"及解决方案也由上海三思设计制造。

2017 年 9 月 25 日，"砥砺奋进的五年"大型成就展在北京隆重举办。上海三思的智慧路灯系统作为智慧城市成果展区唯一受邀的照明系统品牌亮相，获得了国家领导人的高度赞扬。

现在，"上海三思的产品进入到除台湾地区外的中国所有地区。"上海三思显示产品委员会主任王化锋告诉记者。

巅峰争夺

不仅如此，上海三思还在国际市场斩获颇丰。仅国际市场就贡献了三分之一的销售额，其中最为精彩的是美国纽约时代广场巅峰争夺。

纽约时代广场是全球 LED 显示屏企业竞技的最高舞台。纽约时代广场数百块大型 LED 广告屏全天候地点亮，形成一道特色景观，也将时代广场打造成为全球户外 LED 巨屏最密集、最具品牌推广价值的高地。

然而，纽约时代广场巨型显示屏一度为达科、三菱重工、巴可等国际巨头所垄断，中国作为占据全球 80% 市场的 LED 显示屏制造大国，也只能对时代广场巨型显示屏"望洋兴叹"。

2011 年 11 月 20 日，历史翻开了崭新的一页，上海三思设计、制造的总面积 400 平方米左右的户外全彩 LED 屏成功落户纽约时代广场百老汇街 1515 号维亚康姆主楼墙面。维亚康姆是美国第三大传媒公司，拍摄过《星球大战》《阿甘正传》《教父》《碟中谍》《泰坦尼克号》等经典影片。

维亚康姆主楼显示屏运用了 10 多项上海三思独家专利技术，

在散热和防护上取得了重大技术突破，技术达到国际领先水平。国际业内权威杂志载文《时代广场新标杆》评价"这块显示屏是该地区分辨率最高、节能效果极高的显示屏"。

维亚康姆主楼显示屏的落成，实现了纽约时代广场"中国制造"LED 大屏"零"的突破，也标志着中国品牌终于踏上了 LED 大屏的最高舞台。

而上海三思另一块更大的显示屏的最终中标则富有戏剧性。2013 年，毗

上海三思生产承建的 LED 显示屏矗立在时代广场

邻纽约剧场区和 46 大街交叉口的纽约时代广场百老汇街 1552 号的业主要安装一个 800 平方米室外全彩屏，王鹰华告诉记者："当时业主招标流程走了一半，当时只剩下三家世界知名的老牌公司，当看到上海三思在时代广场做的其他显示屏后，业主邀请上海三思添加进来并重新招标，经过综合评价，最后只剩下我们。"

而文章开头提到的巨型显示屏，就是由上海三思负责承建的。它安装在纽约时代广场第七大道 701 号万豪艾迪逊酒店外墙上，该显示屏面积 1600 平方米，结构呈 L 形，转角处半径小于 3 米的弧面均采用上海三思自主研发的特制显示模块，攻克了弧形转角屏

"整屏无缝衔接"的技术难关，以 2500 万超高像素成为纽约时代广场上乃至全球分辨率最高的广告屏，被业主称为"最好的显示屏"，也是目前上海三思在时代广场最大的显示屏。

此后，上海三思还承建了时代广场第七大道 719 号 LED 显示屏，以及位于时代广场百老汇 1460 号、1441 号的 LED 显示屏等，各类不同形状的 LED 显示屏共计 20 余块，总面积超过 6000 平方米。

现在，上海三思成了时代广场的"常客"，引领纽约时代广场户外显示屏的新变化，让三思品牌傲立于世界顶级商圈。此外，上海三思还中标了洛杉矶 3500 平方米户外巨无霸 LED 广告显示屏。

"上海三思的海外市场也是一点点取得的，刚开始时代广场的屏做进去是贴牌的，那个时候三思一点名气都没有。"王鹰华告诉记者，"上海三思凭借的，是不断精进的科研创新。"

科研为先

继续专注做科研是创始人陈必寿董事长的初心。现在，上海三思也是国内 LED 显示屏和照明应用行业最大的研发中心。

陈必寿创业之初，就把"科、工、贸"定为上海三思的发展之路，科研列为第一，这也是陈必寿特别把"研究员"印制在名片上，这也是他希望别人叫他"主任"或"老师"的原因。

上海三思 LED 新技术研究院研发团队现有 400 多人，博士和硕士 40 多人，研究员和高级工程师 20 多人；三个研发部，一个应用研究院，14 个研究所，涉及光学、灯具、软件、电子线路、微电子、结构、电源、工艺、LED 封装、基础材料、模具、专利、系统集成等各个方面。

　　陈必寿可以说是上海三思的首席研究员。他是国务院首批特殊津贴专家，获得过国家科技进步二等奖、交通部科技进步二等奖、上海市科技进步一等奖、上海市新产品一等奖、紫荆花杯杰出企业家奖、徐光启科技金奖等，还获得了中国民营科技企业家、上海市优秀专业技术人才等称号，申请或获得专利 32 项。

　　陈必寿身边也聚集一大批 LED 著名专家。如上海三思副董事长、高级工程师范刚，曾被美国同行专家评为世界同行前 5 名人物，主持完成很多重大科技攻关项目，开发的高速公路可变信息标识和 LED 全彩视频显示屏，达到国际先进水平。总裁王鹰华也是高级工程师，参与起草了行业标准，主持开发的"LED 照明灯"成为目前国际上光效最高、照明度最佳的优质灯具。副总工程师姜玉稀博士主持开发的"三思智慧路灯系统"为未来智慧城市的实现提供解决方案。

　　关键的是，上海三思形成一种科研和创新的氛围和文化。陈必寿讲述了两个例子。有一个研究员在食堂吃饭时，忍不住自己笑起来，他一个东西研究了半年，这一次被他搞出来了。另外一个自动化研究所所长，他在洗衣服时忽然想到一个研究课题解决方案，十分开心，就笑起来，被开玩笑地称为"神经病"。

　　上海三思在创新机制方面也做到了周到细致。首先是激励机制，包括四个方面。知识产权激励方面，主要是鼓励员工大胆创新的积极性，对作出突出贡献的个人给予表彰或奖励；工作激励方面，给员工赋予更大的挑战性，满足员工自尊和自我实现的需要；股权激励方面是给予骨干科研人员一定的股份和期权；奖励激励方面，鼓励科研人员进行技术开发并根据贡献大小给予精神和物质奖励。

其次是人才激励机制，对诚信、工作积极、有突出贡献的员工，采取股权、房屋补贴、快速加薪、"充电"补贴等方式进行奖励。

最后，是知识产权申报维护机制，公司单独成立了专利组，专门负责知识产权的保护和维权，制定专利管理制度、专利维权管理制度、知识产权风险防范与应急方案等，建立了专利数据库和预警平台。

在这种氛围和机制下，上海三思的科研人才队伍比较稳定。很多员工一干就是十几年甚至20多年，沉淀下来的老员工跳槽概率非常低。"有一个研究所的所长，别家开出了10倍的价格，挖他过去，他没有去。人家说到底为什么？这位所长说，我是在三思这个平台创造了这些价值。到了您那个平台，我个人是很难把这个事情做好的。"王鹰华告诉记者。

目前，上海三思的科研团队已累计申请了400余项各类专利，已获得授权发明专利43项、实用新型106项，外观专利68项，其中国外发明专利9项，同时公司培养了一批技术人才，为上海三思研制成功革命性的照明产品奠定了基础。

市场爆款

上海三思智能彩色球泡灯成了爆款商品。这款产品是上海三思和华为合作的智能家居中的照明产品，2018年8月28日在深圳华为正式首发，在华为商城上线后成为爆款，评价中几乎都是五星好评。

消费者在灯泡安装、扫描安装应用APP后，就可以在手机上进行调控了。随着调控，智能彩色灯泡可以任意变换色彩，可以进行冷暖色温调节，也可以调整成阅读、观影、娱乐 17 种模式，还可以根据需要设定开关灯时间，还可以随时随地、随心所欲地管控灯具。

上海三思生产的球泡灯是一个创新产品。"用高温烧结的陶瓷作为灯的散热主体，散热性好而且杜绝了传统铝基板的漏电隐患。"上海三思副总经理王鹏说。

把陶瓷与 LED 革命性结合在一起，是上海三思的首创，王鹏讲述了上海三思陶瓷散热 LED 球泡灯研制成功的故事。

上海三思从 2012 年 1 月起，开始组织科研力量，实施高品质 LED 球泡灯的研发计划。美国能源部曾以 2000 万美元的高额奖金，激励高品质 LED 球泡灯问世。一旦性价比高的、替代 100 瓦白炽灯的 LED 球泡灯成功进入市场，将意味着 LED 照明替代传统照明的时代真正到来。

上海三思替代 40 瓦的 LED 球泡灯产品很快开发成功。然而，在开发更高瓦数的球泡灯时遇到了瓶颈。由于热度更高，要求安全性和散热性更好，传统的铝基板不能满足这个要求。

研究组苦思冥想如何找到新的材料解决这一问题。在一次研讨会上，陈必寿董事长受到美国航天飞机"陶瓷隔热瓦"问题的启发，提出可以使用陶瓷材料，很快，陈必寿亲自组织人员到太湖西岸的陶瓷之都宜兴的陶瓷工厂去学习，陈必寿和陶瓷厂的总经理交流怎么做出适合 LED 球泡灯的陶瓷材料。

陈必寿考虑到 LED 照明体系可以建立在陶瓷之上，"我们自己建陶瓷窑、自己做浆饼、自己做陶瓷粉、自己烧制。"王鹏说。

陈必寿告诉记者："芯片放在陶瓷上，这个有一些难度，我们就一点一点试。开始的一两年基本上做成了，然后不断地改进，性能也提高了，成本也降下来了。"

经过两年多的努力，尤其是应用了陶瓷基材镂空灯体结构的散热设计、集成电路驱动电源的优化设计和圈带堆叠 LED 芯片布局的全配光设计等创新设计，上海三思终于在 2014 年研制出成功替代 100 瓦白炽灯的 10 瓦的 LED 球泡灯，并开始生产，这在国际市场上引起了较大的轰动。

上海三思陶瓷 LED 球泡灯的发明，也为中标港珠澳大桥照明工程立下汗马功劳。"防盐雾，抗风，防雷，防震动，防紫外线，防高温，防高湿，防天气突变，维修的难度以及对行车安全的影响程度，上海三思每项都拿到十分。"王鹰华告诉记者，上海三思为港珠澳大桥定制了 27000 多套 LED 陶瓷模块化路灯、LED 反射式隧道灯、LED 景观灯、LED 检修灯及相关控制系统，成为该项目最大的 LED 照明产品供应商。

上海三思 LED 球泡灯成了全球独一无二的产品。它融合了镂空设计、陶瓷散热主体、光源和电源分离等创新工艺，以至于在一次参展时核心陶瓷组件被盗，一时成了行业新闻。

像在华为商城一样，上海三思的系列产品在全美最大的购物网站亚马逊上线后，更是受到消费者喜爱。消费者不吝赞美之词和语句夸赞，有的甚至自拍照片和视频上传表达喜爱程度。记者在亚马逊网站看到了消费者的留言：Astounding（令人惊讶的）！ Amazing（神奇的）！ Fantastic and deserves kudos（难以置信、值得赞美）！ Superior products（上好的产品）！ Excellent（太好了，特优秀）！ Intrigued（被迷住了）！ Unusual（非比寻常的）等，几乎全是五星好评。

　　陈必寿告诉记者，原来以为上海三思产品起码和其他同类商家95% 不一样，结果回访的消费者认为，是独一无二的，与其他同类商品都不一样。"没想到一下就成了爆款产品！"

　　之后，上海三思又陆续推出 LED 安防灯、LED 工矿灯、LED 投光灯和 LED 植物生长灯等具有创新技术的新产品，一上线便受到消费者的青睐。上海三思在亚马逊同类产品中的排行由最初的几千名，很快上升到前三名之内，而且一直保持这个地位。

走向卓越

　　上海三思的高管们直言不讳，虽然上海三思已经制造出世界上独一无二的灯泡，但是还不为广大的普通消费者所熟知。据介绍，在上海三思每年的销售收入中，绝大部分是工程类订单，消费者直接购买占比较少。

　　然而，看到了不足则意味着存在巨大的发展空间和市场机会。德国莱茵 TUV 集团发布"LED 照明行业白皮书"指出，传统照明市场的主角正由白炽灯转换为 LED，预计到 2020 年，全球 LED 灯具产量将超过 70 亿只。研究机构 LEDinside 的数据显示，2017 年全球 LED 照明的渗透率约为 39%，到 2019 年就将超过 50%。而一位品牌专家告诉记者：如果"上海三思"能成为大众耳熟能详的品牌，能走进普通消费者的心里，上海三思将会有一个空前发展的机会。

　　现在，上海三思正在补齐短板。管理方面，正在安装使用德国 SAP 系统，SAP 是全球企业管理软件与解决方案的技术领袖，同时也是市场领导者。

　　陈必寿说："没有任何一家 LED 企业像我们这样。灯、灯里面的元器件和材料，还有软件都是我们自己做的。可以讲真正控制到灯内部的全世界只有我们。"

　　目前，上海三思已构建起智能显示、智能交通、智慧系统、LED 照明和智能家居照明五大业务模块，依托强大的科研实力，借助人工智能和智慧生活时代大风口，上海三思"国际最具创新活力的 LED 应用领先者"愿景正成为现实。

第十四篇
富瀚微：走在监控龙头前方的图像处理专家

黎光寿　吴瑞馨

在全球安防监控市场上，人们也许只看到华为、海康威视这样的行业巨头在市场的占有率，只看到排名前三占据了多少市场份额，很少关注到这些巨头背后。而实际上，每一个王者的背后，都站着一批默默支撑的强者。

我们今天要介绍的这家民营企业，就是海康威视背后的强者之一。

这家民营芯片设计公司就是上海富瀚微电子股份有限公司（以下简称"富瀚微"），2017 年年初创业板上市，财报显示，该公司 2017 年营业收入为 4.49 亿元，同比增长 39.64%；净利润 1.06 亿元。

虽然有着漂亮的业绩报告，但富瀚微却是一家并不高调的公司，社会上几乎忽略掉了它的存在，然而在行业内，富瀚微的合作伙伴，目前在全球市场上处于龙头地位。

监控龙头背后的图像处理专家

富瀚微 2004 年在上海市集成电路孵化基地成立，目前是安防行业知名的集成电路设计公司之一，也是中国最早从事安防视频监控多媒体处理芯片设计及相关业务的企业之一，其主要产品为安防视频监控图像处理芯片。

富瀚微的产品主要分三大类，第一类是前端摄像机芯片，包括 ISP（Image Signal Processing）模拟摄像机图像处理芯片和 IPC（IP Camera）网络摄像机芯片，ISP 是基于同轴电缆传输的图像处理芯片，目前包括 10 款 85 系列的 ISP 芯片，IPC 是基于网线传输的芯片，包括 7 款 IPC SoC 芯片；第二类是曾经量产过的 DVR 芯片，不过

目前暂时停止这一块的业务了；第三类产品是客户定制的数字接口模块芯片。

财报显示，富瀚微 2017 年视频监控多媒体处理芯片销售收入 4.16 亿元，较上年同期增长 42.61%，占总收入的 92.79%；芯片产品结构趋于均衡、多样化，网络摄像机芯片在销售收入中占比提升明显，销量已突破千万片级。前五大客户的销售收入合计占当期营业收入的比例为 96.31%，公司客户集中度较高。

这些视频监控多媒体处理芯片，很大一部分销售给了安防监控巨头海康威视。招股说明书显示，海康威视对富瀚微的 ISP 芯片、IPC SoC 芯片的采购不断增长。2014 年、2015 年和 2016 年，公司向海康威视销售的主要为 ISP 芯片和 IPC SoC 芯片，销售金额分别为 1843.15 万元、5842.05 万元和 13169.80 万元，占富瀚微的销售额比例分别为 10.53%、32.17%、40.94%。

富瀚微与海康威视的缘分是从 2009 年开始的，当年海康威视开始向富瀚微采购 DVR 专用 FH8735 芯片，该芯片由富瀚微完成芯片的开发设计、流片、量产。2014 年起，富瀚微推出多款自主研发的具备高性价比的新产品，海康威视的采购量也逐年上升，甚至双方还达成了联合开发协议，产品不断迭代，迅速投放市场，引领了市场潮流。

据介绍，早年的富瀚微主要从事视频编解码 IP 核、视频编解码芯片、数字接口模块的研发和销售。后来富瀚微的核心产品为 ISP 和 IPC SoC 芯片，2014 年到 2016 年占总销售额的比例分别为 74.4%、79.77% 和 90.5%。

2017 年 2 月 20 日，富瀚微在深圳创业板挂牌上市，成为资本市场上集成电路设计领域的一支新军，受到投资者青睐。

富瀚微的技术转型

据介绍，按照产品购销关系划分，集成电路产业链包括设计、制造、封装和测试等环节。晶圆代工厂商、封装和测试厂商接受集成电路设计企业委托，按照产品方案向集成电路设计企业提供芯片制造、封装和测试服务，然后再由集成电路设计厂商将芯片产成品销售给电子设备制造厂商。从这个角度看，晶圆代工厂商、封装和测试厂商是集成电路设计行业上游，电子设备制造行业属于下游。

但如果按照芯片产品的形成过程，集成电路设计行业是集成电路行业的上游。集成电路设计企业设计的产品方案，通过代工方式由晶圆代工厂商和封装测试厂商完成芯片的制造和封装测试，然后将芯片产成品作为元器件销售给电子设备制造厂商。

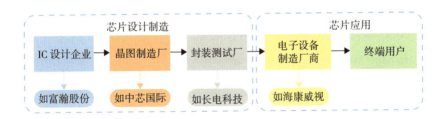

集成电路设计水平的高低决定了芯片产品的功能、性能和成本，集成电路设计业务环节总体可分为前端设计和后端设计两部分。前端设计包括用户需求分析、芯片规格定义、芯片架构设计、RTL 设计、逻辑综合等环节，输出网表文件。后端设计接受前端设计输出的网表，进行可测性设计（DFT）、可制造性设计（DFM）、布局布线设计和物理版图设计，输出版图文件（GDS 文件），最后提供给晶圆代工厂进行流片生产。

在富瀚微成立之初，投入精力研发的主要目标就是基于 H.264 标准的编码器 IP。H.264 是根据 MPEG-4 标准所定义的最新格式，代表当时最新技术水平的视频编码格式之一，有的也称 AVC，其最大优势是具有很高的数据压缩比例，在同等图像质量的条件下，其压缩比是 MPEG-2 的 2 倍以上，是 MPEG-4 的 1.5—2 倍。

与 MPEG-2 和 MPEG-4 ASP 等压缩技术相比，H.264 压缩技术将大大节省用户的下载时间和数据流量花费。尤其值得一提的是，H.264 在具有高压缩比的同时还拥有高质量流畅的图像，正因为如此，经过 H.264 压缩的视频数据，在网络传输过程中所需要的带宽更少，也更加经济。

当时一位美国客户花了 80 万美元，买下了富瀚微基于 H.264 研发的视频编码器 IP 的授权，这是富瀚微赚到的第一桶金。从官网上的发展经历可以发现，在 2010 年以前，富瀚微的所有产品都是围绕 H.264 标准展开的。

2006 年富瀚微获得了联想控股的一笔风险投资，这笔资金当时在集成电路行业中并不算充裕，但富瀚微抓住瞬息而至的机会，迅速转向安防监控，研发 DVR（数字硬盘录像机）专用视频编解码芯片。但 2011 年，富瀚微做了一个重大决定——放弃后端 DVR 芯片，转而从事前端视频监控摄像头芯片研发和产业化。

这项决定为富瀚微后来的发展奠定了基础。

视频处理芯片是视频监控设备的核心组件之一，而模拟安防监控摄像机的核心部件包含一颗图像传感器和一颗 ISP 芯片，数字安防监控摄像机的核心部件包含一颗图像传感器和一颗 IPC SoC 芯片，这些芯片以低功耗、高性能为产品特征。IHS 研究报告显示，2013—2018 年，中国视频图像处理器芯片（模拟 / 数字监控摄像机处理芯片、DVR 和 NVR 视频图像处理芯片）市场规模复合增长率为 15.1%，视频监控图像传感器市场规模（金额）复合增长率为 11.9%，中国视频监控标清、高清（HD）及以上，以及图像传感器出货总量将保持良好增长，复合增长率为 17.8%。

富瀚微招股说明书显示，该公司营业收入从 2014 年的 17497.93 万元增长到 2016 年的 32169.60 万元，2015 年和 2016 年的增长率分别为 3.79% 和 77.14%；扣除非经常性损益后，归母净利润从 2014 年的 3711.53 万元增长到 2016 年的 10773.30 万元，2015 年和 2016 年的增长率分别为 8.37% 和 167.85%。

更令传统制造业咂舌的是，富瀚微公司 2014 年、2015 年和 2016 年综合毛利率分别为 51.57%、55.96% 和 56.96%，始终维持在较高水平。

做一个低调的冠军

在富瀚微转型做安防监控前端摄像头芯片时，在整个前端市场领域，参与者尽管面临的还不是一片红海，但仍然有很多参与者，竞争同样激烈，尤其是日本索尼公司占领了很大一块市场，CCD 的图像传感器的话语权主要在索尼手上，其他企业很难望其项背。

在 2010 年前后，智能手机爆发式发展，开始大规模使用 CMOS 传感器，质量也越做越好。虽然 CMOS 相对于 CCD 的最大优势在于价格，但是安防行业却不太接受，他们需要的是最大限度地接近真实。

富瀚微抓住了这个机会，针对 CMOS 图像传感器研发了一款面向安防应用的图像处理芯片，将图像颜色处理到安防行业能接受的范围。

在销售模式上，索尼是将图像传感器和图像处理芯片成套绑定销售，而富瀚微采取的是单片销售的方式。对客户来说，选择了富瀚微的图像处理芯片，还可以选择市场上最优质的配套软硬件，会让性能更优，成本得到控制；而选择了索尼的芯片，必须和索尼有关硬件和软件绑定。这样，客户纷纷转向了富瀚微，安防摄像机图像处理芯片市场的垄断被无情打破。

随着订单雪片似的增长，富瀚微终于完成了成立以来的第一次华丽转身，从原先的技术跟随者成为技术引领者，第一次拥有了行业话语权。

视频图像处理芯片有很多种，根据最终硬件产品的不同，有不同的种类，比如手机和相机，都有专用的视频图像处理芯片。由于应用的目的不同，对视频图像处理的要求也就不一样。手机和相机的视频图像处理芯片可能要求的是拍摄出来的画面色彩绚丽漂亮，而视频监控的图像处理追求的则是还原度和真实性。

富瀚微的芯片主要是针对视频图像处理的，富瀚微一位高管介绍："不管白天、晚上、太阳光下面、没有灯光的环境，都要把影像还原得跟真实的一样，没有变形，没有变色，暗的地方要看得见。"富瀚微所做的芯片只是安防摄像机的核心部分，只有依靠设备生产商形成产品后，才能送到终端消费者手里，这也是富瀚微虽作出了很多业绩，但在普通消费者面前仍默默无闻的原因。

不过对于普通消费者来说，富瀚微的芯片不仅仅安装在海康威视的视频监控摄像头上，根据富瀚微的招股说明书，前五大客户里还有富威迪、上海君旗电子科技有限公司（以下简称"上海君旗"）、迈联科技、乐为科技等公司，除了上海君旗采购的是富瀚微的数字

接口模块类产品外，其他几家公司和海康威视一样，主要采购的是
ISP 芯片、IPC SoC 芯片。

　　尽管富瀚微低调，但在政府、传媒和资本层面，富瀚微可是一
个香饽饽。来自政府、传媒和资本市场的赞誉纷至沓来。

　　公司官网显示，2015 年 2 月，富瀚微研发的 FH8532ISP 芯
片一面世，就成了明星产品，相继获评 2015 年度上海市高新技
术成果转化项目百佳、2016 年第十一届"中国芯"最佳市场表
现产品，使用该芯片研制的同轴高清摄像机还于 2016 年获得第
十一届中国半导体创新产品和技术奖。2017 年和 2018 年，富瀚
微的 FH8810 芯片和 FH8812 芯片也拿下 2016 年度上海市高新技
术成果转化项目百佳和第十二届（2017 年度）中国半导体创新产
品和技术奖。

中国工程院院士倪光南表示，芯片领域的困难并不是技术困难，而是如何绕过其他公司在知识产权上构筑的壁垒很困难。而富瀚微在发展过程中，也在构建自己的知识产权防火墙，截至 2018 年 7 月 7 日，富瀚微共拥有 27 项授权发明专利，41 项集成电路布图设计版权和 5 项软件著作权，另有数十项发明专利正在申请中。

在资本市场上，富瀚微成为 2016 年第十一届"中国芯"最具投资价值企业；2017 年 2 月 20 日该公司以每股 56 元的发行价在创业板上市，其股票深受投资者追捧。

立足安防这个核心

在富瀚微日渐壮大的背后，是整个行业技术的日渐成熟，市场上不断涌现出新的竞争者，传统的安防设备市场已经成为红海，富瀚微的销售额尽管也在增长，但利润率却在下降。2017 年财报显示，2017 年富瀚微视频监控多媒体处理芯片销售额为 4.16 亿元；利润有 1.86 亿元，尽管毛利率为 44.76%，营业收入同比增长 42.61%，但利润却只增长了 20.25%，其毛利率同比减少了 8.32%。

但另外一个风口是，大数据和人工智能技术为富瀚微等安防相关企业带来了新的发展机遇。安防监控高清化、网络化带来了海量数据，"安防平台化"的趋势十分明确，并成为"智能安防"实现的先决条件。在大数据帮助下，无论是政府和企事业单位，甚或是家庭用户，对安防监控的辅助信息服务需求被激发出来，市场继续一日千里地发展。

随着大数据结合人工智能，安防行业将迎来"智能安防"时代。海康威视新推出的智能泊车系统、"萤石"云平台、"深眸"系列专业智能摄像机等产品中，都有富瀚微的探索成就。其他公司也在陆续推出新产品，市场产品正日渐丰富。

据悉，富瀚微正在研发 AI 智能摄像机芯片，并进一步拓展视频监控芯片在物联网方面的应用，富瀚微的芯片开始应用于汽车无线倒车影像、无线影像遥控飞机、电子猫眼、智能插座、智能灯和婴儿看护器（Baby Monitor）等。

有机构分析，预计 2020 年，中国车载摄像头需求量将达到3600 万颗，对应 ISP 市场规模约 7 亿元。在 ADAS 渗透率提升的背景下，车载摄像头将持续高增长。对于安防 ISP 芯片领域，富瀚微有着丰富的技术积累，积极拓展车用视频图像处理芯片市场，目前已经取得了 AEC–Q100 Grade2 认证。

在富瀚微官网上关于车载摄像头应用的解决方案中，明确给出

富瀚微芯片

了旗下生产的各种产品的应用方案。比如具有高清晰度、3D 去噪、具有高动态范围和超低照度性能的 FH8553 芯片可运用在行车记录仪和智能后视镜上，分别支持 1280×960 和 1920×1080 CMOS Sensor 输入，清晰度高，支持 CVBS 和 720P HDcctv 输出。

功耗低的 FH8532E 和 FH8536E 两款芯片，适合前置和后置车载摄像头应用；FH8610 和 FH8620 分别最高支持 800×600 Raw Data 和 1280×720 CMOS Sensor 输入，支持 H.264、M-JPEG、JPEG 等硬件编码，内置音频 Codec，提供丰富的外部通信接口，内部集成 2M SDRAM，启动速度快，超低功耗，支持 SD 卡存储，支持 SDIO Wi-Fi 快速接入智能手机，高集成度的独立型无线倒车影像 SoC 方案。

据介绍，在解决了看得清的问题后，在人脸识别、车牌识别、行为识别上，富瀚微努力的方向是要比别人更进一步，就是谋求看得懂。富瀚微招股说明书显示，基于计算机多媒体技术、编码压缩技术、集成电路技术、显示技术、网络传输技术、存储技术等新一代信息技术与视频监控技术的不断融合，高清化、网络化和智能化正成为安防视频监控行业的发展趋势。

前述富瀚微高管介绍，要实现这些功能，主要是依赖于各种各样的算法，就是要降低安防智能监控设备的误报率。而目前来看，智能安防视频监控系统在降低误报率、提高探测准确性和安装简易性等方面仍有较大发展空间。

公司跟着人才走

安防视频监控芯片重要的性能指标是清晰度、低光性能、压缩效率等。目前，摄像机分辨率正在由标清向高清演进，高端摄像机分辨率达到 800 万像素（4K×2K）。低光性能取决于图像传感器和 ISP 芯片的性能，高端产品可达到星光级。压缩效率方面，目前安防视频监控设备采用的主流压缩标准为 H.264，随着 H.265 标准的应用，压缩效率有望提高 40%—60%。

在富瀚微所从事的安防视频监控芯片领域，市场竞争日趋激烈，在安防视频监控多媒体处理芯片的选择方面，安防视频监控设备厂商在关注芯片的功能、性能和功耗等指标的基础上，会选择能提供成熟的参考解决方案和清晰的产品线规划的芯片供应商进行合作，从而能够尽快完成产品开发并推向市场，实现产品的延续性。

基于上述原因，安防视频监控芯片设计企业不仅要在芯片图像处理性能、低功耗设计等方面形成核心竞争力，也要在产品规格定义、参考解决方案开发等方面加强投入并形成竞争优势。这需要安防视频监控芯片设计企业更好地理解客户需求并作出规划，同时在 SoC 平台建设、嵌入式软硬件开发、软硬件测试和项目管理方面必须进行完整的规划和实施，以形成自己的核心竞争力。

这就涉及公司最重要的资源——人才。富瀚微所在的上海作为中国首屈一指的国际化大都市，人口的过度聚集产生了许多副作用，比如"大城市病"、饮用水紧张、"热岛效应"、空气和环境污染等等，为了控制城市迅猛膨胀，政府层面也出台了一些政策措施，以限制人口的过快聚集。这些措施的最终结果，就是在上海生活的成本迅速增加，一些人承受不了上海的巨大生活压力选择了离开，而准备到上海寻找机会的年轻人也止住了脚步，反映到高科技企业身上的问题，就是招人越来越困难了。

富瀚微一位高管感叹，上海高昂的房价让许多年轻人望而却步，一些人在工作几年后就回到家乡工作，而留在上海工作的人面对的诱惑也很多，跳槽频繁，团队很难稳定。更大的竞争是在行业层面，2018年以来，由于政府鼓励，许多新公司纷纷成立，同行业之间相互挖角，人员流动率高。

"我们这个行业最核心的资源就是专业人才，对公司来说，团队的稳定十分重要，年轻人大学毕业到上海来上班，房子非常贵，既买不起，也租不起，这是最大的问题。"这位高管表示，"衣食无忧的人才有创造力，为了生存，买房贷款，天天忙碌于挣钱，创造力受到了极大限制。"

"现在还有一个现象，就是大学毕业生来上海的减少了，而原来在上海工作的人才也在流失，我们作为公司，为了更好地发展，只能跟着人才走。"上述高管又说到。

目前，富瀚微公司内部的人员流动速度大约是5%—10%，在富瀚微 IPO（首次公开募股）后，公司研发人员数量从2016年的90人猛增至2017年的140人，研发人员数量占比达80%。同时公司采取大范围股权激励的办法，绑定核心人才，让团队稳定下来，让自主研发的能力迈上新台阶。

第十五篇
理想晶延：理想跑进现实

秦　伟

2013 年，新能源产业逐步崛起，被各国资本竞相追逐。其中，被公认为"取之不尽、用之不竭"的太阳能更是被众多视线锁定，光伏产业迅速升温，步入资本市场的春天。在太阳能光伏产业链中，核心高端装备的制造始终处于顶端位置。然而彼时，此类装备主要依靠进口。

经过 4 年多的艰苦创业，累计投入 2 亿多元资金，理想晶延半导体设备（上海）有限公司（以下简称"理想晶延"）在急需国产化的高端装备领域成功推出 ALD（原子层沉积设备）系列首台套产品，打破了欧美日设备巨头的长期垄断，成为高效光伏镀膜装备领域国内第一、国际领先的企业。

"理想晶延是理想能源设备（上海）有限公司（以下简称"理想能源"）子公司，自 2013 年 5 月成立以来，始终致力于高端装备产业发展。"理想晶延总经理奚明如是说，"理想晶延走的正是一条光伏产业核心高端装备国产化之路。"

理想的先行者

说起理想晶延，不能不提到母公司理想能源及其创立者留美博士钱学煜。

2009 年 8 月，作为上海"千人计划"引进的一员，留美博士钱学煜带着一批留学生在浦东张江地铁站旁租下一套 150 多平方米的房子，创办理想能源设备（上海）有限公司。

创办之初，钱学煜说，他的团队有一个共同的理想：彻底打破国外企业在高端太阳能电池领域的垄断地位。

创业团队中，"几乎个个都是创新型人才，钱总是美国密歇根大学的博士，在著名的加州大学伯克利分校和圣芭芭拉分校两所顶尖大学做过研究，在美国应用材料、诺发等全球领先的高端半导体设备公司担任过技术总监等职务。"理想晶延总经理奚明介绍，"团队中有 5 人是高端薄膜太阳能电池领域的留美博士，还有几名是留学韩国和日本的科技人才，几个人加起来累计有 150 多项多国专利。"

"这是一个很好也很高的起点，它奠定了后面发展的基础，理想能源最初的定位就是一家高端装备制造企业。"奚明表示，"我们也很幸运，能得到正泰集团和上海联和的注资。同时，理想能源也得到了国家级创投基金正赛联资本、联升资本的投资。"

"我们团队的技术人才涉及领域宽泛，并且都达到一定水平。"在奚明看来，深厚的技术积累也成为理想能源立足行业的核心竞争力。

作为当时理想能源的副总裁，现任理想晶延总经理的奚明博士同样是创新型人才，她拥有20多年行业经验和超过80项专利技术，曾担任美国应用材料副总裁，全面负责美国应用材料AKT部门的PVD和EBT事业部，领导开发了多种世界领先的覆膜设备。2010年，奚明被评为第六批中央"千人计划"专家，同年加入理想能源，负责核心业务的研发。

崭新的团队、崭新的公司，面对的也是一片崭新的领域。

MOCVD（Metal-organic Chemical Vapor Deposition，金属有机化合物化学气相沉淀）设备是生产LED外延芯片最核心的设备，其工艺、技术极为复杂。同时，它也是制造环节中最为昂贵的设备，占据LED外延芯片几乎一半的成本。众所周知，美国的Veeco和德国的AIXTRON，这两家巨头设备供应商已垄断市场多年。由于这些原因，其进入门槛颇高，也因为无剑在手，让中国

LED 行业在国际博弈中一直处于劣势，严重阻碍中国 LED 行业发展。

摆脱对进口设备的依赖，实现 MOCVD 设备的国产化，不仅是企业的需求、市场的需求，更是整个产业的需求。

"MOCVD 设备国产化，一方面当然是为了分享在这个领域的巨大利润；另一方面是为了降低生产成本，从而获得市场的话语权，让 LED 进一步得到普及。"这是时任理想能源副总裁兼 MOCVD 产品部总经理奚明当时的决断。

其实，国内不少企业和研究机构一直致力于 MOCVD 设备的研究，但大多是研制出样机之后便无下文。国产 MOCVD 设备一直在量产化和"卖出第一台设备"上困难重重。

"我国实现 LED 芯片生产核心设备 MOCVD 国产化。"2012 年 12 月 6 日，各大媒体以此为标题发布消息称，中国首台具有世界先进水平的大型国产 MOCVD 设备正式下线，并与台湾璨圆光电股份有限公司签下首台 MOCVD 设备出货以及后续 37 台套设备应用验证合同。

这是上海市科委 2010 年度重大科技攻关项目，这也标志着 LED 半导体外延片和芯片的核心生产设备 MOCVD 已基本实现国产化，打破对进口产品的依赖，有助于我国半导体照明产业快速发展。历时 2 年攻关，成功开发出具有自主知识产权的 MOCVD 反应腔，在多项关键设备技术和工艺技术上取得重要突破。

2012 年之后，光伏行业已逐渐步入成熟期，追求高效低成本已成为产业发展必然趋势。光伏市场越来越细分，其设备需求也越来越高端化。2013 年 5 月，理想能源成立子公司理想晶延半导体设备（上海）有限公司，"理想晶延瞄准代表未来发展方向的高效太阳能电池技术，抓住传统光伏电池向高效太阳能电池升级换代的市场契机，积极开发布局核心装备技术。打造由产业、金融、智力资本融合推动的高端装备研发平台。"奚明表示。

2013年10月18日，台湾璨圆光电股份有限公司宣布：国产MOCVD设备已于台湾璨圆光电股份有限公司位于扬州的子公司——江苏璨扬光电有限公司的外延工厂正式投入试量产。这是继具有国际尖端技术水平的首台MOCVD设备下线之后，国产MOCVD设备产业化方面取得的又一重大突破，实现了MOCVD设备完全自制化。

"从目前客户反馈来看，设备的性能已经达到国外同类设备水平，部分指标超过国外同类设备；同时，我们也针对客户的反馈进行了设备优化改进，达到或超过了客户的预期。"奚明表示。

璨扬光电副总经理许育宾则表示，国产设备的优势在于成本比较低，性能也已经不输于国际品牌。

据许育宾介绍，国产MOCVD设备进驻璨扬光电后，其亮度一直在提升，各项指标显示已经与国外设备十分接近，未来的市场机遇很大。"第一台设备的性能评估很重要，批量生产后如果性能稳定，未来璨扬光电将批量采购国产设备。"许育宾如是说。

奚明也表示，国产MOCVD在可靠性、均匀性方面已经比较稳定，目前除璨扬光电外，其他大陆和台湾的客户反馈也都比较理想。

作为一个以技术出身的企业高管，奚明还耐心地对笔者在设备的性能方面做了详细的解释。据奚明介绍，国产MOCVD设备的单腔产能达到了90片（2英寸），相较美国和德国设备分别提升了66%和30%以上，性价比优势较为突出。

国产 MOCVD 设备的创新和差异化设计特征也突出，在反应气喷淋头、加热单元和温度控制、腔体内耐高温材料组合、系统架构等方面实现了创新，从而使设备的工艺参数在多个方面超越了进口同类设备。同时，理想能源充分利用靠近客户和零部件国产化的优势，与客户共同合作改进和优化设备，为客户提供定制化服务，进一步提升客户的工艺水平和降低成本，这些都是进口设备供应商所不能或不愿提供的。

在承认国产设备取得进步的同时，奚明也客观地向笔者道出了国产设备销售困境的原委。"我们必须承认，国产 MOCVD 设备相较于进口设备还处于弱势地位，主要表现为设备的性能和稳定性等方面尚未真正得到市场的验证和接受。这是一个较为长期的过程，我们应做好打持久战的心理准备。"

"我觉得国产化设备销售的市场环境不是很好。因为前期生产出来的设备客户不太相信，客户谁都不肯第一个用。"面对"首台套"落地的困惑，奚明也很无奈，"谁愿意做第一个吃螃蟹的人？"

"没有 5 台设备在外面跑，大厂根本不愿意坐下来谈。"一位不愿具名的芯片企业负责人告诉笔者，这一局面是国内 MOCVD 企业共同面临的难题——芯片企业对国产设备信心不足。"国产设备的稳定性并没有得到很好的验证，我们（国内芯片企业）用惯了进口设备，不想自找麻烦。"

从上面描述可以看出，很少有国内的芯片企业主动去采购，即便有几个客户，也可能是一种合作关系或者在政策的牵引下，协助国产设备技术验证而进行的一个试产。应该说，国产 MOCVD 设备是否实现了真正意义上的量产，需要打一个大大的问号，可以说是"理想很丰满，现实很骨感"。

"国产 MOCVD 设备市场化的道路注定将会曲折而漫长，企业必须有打攻坚战和持久战的心理准备和资金储备。"奚明坦言，"我们在 MOCVD 项目立项之初就对此有清醒的认识，在项目执行期间，股东各方对该项目提供了大力支持，项目团队对自主开发的技术路线也极具信心。这些努力和坚守都得到了客户的认可并取得了较为理想的结果。"

如奚明所言："国内 LED 芯片产业从无到有，从弱到强，走出了一条跨越式发展的道路。目前 LED 的芯片产量和 MOCVD 设备保有量都在全球处于领先地位，这是国产 MOCVD 最终成功产业化的基石。相信在终端应用的大力促进之下，通过设备厂家与最终用户的不断互动，国产 MOCVD 设备将在不久的将来达到与进口设备一较高下的能力。"

技术与市场的磨合

MOCVD 的研发与生产，理想晶延都取得了成功，但遗憾的是，这场从 0 到 1 的突破所带来的市场成效却并不如预期般明显，"在市场化的过程中我们经历了很多波折。关注技术多过市场，这也是我们管理团队最大的一个问题。"奚明略微沉思后继续说，"我们思考如何迎合市场，选择最合适中国市场的，和市场契合度最好的一个产品。"

理想晶延也从中得到了深刻的教训——技术并不决定市场，行业的发展是很多因素共同决定的。这也成为公司核心价值理念的重要一环，即以市场（客户需求）为导向。

抛开市场因素，当时的国产装备面临进口设备商的挤压。"进口设备供应商在之前从中国市场赚得的超额利润的支持下，为了继续保持垄断利润，两大巨头通过大幅降价（降幅超过 60%，甚至涉嫌倾销）的方式打压国产设备供应商，其意图十分明显，即：挤垮国产厂商后继续享受超额垄断利润。"在很多装备制造从业者看来，对于市场竞争，国产装备和进口装备并不在同一起跑线上。

"经过深思熟虑和详尽的市场调研之后，理想进行战略性调整，我们仍坚持专注薄膜技术这一强项。"奚明表示，"但理想晶延仍将走高端路线。"

历经市场洗礼的理想团队也开始更加注重创新研发与市场的糅合。

此时，理想晶延更为专注市场开拓，产品方向也集中于能生产出高效晶硅太阳能电池的新设备、新技术上迅猛发力，逐渐将市场全面打开。

2014 年，太阳能市场明显回暖，同时，由于竞争的加剧和分布式发电的兴起，电池效率的提升再次成为各大领先太阳能企业追求的目标。

其中，背钝化技术是当时光伏前沿技术领域的热点，主要是在电池的背表面通过原子层沉积的方法生长一层氧化铝膜，通过氧化铝膜富含负电荷的特性对背表面实现良好的钝化作用，同时通过激光开槽的方法对背表面生长的叠层膜进行定位开孔，从而在金属化后使载流子能够得到有效收集。该技术产品光电转换效率高、开路电压高，具有更好的弱光响应，是抢占主流市场的战略性产品。

采用氧化铝背钝化 PERC（Passivated Emitter Rear Contact，钝化发射极及背局域接触电池）电池用于提高光伏组件转换效率。该技术可与传统产线兼容，使电池转化率绝对值提高 1% 以上，这可以大大提升企业的盈利能力和竞争优势，PERC 迅速成为高效光伏电池的主流标配技术。

但现实却是，"行业内高效 PERC 电池氧化铝镀膜量产设备供应商一直是德国或荷兰厂商垄断。"为此，"理想晶延自 2014 年起布局高效光伏背钝化设备开发，采用国际领先的 ALD（原子层沉积）技术，自主研发氧化铝背钝化 ALD 设备。"找准市场出口，瞄准技术前沿，转型中的理想晶延开始新一轮的技术研发与市场开拓。

随后两年，在高效光伏电池 ALD（原子层沉积）、LED 显示、LED 节能照明和新型显示（AMOLED）等领域，由理想晶延研发的多款高端装备产品实现了国内重大首台套突破，打破了欧美日等国际设备巨头的长期垄断。

并且，凭借着优秀的产品性能、突出的成本竞争力及良好的本

土服务能力，理想晶延投放市场的高端装备纷纷"逼迫"国际垄断设备厂商的同类产品快速大幅降价，为国内光伏、LED 等战略新兴产业的良性发展作出巨大贡献。

对于产品的使用，客户的发言最具说服力。

正泰太阳能科技常务副总裁陆川博士表示："太阳能电池的效率和成本一直是行业的关注焦点，我们很高兴能和理想长期深度合作，利用国产设备实现 PERC 电池技术，为顾客带来更优性价比的产品。"

值得特别关注的是 PERC 电池技术的研发中，最关键的氧化铝原子层沉积（ALD）工艺，ALD 设备一方面保证成膜质量，提高电池转换效率；同时可有效地抑制、减少工艺成膜腔内粉尘的产生，有利于提升产品最终的良率和机台的维护周期。

原子层沉积（ALD）工艺是在纳米技术领域及半导体等多个重要产业领域中的一项新兴关键技术，当时的 ALD 量产技术都被国外的设备大厂垄断。"由于以前大多采用的是欧美设备，价格高，维修难，交货周期也很长。"奚明说。

研发和创新是一个企业不断进步的灵魂。

"原子层沉积（ALD）技术原本是 20 世纪 70 年代停留在实验室试制阶段的实验性工艺，理想晶延通过数年的研发成功地把实验室阶段技术成功转化为大规模的批量生产技术。"奚明介绍，"我们通过发明专利的'化学气相沉积中衬底温度的控制'技术，及'金属有机化学气相沉积装置'有效解决了沉积过程温度掌控、沉积膜质量控制等核心技术，实现了产能及成膜质量上一次次的技术突破，完成了成膜速率在原有基础上提高一倍，保证实现设备的高产能的客户核心诉求。"

"采用原子层沉积（ALD）工艺的设备，可以直接运用到无人、无灯工厂，每台设备为企业至少节约 4 个技术工人。"正泰相关技术人员表示。更重要的是，智能设备大大提升了产品性能，"在设备成本投入增加不到 1% 的情况下，电池片光电转换效率可以提高 1%"，在智能制造设备的帮助下，光伏发电量得以增加 10%，"这必然将加快推动光伏平价上网成为现实"。

更为值得称颂的是，"理想晶延用于高效电池钝化的 Ideal ALD 设备，是全球首款采用原子层沉积（ALD）技术的平板 In-line 设备，解决了原有原子层沉积（ALD）设备长期存在的容易碎片、停机率高、维护时间长的问题，具有运行成本低、配置灵活的优点，非常适合量产需求。"奚明介绍。

"相比国外厂商，国内厂商能更好地与客户深入合作，更全面灵活地满足客户需求，帮助客户以更低的成本实现产线技术升级。"陆川也坦言。

"我们根据客户需求，采用先进的多层次、分布式的控制系统架构，保证载板快速运动和定位的准确性和可靠性，并且将碎片率控制在 0.02% 以下的水平。"奚明也表示，"依据客户的生产特点，我们的 ALD 设备采用批量托盘式传输。最大限度减少镀膜过程中反面绕镀，保证电池表观的一致性并将正面光阻挡降至最低。"

"理想晶延坚持持续为客户开发具有竞争优势的太阳能电池制造设备与核心技术，更致力于与客户深入合作，帮助客户解决工艺上的相关问题并提供最佳的整合方案，为客户创造价值。"——以市场（客户需求）为导向，在奚明看来，转型后的理想晶延找到了技术与市场的最佳结合点。

"理想晶延是目前业内唯一采用自主研发独特工艺路线与国外

进口设备正面竞争的国产装备厂商，与目前市场主流的国外背钝化设备相比，我们的 ALD 设备在镀膜质量、稳定性、碎片率、材料及维护成本等方面均具有优势。"奚明非常自豪地表示，目前采用这一设备的单晶 PREC 效率达到 22.36%，处于世界领先水平。

凭借产品技术优势，理想晶延逐步取得国内外主流电池厂商的广泛认可，市场占有率由 2015 年的 2% 增加到 2017 年的 29%，目前已累计出货 ALD 设备 60 余台（合计产能超过 8GW），并出口至越南、泰国等地。

"原子层沉积（ALD）技术不仅可以运用于新能源产业，还将促进多个工业领域包括半导体、显示器等产业化发展。"奚明表示，随着未来加大对以物联网为龙头的新一代信息技术产业，尤其是集成电路产业的投入，原子层沉积（ALD）技术的智能设备大有用武之地。

对理想晶延而言，要在装备制造这个对技术要求高、投入又很大的行业内生存，必须拥有对行业市场的深刻判定和把握，在此基础上再来决定创新的方向，即怎样的创新才是真正被需要并符合实际的。这也是在那段寻求 "0" 到 "1" 的突破时期痛定思痛得出的启示，用奚明的话做总结，"技术与市场的对接与磨合，始终在进行。"

赋 能 万 物 · 智 造 未 来

第十六篇

与德通讯：原始设计制造"风跑者"

焦建全

2017 年"两会"期间，全国人大代表、科大讯飞董事长刘庆峰参加第三场"代表通道"新闻发布会。在现场接受中外记者的提问期间，刘庆峰还"秀"了讯飞翻译机中英翻译功能。只通过简单的语音操作，装有人工智能算法的翻译机就能迅速识别出所说语种，立刻输出对应语种翻译。这台翻译机一时风头无二，成为"两会"上的明星产品。在 2018 年上海亚洲电子展上，科大讯飞的展台上讯飞翻译机 2.0 惊艳亮相。凭借 30 多种语言翻译、多种联网方式、拍照翻译、离线翻译等创新功能，这款翻译机从数千件产品中脱颖而出，夺得本届 CES 创新奖。

然而，这款翻译机的硬件设备是由上海一家原始设计制造商（ODM）设计制造的。手机作为与人们日常生活最密不可分的电子产品，除品牌自产外，还有很大一部分是由原始设计制造商（ODM）设计制造的。ODM 是英语 Original Design Manufacturer 的缩写，直译是"原始设计制造商"，ODM 厂商拥有自主设计能力和生产水平，作为受托方，根据委托方的要求，设计和生产产品。

上海与德通讯技术有限公司（以下简称"与德通讯"）就是这样一家原始设计制造商，它的客户包括魅族、联想、中兴、华硕、MOTO、阿尔卡特和 TCL 等手机品牌商，还有中国移动、中国联通、中国电信以及沃达丰、T Mobile、Orange 等中外知名电信运营商。此外，阿里巴巴、腾讯、谷歌等世界著名网络公司以及科大讯飞、优必选等人工智能方面的领跑企业也是与德通讯的客户。

"在原始设计制造商里面，我们不是最大的，但是我们是成长最快的。"与德通讯副总裁、首席技术官曾令江告诉记者。与德通讯于 2010 年 10 月设立，研发起家，2014 年年底跻身手机原始设计制造商之列，很快就取得全球第四的地位，并逐步进入智能硬件制造领域，新近还设立万物工场，孵化"双创"企业。

生死 100 天

与德通讯成立于 2010 年 10 月，然而，此前创始人团队已经在 2007 年进行过一次创业，研发设计相当于现在高端智能手机的"移动互联网设备"，然而，先锋成了"先烈"。创始人团队痛定思痛，调整了思路，重新成立公司，以市场需求、自我生存为第一要务开始了第二次创业。

创业之初，凭借创始人、董事长徐铁和团队的能力，获得了中兴通讯的一些订单，很快，与德通讯就接受了成立以来最大的一次挑战，成功与否，将决定与德通讯的生存。

2011 年 10 月，与德通讯接受了美国四大通讯运营商之

一 T Mobile 的研发任务，为 T Mobile 设计研发一款手机。为北美的通信运营商研发手机被研发界认为是最艰难的事情之一，因为标准和核心零部件都是北美最先制定的，要求也苛刻。

曾令江回忆：这个项目里面有 8000 多条硬性要求，他们把要求一条条写出来，你只需回答 Yes 或 No，就是能不能做。8000 多条要求是全英文的，还有很多东西我们国内都没见过。与德通讯的团队光答辩就花了两个月时间，不懂的地方就马上学习。另外北美市场有很多特殊的要求，我们在国内根本就没见过，这些都得马上学习。为了能拿到订单，与德通讯 90% 的问题都回答了 Yes。这是与德通讯当时唯一的订单，只能硬着头皮接受要求。

2011 年 10 月份，与德通讯开始研发，半年之后，硬件结构基本完成。最艰难的时候是出现在 2012 年的 3 月份，软件运行始终不稳定，每天都重复经历未响应、死机、重启等问题。为了解决这最后的问题，与德通讯采用项目进度两班倒制度，白天晚上各有一班人马日夜调试。

　　然而，软件仍然不稳定，每天都有新问题出现，而且每天的问题都很致命。当时与德通讯的很多人很迷茫，看不到项目未来的希望。有人抱怨不应该承接美国的项目，行业里面没有先例。有些意志不坚定的人选择了放弃，人员大量流失。

　　与德通讯创始团队更是煎熬，经常通宵开讨论会，稍作休息又立刻投入到第二天的工作中。"白天我们表面上很坚强，其实半夜回家后，内心还是有那么一段时间是软弱的。"曾令江说，"有些人有家有口，也是我们行业里面的资深人士，你把他拉出来创业，钱又没拿到多少，什么也没赚到，这个不合适。还有一半是刚毕业什么都不怕的人，一腔热血出来创业，怎么能把他的热情给浇灭呢，这个责任是很大的呀！"

　　从3月份到6月份，与德通讯创始团队夜以继日，终于熬过了不见天日的三个月。随着解决的问题越来越多，7月，项目迎来了产品世界级电信运营商的TA认证测试。这种测试俗称机械手测试，就是一个机械手模拟一个人手，对测试手机进行两天两夜的乱点操作，通过高清摄像头拍摄，观察测试手机有没有死机、重启、报错等问题，然后对手机进行打分。

　　经过两天两夜忐忑不安的等待，创始团队终于拿到了测试结果。通过了！董事长徐铁还特意与团队开香槟庆祝这个项目的成功，这也是与德通讯历史上第一次开香槟庆祝一个项目的成功。

突破制造瓶颈

　　北美项目的成功，使与德通讯团队取得了无比的自信。"我们连北美项目都能干出来，我们没有什么干不成的，团队的凝聚力和信心瞬间高涨。"所有的工程问题都不是问题，磨炼、坚持、相信成为与德通讯团队的信念。

研发能力强大成了与德通讯在业界的第一个标签，北美这款手机出货量达到300多万台，并给与德通讯带来了1000多万美元的收入。经过北美项目的磨炼，2012年下半年与德通讯得心应手地完成了一个欧洲项目。2013年与德通讯抓住国内运营商定制机需求量大的机会，使中国移动、中国联通和中国电信先后成为与德通讯的客户。随后，与德通讯进一步扩张自己的业务，客户遍布欧、亚、非、拉丁美洲等地。

到了2014年，互联网手机蓬勃发展，小米手机以价格优势几乎把山寨机市场扫荡殆尽。独立研发公司的市场空间越来越小，手机大品牌崛起，研发商后面还得加一个集成商才能生存。2014年年初，与德通讯决定要进行一次突破，进入制造领域，成为原创设计制造商，直接为客户提供产品。

然而，做整机其实面临很多问题。如整机结构件的摩擦问题，零部件的采购和控制等问题。产能是转型制造商的一个大问题，为了完成需要的交付量，模具的数量、模具之间的兼容互配都需要考虑。与德通讯原来的设计研发团队不得不去工厂研究生产线、生产效率的问题。

与德通讯成功设计制造了"么么哒"和"100+"两款手机，"100+"被称为中国当时最高端的3G智能手机，与德通讯也因此被业界称为移动互联网手机ODM第一品牌。然而，"100+"却生不逢时，恰巧处在3G和4G交替之时，加上经营商无以为继，销量并不如预期。

　　与德通讯的研发生产能力虽然得到一个全面的提升，但 3 万台手机的库存却让与德通讯出现了现金流问题。万幸的是 T Mobile 新订单使与德通讯迎来转机。由于已经具备了制造能力，与德通讯可以独立生产 T Mobile 的新订单。在 T Mobile 出货超过 100 万台时，与德通讯获得了北美市场杰出贡献奖。

　　与德通讯给业界的印象是：这是一帮有理想、有追求、想做好东西的年轻团队，由于一直为欧洲、北美制造高端智能机，品质稳定性也有很高的保障。

　　历经磨炼的与德通讯终于迎来了爆款产品。由于非常注重工业设计和产品体验，与魅族的合作可以说是水到渠成。双方合作的魅蓝 2 每月出货能达到 100 万台以上，魅族要求与德通讯必须保质保

与德通讯的印度工厂

量完成生产。与德通讯再次接受挑战，几个副总全部走上生产线，亲自分工确保零部件、整机的生产进度。经过几个月夜以继日的奔忙，2015年7月，与德通讯第一次完成超过100万台的月出货量。在业内每月100万台是手机ODM商的一个阶段性的划分，与德通讯产能跻身前5位，确立了自己在行业内的地位，研发加制造的问题基本解决。

接下来的2016年、2017年与德通讯顺风顺水，开始陆续和联想、华硕、美图秀秀、360等品牌合作。同时，响应国家"一带一路"倡议，与德通讯在印度、印尼等地设立了研发制造基地。

几年来，与德通讯积累了给全球200多家电信运营商进行产品定制开发的经验，取得了1000多个世界级电信运营商的TA测试认证，并且累计创造3000多项技术专利和软件知识产权，拥有了一支超过2800人的资深技术研发团队。

进军智能硬件

与德通讯的强大研发能力和制造能力也给自己带来更多的合作机会，人工智能和物联网兴起后，与德通讯获得一些头部企业的青睐，开始合作生产智能硬件。

科大讯飞翻译机是其中一例，讯飞翻译机"两会"曝光后，虽价格不菲，仍受到消费者欢迎。到2018年4月讯飞翻译机2.0发布时，已出货30万台。新款翻译机还具有识别拍照翻译功能，只要轻轻一拍，即可识别指示牌、菜单、商品标签、入境卡和手写信笺等，智能程度有了新的突破。

与德通讯制造智能硬件，始于2016年年底。与德通讯在机器人领域接触到名气较大的优必选，主动出击，而恰巧优必选也在考虑 ODM 的可行性。优必选希望生产一款小型化的通讯机器人，而通讯是与德通讯所擅长的，双方一拍即合，签署了合作协议。

和阿里巴巴合作的天猫精灵智能音箱，更是成了爆款产品。用户反馈表示："产品做工很好，外观看起来小巧可爱，联网后，语音音质很好，捕捉语音也灵敏，能完美执行我的要求，觉得很有意思；听歌非常方便，小孩子玩起来不亦乐乎，之前天天看电视，玩手机，现在有天猫精灵陪他，晚上听故事，不用愁讲不出故事了；外观设计得非常时尚，色彩艳丽，动感十足；声音很大，音效很好，聊天智能识别，反应快，价格又实惠！比较值！"智能音箱在天猫上线后的极短时间内，收藏商品人气超过 44 万，累计评价超过 42 万，2018 年"双十一"期间，超过 300 万人用天猫精灵语音购物，收听语音头条 2000 万次，为手机充值超 600 万次，单次持续人机交互最高达 383 轮，天猫精灵智能生态接入 400 家品牌、7500 万个家电设备，打通 300 个 IoT 平台、产生 20 个百万级语音小程序，成为智能家居生态领域的旗舰品牌。

与德通讯同一个硅谷公司合作开发了一款车载行车记录仪。做行车记录仪公司的 CEO 曾担任苹果和微软的高管，有 10 多年的工业设计经验，2017 年年初经过多方面的考察后，认可与德通讯的研发制造实力，成功开展了车载行车记录仪的合作。

曾令江归纳了与德通讯做智能硬件的逻辑。手机作为日常生活中接触最密切的电子设备，可以说是"电子产品之王"：技术的复杂度高，更新迭代速度快，手机的生产制造横跨核心芯片、通信技术、操作系统、精密器件、智能制造多个领域，而所有的智能硬件产品都需要从手机的芯片、软件和制造资源寻找原型。从技术的逻辑推理，智能硬件实际上是以手机作为核心，向周边进行产品辐射。如智能音箱的实质是去掉屏幕、突出喇叭音效的手机。

与德通讯给美国硅谷企业做的记录仪也是同样的逻辑。在行车记录仪中使用手机芯片配备前置和后置摄像头，加上显示屏和语音导航功能，便成为在美国大受欢迎的产品。

随着智能硬件合作的扩大，与德通讯也调整了业务划分。调整后分为三大块：一是与德通讯传统的移动终端群 ODM 业务，主要是手机和平板产品。二是人工智能群，主要是人工智能产品的 ODM，客户包括阿里巴巴、腾讯等。三是创新业务部，与德通讯通过万物工厂孵化自己的"创新创业"项目。

培育万物工场

2018 年 4 月 22 日，与德通讯联手上海漕河泾创业中心打造的人工智能硬件开放创新平台——"创营·万物工场"在上海漕河泾开发区正式揭牌启动。科大讯飞、华硕等众多人工智能和移动终端智能硬件企业的创新人士及政府相关机构人士到场，一起见证"创营·万物工场"启动。

"智能制造将会作为国家制造强国战略的主攻方向，推动中国制造向中高端迈进，在这样的时代背景下，与德通讯未来的目标也非常清晰，就是要全力打造一个覆盖'一带一路'的与德通讯大制造体系。"与德通讯董事长徐铁在启动仪式上说。

"我们将为创业者提供一个创新创业平台、良好的办公与创新环境，以及技术研发资源、产业链资源、市场战略、运营等多方面帮助。让有才能、有想法、有毅力的年轻人在这里尽情地施展才华，成功创业，实现梦想。"曾令江在会议上说。

"因为我们自己当时创业的过程很艰难，所以我们想去帮助这个行业创新孵化。"曾令江说，"另外一个判断是，人工智能这个技术可能会使智能硬件大爆发，尤其是语音技术，喊一句话很多智能设备就能干活儿了。原来需要按很多键、很多开关，按遥控器，现在这些事情都可以省掉了，所以语音智能硬件肯定会带来一次大的产业更新换代。"

记者参观了位于上海漕河泾开发区华东理工科技软件园区内的万物工场，整体面积 4000 多平方米，分为办公空间、展厅、创客工厂、测试中心四个区域。一期办公空间有近 1000 平方米，目前已有 6 个团队入驻。万物工场的测试中心占地 2100 平方米，建设投资总额约 6000 万元，拥有检测能力，涵盖射频、基带、光学、音频、天线、环境可靠性、机械可靠性、包材可靠性、单体检测等，可为入驻创客团队提供专业且全面的产品测试服务。

此外，万物工场还为创业团队提供制造平台——创客工厂，可以迅速把科技成果转化为具有价值的成品，或实现生产规模化。目前工厂已在建，设有三条生产线，包括一条全自动化生产线，可生产制造手机、平板电脑、智能音箱、翻译机、智能车载硬件等产品。

万物工场负责人告诉记者，他们成立了一个投资部，已经募集了 5000 万元基金，对一些好的创业项目进行天使投资。一个创业团队一般急需的，第一是钱，第二是资源支持，例如技术支持、研发支持、生产支持。一个创业团队很难找到对应的厂家进行少量的样机生产，但是通过与德通讯自有的生产线、合作的供应商，以及完善的测试设备，万物工厂可以为创业者提供这类支持，甚至会为优秀的项目举行相应的推广活动。

"人工智能领域的产品形态一定是多种多样的，肯定会有一波爆发期。我们想通过万物工场这种方式，让我们内部的一些创新团队和外部的创新团队都能够合作起来。只要你有这个想法，足够有价值，我都可以帮你找好客户。"曾令江说，"历史经验告诉我们，你只要觉得方案是对的，提前行动，辛苦一点，只要你能坚持下来，总是会有收获的。"

⚫ i 小i机器人

第十七篇

智臻智能：人工智能产业应用先行者

陈　曦

"大家好，欢迎大家来我们小i做客，有什么需要帮助吗？"

"小i，你的公司是做什么的？"

"小i是一家专注于以自然语言处理为核心的人机交互技术的研发和产业应用的人工智能公司。"

"小i，我们公司的核心技术有哪些？"

"核心技术包括自然语言处理、语音识别、图像识别、深度语义交互、大数据与机器学习。"

"谢谢你的讲解。"

"不用客气，祝你们玩得开心。"

走进小i机器人的展厅，机器人小i会以这样的开场白与大家打招呼。你可能会认为，这些简单的对话对很多人工智能客服来说，已经不是难题了。那么，让我们来进一步考验一下小i。

"小i，你最近在做什么？"

小i的展示台上出现了一些网络上的热词，比如贸易战、叙利亚战争等。

"这些都是各大媒体最火热的话题。"

"贸易战这次对哪些国家和行业产生影响？"

"主要是中国、美国两个国家，但是其他国家也会受到波及。"

"对整个的形势进行分析，看一下微博的关注情况。"

"好的。"

接下来，小 i 会按照要求，通过网络查找相关信息，比如微博关注度、观点排行等，然后给出一个更为详细的回答。

小 i，在生活的方方面面给予人们帮助。

招商银行每天上百万次的交互量，如果用人工来处理，最少需要 2000—3000 人，而现在因为有了小 i 机器人，只需要 12 个人，95% 的问题由机器人回答。

今天，大部分人应该已经是小 i 机器人的用户了。在北京、上海发条短信到 10086，询问话费、流量情况，回答您的是小 i；在中国几乎所有银行的网站或者微信上，查询余额、办理业务，接待你的也是小 i。

小 i，其实是上海智臻智能网络科技股份有限公司（以下简称"智臻智能"）研发的智能交互系统，是落地最广泛的客服机器人，其使用范围包括通信、金融、政务、电商、医疗、制造等行业。

高德纳（Gartner）咨询公司在《2017 年十大战略技术趋势》报告中指出，小 i 机器人、苹果 Siri、微软 Cortana、亚马逊 Echo 作为全球典型的对话系统，具备提供云端的智能交互能力，未来可连接万物。全球人工智能核心技术领衔分析师 Tom Austin 评价小 i 机器人：越来越多的企业在做人工智能技术，但实际应用方面，小 i 机器人实现的功能非常多，属于最尖端，可排在国际前三。

看一下报告中与小 i 并列的企业，苹果、微软、亚马逊，无一不是全球顶尖的科技企业。这家中国上海的企业，怎样与国际一流企业比肩而立？有偶然，亦有其必然。

人机交互　从娱乐到办事

还记得第一个被大众熟悉的聊天机器人吗？ MSN 聊天机器人便是小 i 机器人的团队开发出来的第一款智能交互系统。

2001 年，小 i 的两位创始人袁辉和朱频频一拍即合，开始了艰辛的创业。企业最初成立时，移动互联网刚刚兴起，小 i 顺应形势开发了一些诸如手机邮件同步系统等应用软件，虽然受到了好评，但由于在当时产品过于超前并没有引起太大的关注。

2004 年，两位创始人把一个更前卫的想法付诸实践，小 i 上线了全球第一款在线机器人聊天平台——MSN 聊天机器人。彼时，MSN、QQ 等聊天软件刚在中国兴起不久，广大用户对突如其来的通信便捷化兴奋不已。网友迅速代替了笔友，两位素未谋面的网民因为信息快速传递，而彼此成为挚友。在等待网友上线的时候，聊天机器人就成了一个非常有趣的聊天对象。它随时在线，有问必答，无论是多么天马行空的问题，它总会给出一个回答。

智臻智能 CEO 朱频频博士回忆，"MSN 聊天机器人的用户量增长非常快，五六千万、七八千万这样大的用户量，但是没有很好的这种商业模式。因为当时做的就是以聊天为目的，主要是天气查询。当时想的商业模式是把用户吸引过来，然后在用户身上赚钱，比如广告、电子商务、游戏。开始是赚了一些钱，但是这种商业模式难以持续，因为用户使用聊天机器人，开始的时候觉得挺有趣，一段时间过后就觉得无聊了，用户就跑了。"

至 2007 年，智臻智能的聊天机器人已经拥有高达近 1 亿的用户数量。但这种人机对话并不是刚需，用户只会把它当作一种"可有可无"的、有意思的机器人而已，远谈不上为了使用它而付费。

作为第一款人机交互系统，因为太超前，并没有得到市场的认可，公司甚至于陷入债务危机。但

小 i 机器人

是，却也给了智臻智能一个启发，用户对 MSN 聊天机器人在天气方面的提问非常多，因此，虽然单纯娱乐性质的"聊天"不能留住用户，但是如果给机器人加入一些"办事"的用处，则很可能会有不同结果。

2006 年，机缘巧合之下，智臻智能做了第一款真正商用的智能机器人，7×24 小时接待市民咨询的"海德"机器人，把它称为智能机器人的鼻祖应该不为过。当时，它给智臻智能指引了一个方向，从某种意义上讲，它也给整个人工智能的发展指引了一个方向，从功能性出发，做有用的人工智能，"让 AI 不再为技术而技术"。

2009 年 11 月份，智臻智能做了一个重大的决定——从互联

网系统开发商变成提供智能软件的企业，这便是最早的智能客服应用。

2011 年，苹果的 Siri 发布了。这是一款人机语音交互系统，顿时，全世界都兴奋起来——人工智能的时代到了。

此时，智臻智能经过两年艰难改革，已经做好了再一次出发的准备。

袁辉表示：之前小 i 机器人的商业模式跟今天谷歌、苹果的商业模式是完全一样的，打造变形金刚，满足人类对 AI 的全部幻想，但单独在变形金刚方向来讲是很难收钱的，它需要有一个积累的过程。今天小 i 的商业模式就完全不一样了，我们今天是 B2B2C，举个例子说，建设银行使用我们这样一个智能客服机器人，工作量相当于 9000 个人工座席，那么银行应该向我们付钱，这是一个真金白银的商业回报。

随着人力资源成本的上升，智臻智能的"能办事"的智能机器人迎来了市场的春天。

为了更贴近市场，朱频频对市场开拓采用了与以往不同的做法，"我们首先是把直销跟渠道打到一块，然后按照行业分成三条线，做金融的、做通用行业的和做海外的。然后把渠道部门重新整合，变成了合作伙伴部门。合作伙伴部门的目标是建立合作关系生产体系，从各个行业去寻找合作伙伴。每个行业部门里面，直销也好，合作伙伴也好，由行业部门的总经理再去决定用什么样的方式去做。这种方法开始实施实际效果还蛮好，重要的是打破了渠道跟直销之间的矛盾。"

另外，小 i 机器人已经做好了技术储备，朱频频说："除了打电话不能实现以外，Siri 能实现的小 i 都能实现。"

这一次，市场眷顾了小 i。商业模式与市场方式的双重改革让小 i 迅速扩张，在市场上的地位很快稳固下来。朱频频说："到 2014 年的时候，听到整个海外对智能有非常大的关注。但是那个时候外国没有提'人工智能机器'（Artificial Intelligence Machinery）这个词，提的是什么呢？ Smart Machine，就是智能机器，但是这个词，只说了一年就转到了 Artificial Intelligence Machinery，全球都在讲人工智能，人工智能被抬到一个非常高的高度。"2015 年到 2017 年，小 i 的主营业务收入从 4000 万元猛增到 2 亿元。

现在，小 i 的客户包括工商银行、交通银行、建设银行、招商银行等国内排名靠前的绝大多数银行，在电信运营商领域具有 100% 的覆盖率，为华为、小米、联想、海尔、顺丰、通用汽车、万达集团、东航、携程等知名企业在内的上千家大中型企业和几十万小企业及政府提供服务，服务用户超过 8 亿，占据智能客服 90% 以上市场份额。

强大的领域通

机器人的应用分成两大方向，一个是工业机器人，一个是服务机器人。服务机器人本身分成三个要素：第一部分叫感知部分；第二部分是思考部分，当你把信息获取进来之后你会传递给第二个部分，就是大脑；第三个部分叫运动响应的部分，经过分析作出正确反馈。

在整个全球来看，绝大部分科技巨头或者所有巨头都在做思考的这个部分，因为这是人工智能的核心。而大脑的部分又分成两个应用的方向，一个方向叫作变形金刚方向，通用 AI，希望做一个无所不知、无所不能的机器人，无论对于任何问题都能准确和唯一地回答，这可能是人类对于人工智能的终极梦想，难以企及；另外一种，是没那么聪明的智能。小 i 与 IBM 选定了限地域的商业人工智能。

限地域商业人工智能，用通俗的话来定义，就是领域通，或者是某一个领域的"百晓生"。作为这样的一种交互系统，有两点是必须具备的，其一是沟通能力，用以与客户流畅地交流；其二是丰富的行业知识储备，最好要上知天文、下知地理。对于客服机器人而言，这两点体现在语义识别与知识库。

如今，智臻智能在全国各地建了 6 个研发中心，小 i 的中文智能对话引擎已经进化到了第十代。在华为，小 i 帮助他们解决全球 20 多万员工的咨询问题；在某全球 500 强公司，小 i 的智能机器人协助完成办公环境下的沟通、查询、上报、审批、系统维护等一系列工作，还对办公数据进行学习、分析，为企业管理提供决策支

仁济医院里的小 i 机器人

持；在上海，小 i 的 12333 智询通，帮助居民解答养老、生育、工伤、就业培训一系列问题，累计服务了 4000 多万人次；在贵阳，小 i 帮助群众工作委员会打造的自流程处理系统整合了政府数据资源，优化城市治理流程，让老年人都能用上人工智能技术参与到城市管理中……

这些大规模的应用场景持续、不断产生数据，大数据通过小 i 的学习体系形成新的知识，然后用知识进一步推动产业化，产业应用又反哺数据库，如此不断循环，AI 的反应准确率愈来愈高。

数千亿次的人机交互数据，让智臻智能积累了全球最大的中文语义库和领域知识库，这也是企业能成为行业隐形冠军的关键之一。

智臻智能在人工智能相关技术，如自然语言处理、语义分析和理解、知识工程和智能大数据等方面走在行业的前列，每年在国内外申请百余项知识产权，承担了国家电子发展基金智能语音技术及产品研发与产业化等国家级项目建设，依托于小 i 的省部级重点项目"上海智能在线服务机器人工程技术研究中心"也已投入工作。

作为行业的领导者，智臻智能主导了全球首个情感交互国际标准和国内首个人工智能语义库标准，并参与了"中文语音识别互联网服务接口规范""中文语音合成互联网服务接口规范""中文语音识别终端服务接口规范""领域信息服务接口"等多项国家和国际级标准的制定。

2017 年，智臻智能发布中文深度语义开放平台，以小 i 数千亿次交互积累的全球最大的中文语义库、领域知识库为基础，通过小 i 独创的中文知识图谱、人机协作知识学习体系，在人机交互中赋予机器中文深度语义理解的能力，解决人机沟通中的多轮对话，多意图理解、动态场景、意图推理、自动搜索上下文等问题。

朱频频自信地说："比如我们自然语言处理以及深度语言理解的引擎，每一个代码都是自己写的，我们把技术开发出来，供合作伙伴使用，我们提供完整的能力。基于自然语言理解，才能做深度的对话式的人工智能。对话人工智能不仅仅是基于一两轮的对话，我们要实现多人对话，实现上下文理解、实现深度的推理，实现多语种的理解。除了自然语言和对话技术之外，我们在三年前开始开发自己的语音识别系统，而且完全基于深度学习模型在开发。"

开启新征程

作为一项前沿技术，人工智能技术的发展需要基于诸多技术的支持和创新，是一个逐步积累和探索的过程。同时，市场对智能化技术的应用也需要一个由点到面的积累过程。

现在，智臻智能对自己的定位是人工智能技术及产业化平台供应商。未来，鉴于自然语言处理和人机交互技术应用领域十分广泛，基于核心技术输出路径，智臻智能提出了"AI 赋能、开放、国际化"的发展战略。

在国内拥有上千大型客户的小 i 机器人，国际化是其重要战略，目前小 i 核心的智能交互系统可支持中、英、粤三种语言，在港、澳、台等地区都已有了相关业务，中银（香港）、Hanson Robotics 等都已是智臻智能的合作伙伴或客户，2016 年，小 i 在香港成立子公司，加快国际化进程，让具有人机交互能力的机器为更多地区的人们提供服务。

从十几年前涉足人工智能，从聊天机器人的"叫好不叫座"，到代表全球智能对话系统的最高水平，被向全球推荐，智臻智能一直做着 AI 探路者的工作，并深知任何一个产业都不可能在封闭的环境中发展，发展必须依托开放和合作。与全球第一的语音厂商 Nuance 合作，推出颠覆行业的智能 IVR，与全球顶级的企业大数据融合开发 AI 新的应用场景，与 Salesforce、Avaya 合作，为法国机器人 Nao、韩国 Future Robot 等全球顶尖的实体机器人配备的机器人"大脑"，将最后的产品呈现给市场。

一个很简单的道理，要让更多人享受到 AI 服务，最直接的方法就是让更多企业以简单、低成本的方式使用 AI 技术。因此，早在 2016 年，智臻智能便承建并日常运维了由中国电子学会发起的 Bot 开放上线，至今平台用户已超过 10 万。而在此前开放引擎能力基础上进行了全面升级的新一代的智能 Bot 开放平台，目前也进入试运行阶段，平台集成三大小 i 的核心能力，支持智能客服场景的直接使用，智能营销、智能外呼、智能硬件等多种目前最常使用的不同类型的应用场景，都会陆续开放。通过技术和资源的开放，激活 AI 时代最活跃的开发者的潜力，使各行各业都快速走向智能化。

智臻智能通过与各领域的大量合作，快速切入新兴行业，以智能客服为基础，将应用延伸至智慧城市、智慧金融、智慧医疗、智能办公、智能机器人、智能硬件、智能制造八大领域，坚持用"AI+"赋能于各行各业，促传统产业升级。

成立至今 17 年，智臻智能不断积累核心技术，随着人工智能市场逐渐成熟，公司将迎来智能化大潮下新一轮的成长机会。

第十八篇
禾赛科技：给无人车造一双"慧眼"

王志琴

　　在 2018 年央视春节联欢晚会上，除了相声小品歌舞外，观众还看到了一场特别的演出——由无人车、无人船、无人机组成的全球首个"陆海空"无人系统联合展演在世界最长的跨海大桥——港珠澳大桥震撼上演。其中，最吸引人眼球的莫过于一路驰骋的无人车。自动驾驶"国家队"百度 Apollo 开放平台率领百余辆车跑上港珠澳大桥，并在无人驾驶模式下完成"8"字交叉跑的高难度动作。

　　早在 2017 年夏天，百度创始人、董事长兼 CEO 李彦宏乘坐无人驾驶汽车上北京五环的消息就曾引爆全网，也让普通民众看到自动驾驶正快速从实验室走向民众生活。

　　然而，就在很多人关注这场酷炫的科技盛宴时，却很少有人了解无人驾驶技术背后各个研发团队所付出的努力和配合。因为无人驾驶不是一个局部技术或者单一产品就可以解决问题的领域，它需要集成高精度地图、定位、感知、智能决策与控制等多种技术，综合多种云端与终端产品来解决问题。比如，无人驾驶汽车能自由行驶，离不开核心传感设备——激光雷达来感知周边的环境。而更少人会知道，作为百度 Apollo 平台上唯一环境感知套件——Pandora来自国内一家创业公司——上海禾赛光电科技有限公司（以下简称"禾赛科技"）。凭借着自主研发的激光雷达，禾赛科技为无人驾驶提供着重要的支持。

遵循内心　做热爱的事情

"20 年内，买无人驾驶汽车会和过去买马那么平常。"这是特斯拉 CEO 埃隆·马斯克在几年前的预言。曾几何时，无人驾驶车就像天方夜谭。但在今天，无人驾驶技术正在一步步突破着。

无论是谷歌 Waymo、百度 Apollo，还是新涌现出来的无人驾驶初创公司 Roadstar.ai、景驰、小马智行、驭势科技、Momenta、智行者……随着自动驾驶技术的突破，在人工智能和汽车行业的飞速发展下，人们逐渐相信"会自己开的车"正在从科幻电影走向现实。

所谓无人车，不同于机器人表演，也不存在任何遥控或者预先编程，而是完全基于人工智能和地理信息技术，通过输入起点终点和路线信息，实现全自动无人驾驶。无人驾驶并不是凭空出现的概念，而是自动驾驶的高级阶段。

关于无人驾驶技术，人们早在 20 世纪就开始研究了。20 世纪 70 年代初，美国、英国、德国等发达国家开始着手进行无人驾驶汽车研究，这些先行者的大胆尝试让当时只存在于科幻电影里的想象开始走向现实。那时候，人们在无人驾驶的可行性和实用化方面都取得了突破性的进展，其中美国是世界上研究无人驾驶车辆最早、水平最高的国家之一。近 20 年来，各国对于无人驾驶的探索仍在继续，并且随着深度学习等人工智能算法的进步，无人驾驶技术的发展被大大向前推进了。

随着人工智能的发展，人们对自动驾驶技术，开始报以更高的期待。为了标定不同自动驾驶技术的"智能"程度，美国高速公路安全管理局（简称 NHTSA）和美国机动车工程师学会（简称 SAE）分别设计了自动驾驶的分级体系。其中，根据 NHTSA 公布的划分标准，智能汽车要经过辅助驾驶、半自动驾驶、有条件自动驾驶、自动驾驶 L1 到 L4 四个阶段，其中 L4 属于全无人驾驶的最高级别。

当然，虽然无人车已经开始被民众所了解，但是要实现自动驾驶的高级阶段，特别是无人车产品真正落地以及量产，还需要付出很多努力，其中就包括各个配套零部件的研发，尤其是激光雷达。激光雷达相当于无人驾驶汽车的眼睛，因此常被称为无人车之眼，拥有探测距离远、测量精度高、响应快、可靠性高的优点。作为自动驾驶汽车中最重要的传感器，高线数激光雷达近两年来需求暴增。

只是，由于激光雷达对生产工艺和数据处理算法的超高要求，放眼全球,拥有研发和制造高线数激光雷达能力的企业屈指可数。被称为无人驾驶汽车之眼的激光雷达成为整个行业快速发展的最大限制因素。

国内同样也面临着类似的情况。之前国内激光雷达产业受限于技术实力,在无人驾驶汽车这一最具希望的朝阳产业中缺乏话语权。像百度、腾讯等国内一线研发企业,虽然在无人机和无人驾驶领域的研发能力处于国际前列,但在高线数激光雷达领域却只能由国外品牌长期垄断,也使得国内无人驾驶的应用研发和产业生态面临许多挑战。

幸运的是,近几年,随着人们对无人驾驶的关注,国内激光雷达企业进入了高速发展期。禾赛科技、北科天绘、思岚科技、华达科捷、速腾聚创等激光雷达企业受到越来越多人关注。其中禾赛科技因为研发成功 40 线激光雷达在这个行业中脱颖而出。

2014 年禾赛科技落户于上海,其前身为成立于 2013 年的美国硅谷禾赛仪器。虽然目前禾赛科技只是一家创业公司,但是这个创业团队的实力却是相当强悍,特别是其中的三位创始人,更是技术大牛。CEO 李一帆本科毕业于清华大学精密仪器系,博士毕业于美国伊利诺伊大学智能机器人姿态控制方向,曾在硅谷 LAM 机器人公司、帕克集团、西部数据集团做过首席工程师和战略投资工作;CTO 向少卿本科毕业于清华大学,之后获得斯坦福大学机械和电子专业双硕士,毕业后就职于苹果做手机中的核心电路研发工作;首席科学家孙恺曾在斯坦福大学师从国际激光诊断大师汉森教授,取得了博士学位后在斯坦福大学担任副研究员。

原本,这三位创始人凭借着各自的能力,可以有另外一种人生轨迹,在全球顶尖的企业里拿着高薪,过着岁月静好的安稳人生。

只是，不安于现状的他们始终"想做些自己热爱的，有社会价值的事情"。于是，三个人在硅谷相遇后便一拍即合，决定自己做企业。谈起创业初衷，李一帆表示，"公司创立的初衷，是希望做一些跟激光有关的硬件产品，因为我们觉得这个是在未来的几十年内会真正改变人类生活的东西，也是我们比较擅长而且感兴趣的事情。"

就这样，靠着一腔热血，几个创始人开始了创业之路，并将目标锁定为激光传感器的开发。最初，创业团队把激光传感器技术应用于激光甲烷遥测仪，后来和大疆合作推出无人机载燃气安检系统，为国内外一些天然气公司提供相关产品及技术支持。

渐渐地，随着深度学习等人工智能算法的进步，禾赛科技的创始人开始意识到，无人驾驶行业会在可预见的几年内取得迅速的发展，于是凭借着他们在激光传感器方面的研究和积累，他们开始布局激光雷达这一无人驾驶关键传感器的研发和制作。也就是为无人驾驶提供硬件支持，包括硬件产品设计和制造。

禾赛科技并非做无人驾驶激光雷达起家，但是李一帆表示，虽然激光测距和气体检测原理不同，但电子信号处理等核心问题类似，人才储备也相通。在克服了一重又一重的困难后，2016 年 11 月，禾赛科技推出自己研发的首款激光雷达产品，它同时也是国内首款 32 线激光雷达。国内企业将应用技术快速高效地落地为产品，意味着降低了无人驾驶研发的硬门槛，因此这款产品刚一问世，就受到了业界极大的关注。

虽然成立时间不长，却迅速跻身国内激光雷达企业前列，李一帆更多地将禾赛科技的成功归结为运气使然，他说："我们在这个时间点，以这样的方式去创业，有非常多的运气成分在里面。"

运气归运气，成功背后离不开几位创始人对科技发展规律的预判。他们坚信，从人们重视软件研发，再到朝着人工智能硬件、软硬一体化去发展，是一种势不可挡的历史发展趋势，而恰好禾赛科技在这样一个发展的大潮中抓住了机会。

2017 年 11 月 15 日，科技部召开了新一代人工智能发展规划暨重大科技项目启动会，标志着新一代人工智能发展规划和重大科技项目进入全面启动实施阶段。其中，在自动驾驶方面，将依托百度建设自动驾驶国家新一代人工智能开放创新平台，Apollo 被钦点为自动驾驶"国家队"。随着《新一代人工智能发展规划》的发布，我国首次将人工智能提升为国家战略，同时也为汽车产业的智能化进程提供了一条明确的发展道路与方向，李一帆认为激光雷达的发展前景更为广阔了。李一帆坦言目前国内的无人驾驶产业政策环境，可能是全世界最好的，既有战略规划的支持，又有具体的试点机会。在这样的政策加持下，我们有理由相信中国无人驾驶会有一个光明的未来。

当然，即便有着光明的未来，也需要自身不断强大才能成功，二者缺一不可。依靠着先进的理念和产品，在短短的几年时间里，禾赛科技迅速成长。从最初的 3 个人，一台原型机起家，如今它已拥有一个集研发、设计、制造、测试于一体的研发中心和两个生产基地（分布于上海嘉定、虹桥和美国硅谷 Palo Alto），客户更是遍及欧洲、美国和亚洲。

锁定雷达　做最好的产品

2018 年上半年，全球瞩目的工业设计顶级大奖——德国红点奖揭晓获奖名单，禾赛科技自动驾驶环境感知套件 Pandora 金榜题名，荣获红点产品设计奖。

作为全球三大设计奖之一的德国红点奖设立于 1955 年，至今已有 60 多年历史，与德国"iF 奖"、美国"IDEA 奖"并称为世界三大设计奖，有"工业设计界的奥斯卡"美誉。红点奖被公认为国际性创意和设计的认可标志，其获奖标准历来十分严苛。评委们在对参赛产品的创新性、功能性、质量、人体工程学、可持续发展、象征性等指标进行全面评价后，才会最终选出获奖产品。因此，获得该奖意味着产品在设计和制造上获得了最具权威的品质保证。此前，苹果、法拉利、索尼等知名公司的产品都曾是红点奖的得主。

作为全球第一套专为自动驾驶场景设计的多传感器环境感知、融合与识别系统，Pandora 的核心硬件包括一个禾赛科技 40 线机械激光雷达、四个广角黑白摄像头和一个彩色摄像头。不仅如此，基于百度 Apollo 平台的软件算法及数据处理，Pandora 可以帮助自动驾驶开发机构搭建一套包括"硬件 +AI"在内的一体化解决方案，从而能够极大降低项目参与方的研发门槛，促进技术快速普及。目前，Pandora 第一批预定产品开始交付，并得到了早期客户的一致好评。

一直以来，激光雷达由于供应商少、价格高昂、交货周期长，使得很多与自动驾驶汽车有关的企业感到头痛。有些企业甚至试图可以绕过激光雷达，单纯通过毫米波雷达配合摄像头的方案实现自动驾驶。然而大量路测数据和事故事实都证明，激光雷达是无人驾驶汽车绕不开的核心传感器。尤其是谷歌 Waymo、百度、Uber、Cruise、nuTonomy、驭势科技等公司都在广泛采用激光雷达方案，更加证明了在无人驾驶车上激光雷达不可或缺。

正是看重了激光雷达的市场前景，禾赛科技也投入到激光雷达

的研发中来。自 2016 年年底开始，禾赛科技针对无人驾驶，陆续推出了三款激光雷达，分别是 Pandar40、Pandora 以及 Pandar GT。这三款雷达分别具有不同的用途。

其中 Pandar40 是一款机械旋转式激光雷达，具有 200 米的测距能力和厘米级的精度。目前这款产品已经实现量产，并被安装在了美国硅谷、底特律、匹兹堡及欧洲和中国各地的数十家顶尖自动驾驶公司的无人车上。美国加州现有的 60 家获得无人车公开道路测试牌照的高科技公司中，超过 1/3 已经是禾赛 Pandar40 的付费客户。

获得红点奖的 Pandora 则是一个集合激光雷达与摄像头模组于一身的 all-in-one 自动驾驶套件，这款传感器套件解决了无人驾驶公司对于多传感器标定和触发的耗时耗力的难题。同时，它也是百度 Apollo 平台上唯一的环境感知套件，并获得了 Apollo 平台针对 Pandora 量身定做的 Pandora SDK 的全面支持，真正做到"即插即用"。

Pandar GT 则是基于 ZOLO 技术的固态激光雷达，在大幅提高测距性能和角度分辨率的同时，成本在量产时可以做到数百美元。

对国内无人驾驶汽车行业来说，将应用技术快速高效地落地为产品，并通过市场和金融手段降低成本，对国内的无人驾驶开发者、汽车上游技术厂商、汽车主机厂都有巨大的意义。禾赛科技的激光雷达产品相继问世无疑将推动国内无人驾驶的发展脚步。

凭借着卓越的成绩，禾赛科技受到了资本市场的青睐。2017年 5 月，禾赛科技获得由高达投资领投，将门创投、磐谷创投及远瞻资本跟投的共计 1.1 亿元的 A 轮融资。2018 年上半年，禾赛科技宣布完成 2.5 亿元 B 轮融资，光速中国和百度领投。

对于新一轮的融资，李一帆表示将主要用在两个方面，一方面是提升 Pandar40 等机械激光雷达产量，以应对日益增长的市场需求。另一方面加速固态激光雷达 Pandar GT 的量产，并使其早日满足车规级标准。同时，对于资本市场的认可，禾赛科技的创始人并没有迷失自我，而是保持着清醒的认识，"资本市场对我们的产品非常认可，这是锦上添花，并不是我们当年创业的原因，当年只是因为喜欢做这件事，觉得很重要就去做了。"李一帆如是说。

在成绩面前保持着清醒的认识，让禾赛科技走得更远。

如果说国内自主研发的激光雷达大幅度降低了无人车入门门槛，那么对于禾赛科技来说，它的目标还远不止于此，在前景广阔的无人驾驶传感器领域走在前列是它更高的追求。"公司从创业开始，我们对产品的定义就是在全球技术是最领先的。"李一帆介绍。如今，禾赛科技的创业团队，正在为这个目标努力着。

新技术面前人人平等，在激光雷达领域，国内正在缩小与国外的差距。虽然 Velodyne 雄厚的技术积累一时无人撼动，但是随着国内企业的奋起直追，最终的市场格局会如何，还是个未知数。中国作为未来世界上最大的汽车及无人驾驶市场，无人车也必定会通过中国独有的人口红利、大城市集群优势，迎来新一轮的爆发。

留给包括禾赛科技在内的国内企业的发展机会很多。

解放人性　给员工更多自由

要想做出好的产品，离不开整个团队的共同努力和协同合作，禾赛科技的管理者也深深明白这个道理。于是，在公司建立之初，他们就在寻找优秀的人才，并努力为他们创造和谐的环境。一直以来，给予员工更多的自由度是禾赛科技所致力营造的工作氛围。

走进位于上海虹桥世界中心的禾赛科技研发总部，会瞬间产生一种走错空间的感觉，能睡觉的太空舱、能随时高歌一曲的唱吧、桌上足球、台球、抓娃娃机……各种休闲娱乐设备陈列在办公区里。在禾赛科技，无论什么时间，只要员工想使用这些设备，那么这些设备就随时开放供每一位员工使用，并不区分是工作时间还是休息时间，没有硬性的规定，这在李一帆看来更加符合人实际的需求，"公司从来没有规定什么时间不允许干什么。比如，一个员工特别希望睡觉的时候，你不允许他睡觉，他其实只是坐着，对公司并没有意义。因此从公司制度上说，我们希望给大家更多自由度。"

　　这种自由度体现在很多细节方面，除了为员工营造轻松的环境外，禾赛科技还采用了弹性工作制，上下班时间没有硬性要求。宽松的工作氛围，使得每一位员工不必再为上下班打卡迟到而担心，而是把更多精力用在了手中最重要的事情上。

　　李一帆坦言，这种相对宽松的风格是借鉴了硅谷中一些公司的管理风格。"乔布斯认为，优秀的人才，你只要告诉他需要实现什么，而不需要每天告诉他具体做什么。如果当你和员工的关系变成你盯着员工，告诉他每一个细节怎么做的时候，他的目标就变成了你所规定的具体的事项，而不是实现大的任务了。"因此，在日常的管理工作中，禾赛科技的管理者们在明确了大方向之后，就很少干涉员工的具体工作细节，而是尽量多地给员工"提供足够的资源和指引"。

　　除了在公司制度设定上给予员工更多自由之外，选用没有相关经验的员工、允许员工在工作中试错也是禾赛科技的不同之处。

　　禾赛科技企业文化中的一项重要内容就是对于员工以往的经验不是特别依赖，体现在选人的环节中就是从不把应聘者过往的工作经验作为一个必要条件。对此，李一帆表示，"在工程方面我们并不会把工作经验当作是最重要的条件，因为我们做的产品本身绝大多数是这个市面上没出现过的东西，所以我们不是那么重视经验，更在意的是你做的这些判断本身是不是有逻辑性。"

　　同时，对于企业里的每一位员工，禾赛科技的管理者都鼓励他们打破束缚，勇于在研发的道路上试错。"我们有时候宁愿牺牲公司的产出来鼓励大家犯一些错误，作出一些可能短期看来不是特别好的尝试。对于我们这种创业型公司来说，有一个很大的特点，就是我们 90% 的产出是在 10% 的时间内做出来的。而对于从事具体工作的员工来说，他可能前半年的时间里都是在帮倒忙，因为他没有那么多经验，但是他一旦找到了正确的方式以后，他90%的工作都是10%的时间做出来的，他也可能在10%的时间里成为更有贡献的人。"李一帆如是说。

凭借着不同寻常的管理理念，禾赛科技在成立的几年时间里迅速发展壮大，从最初只有三位创始人变为拥有300余名员工的企业。让李一帆感到骄傲的是，这些员工中不乏光学、精密机械、电子、通信、人工智能等前沿行业的顶尖专家，曾经就职的单位也包括苹果、三星、华为、宝马、德尔福、德国大陆集团、中科院光机所/技物所/半导体所等世界级研发和科研机构。得益于这样一个强大的技术团队，禾赛科技在激光雷达产品研发方面大显身手，走在了市场前列。

展望未来，作为一项拥有规划和试点双重政策加持，吸引了各大巨头厂商以及炙手可热的创业公司参与的新兴技术，无人驾驶的普及，可能比人们想象中来得更快。

而作为一家致力于开发高精度、低成本的激光雷达的创新企业，禾赛科技的几位创始人希望，未来，禾赛科技可以将产品做到极致，可以继续为世界的无人车、机器人提供最完整的三维感知解决方案，真正做好机器人、无人车的"眼睛"，让它们更清晰、更准确地看清世界。

EDO 和辉光电
EVERDISPLAY OPTRONICS

第十九篇

和辉光电：用"匠人精神"给中国"长面子"

黎光寿　刘　丹

中国生产的手机、电脑和彩电数量是世界第一，但长期以来，显示面板技术高地一直被境外企业占据，中国企业只能被迫适应。正因如此，显示面板和芯片、操作系统一起，被称为困扰中国电子信息产业发展的"三座大山"。

为了尽快移除这"三座大山"，中国从中央到地方各级政府，都在鼓励相关企业不断创新、突破阻碍，以扭转中国经济发展的困局。而在技术领域从未停止过耕耘奋进的中国科技企业，已经取得初步成果。

上海和辉光电有限公司（以下简称"和辉光电"）就是众多取得成果的企业之一，在其专注的 AMOLED 显示屏领域的成功，为进一步解决电信产业的"面子"问题带来了曙光。

具有颠覆性的显示屏

AMOLED 技术的全称是"Active Matrix Organic Light Emitting Diode"，又叫作"主动矩阵式有机发光二极管"，作为新一代显示屏技术，AMOLED 显示屏在画质、外形、操作、性能上有着独特的优势，是目前世界最流行的手机和穿戴设备的标配。

最新式的苹果手机和华为 Mate 20 pro、Mate 20 X 等手机屏幕，均使用该项技术。

这项技术与美籍华人邓青云有关——1979 年，邓青云在做一个太阳能光伏发电项目中，偶然发现此项技术。他对光伏发电设备收集光发电的技术进行逆向思考，即通上电之后再发光。"这个逆向技术做出来两年后申请了专利。但当时发光很少，亮度很低、时间很短，无法进行产业化，直到 20 世纪 90 年代才得到应用。"和辉光电总经理刘惠然博士这样告诉记者。

刘惠然介绍，第一款使用 AMOLED 显示屏的是柯达数码相机，但其屏幕的解析度并不高。"真正使这个行业实现跨越性发展的归功于三星，当其他的企业都在做 LCD 显示屏的时候，三星花了 15 年的时间和上千亿美元的资本，苦苦耕耘 AMOLED 显示屏技术。"

由此，三星也成为全世界首家 AMOLED 显示屏量产企业，据相关调研机构数据显示：2017 年三星 AMOLED 显示屏产品市场占有率达到惊人的 97%，稳居世界首位；排行第二是 LG 集团，其市场份额是 1.5%；排行第三为中国上海和辉光电，市场占有率为 1%，剩下的 0.5% 为世界其他剩余厂家瓜分。

近年来，因为 AMOLED 显示屏具有传统 LCD 显示屏不可比拟的优势，媒体将该显示技术称作"具有革命性的、颠覆性的、替代性的新型显示技术"。在新一轮的全球显示产业发展浪潮中，AMOLED 显示面板以卓越画质、极致轻薄、宽温工作、户外可视、超低功耗、健康护眼等特性脱颖而出，现广泛应用于智能手机、电视、可穿戴设备、电脑以及 VR 领域。

和辉光电成立于 2012 年 10 月，坐落于上海市，是国内首家专注于中小尺寸高解析 AMOLED 显示屏研发和生产的高新技术企业。首期项目斥资 70.5 亿元，建成国内首条第 4.5 代低温多晶硅（LTPS）AMOLED 显示屏量产线。为了扩大量产规模，和辉光电正在建设一条第 6 代 AMOLED 显示屏生产线。

刘惠然表示，除了原材料的一些专利来自国外，和辉光电没有购买任何三星或者 LG 等企业的技术，完全依靠自己的团队、自主创新研发新技术。"我们不会像终端的产品一样，没有要采购谁的系统，我们这是完全具有自主知识产权的技术。"

另一个产业链

从 2012 年 10 月公司成立，到 2013 年 7 月厂房封顶，10 月设备搬入，再到 2014 年 12 月开始小批量生产。直到 2016 年，和辉光电在第 4.5 代 AMOLED 显示屏生产线上终于成功实现主动驱动有机发光显示器件的大批量生产，成为国内首家量产的 AMOLED 显示企业，一举打破国际厂商的垄断局面。

2016 年 12 月，和辉光电继续发力，第 6 代 AMOLED 显示屏项目正式开工，产品为 1—15 英寸的显示屏及模组，兼顾柔性和硬板生产技术。到 2018 年 7 月，项目正式进入了生产设备安装调试阶段。第 6 代线投入的玻璃基板面积大小达到了第 4.5 代线的 4 倍，总共投资 272.78 亿元，产能规模为每月 3 万片玻璃基板（含部分柔性）。

"和辉光电已经实现批量生产，这意味着和辉光电建立起了完整的供应链体系、技术体系、人才体系、制造工艺体系。"和辉光电总经理助理梁晓表示，"作为国家战略新兴产业，要实现自主量产不仅靠政策支持和技术支撑，有一个成熟的商业模式也至关重要。作为高端制造业，关键的是要有一个出海口去吸收生产出来的产品。"

对于和辉光电这样的面板厂商来说，手机、智能手表、电视或各种家电都是其出海口。而近年来华为、小米、OPPO、vivo 等国产品牌手机的崛起，正好给了和辉光电以全新的出海口，"和辉光电生产出来的手机面板，可以直接供应国内手机生产企业"。梁晓认为，面板显示行业的发展，正是归功于国产手机的崛起。

"如果没有出海口的话，你研发出来的东西卖给谁？没有需求的话，技术怎么进步？没有进步的话，光靠国家投钱也好，或者是民间投资也好，根本就不能自行发展。"梁晓进一步解释道，同一条产业链上的企业往往是环环相扣，上、下游贯通的结构，这个链上的任何一家企业的发展，都极其容易产生联动效应，带动其他相关企业的发展，最终推动整个产业链条的进步。

和辉光电二期项目即第 6 代产线运转后，产能能够得到大幅度提升，供应方向将进一步转入高端主打机型规模量产。"我们目前和一线客户，包括华为、小米等已经在合作，待二期产线导入实现大批量生产。"刘惠然说。

可以说，和辉光电产品的批量增长就意味着整个产业链的增长，也为全球计划使用 AMOLED 显示面板的企业提供了机会。梁晓介绍，和辉光电的 4.5 代线一投产就被广泛关注，但由于产能有限，尚不能为华为 Mate 系列和 P 系列高端手机提供屏幕产能保障，苹果找上门来采购，公司也暂时还不能满足这位世界知名客户的需求，但第 6 代线的投产，有望缓解这一困局。

紧跟尖端显示

当手机成为现代人生活工作的必需品，人们看一款手机往往最先关注的是它的品牌，它是苹果还是三星？是华为还是小米？抑或是它的功能是否全面？外形是否美观？几乎不会有人对这些优质手机的显示屏是谁做的产生疑问，殊不知手机每一次设计更新换代，都是屏幕背后隐身"匠人"的沥血之作，而和辉光电更是藏在匠人背后。

"这些手机的每一次更新换代，从设计的阶段开始我们就介入了。"和辉光电总经理刘惠然说。跟其他的面板厂商不同的是，和辉光电是国内唯一一家专注于 AMOLED 显示屏生产和研发的企业，作为一个新兴领域，人们对其仍然较为陌生。

　　对于目前的面板市场来说，LCD 显示屏还占据着主要的位置。刘惠然说，"虽然 LCD 显示屏现在在市场上能赚钱，但我们没有在非常成熟的 LCD 显示屏市场上继续去做，我们看的是未来，专注于做 AMOLED 高端显示屏的研发和生产，这一点是和辉光电比较自豪的。"

　　从技术角度看，AMOLED 显示技术只是个后起之秀，但已经在多方面显示出 LCD 显示技术难以比拟的优越性。从技术角度来说它的色彩更艳丽，对比度更高；在性能上它的功耗更低，尤其是它可以呈现柔性显示和透明显示。换句话说，AMOLED 显示屏的应用也更加宽广，这些都是现在 LCD 显示屏无法达到的一个技术水平。

　　在 OLED 技术领域中，共有 AMOLED（主动矩阵式）和 PMOLED（被动矩阵式）两种技术。刘惠然解释，PMOLED 技术存在三大局限性：第一，被动矩阵式的响应速度很慢，不能做大屏（如手机屏）；第二，色彩十分饱满、清晰度高的屏做不了；第三，刷新速度很快的屏做不了。"由于技术限制，PMOLED 目前只能做如 MP3、MP4 或者手环这种比较小的屏，这不符合我们做手机屏和其他高端显示器屏的定位，所以我们只做 AMOLED 显示屏。"

AMOLED 显示屏的器件结构包括阳极、阴极以及夹在中间的有机发光层，呈现三明治结构，这种独特的结构正是形成器件发光的原理结构，主要通过驱动电路来驱动发光二极管。和以往需要依靠背光源来发光的 LCD 显示屏比起来，AMOLED 显示屏可以做到主动发光。

作为新一代显示屏技术，AMOLED 技术在画质、外形、操作、性能上有着独特的优势，在其制作中囊括了现今显示面板行业的诸多尖端技术。梁晓介绍，AMOLED 显示屏的工艺流程主要分为三大工序——背板段、前板段以及模组段。背板段工艺通过成膜、光刻胶涂布、曝光、显影、蚀刻、剥离最后形成 LTPS（低温多晶硅）驱动电路，为发光器件提供点亮信号以及稳定的电源输入，对工艺精细度以及电子性能指标要求极高。

"做显示屏的工艺是十分精密的，驱动背板电路过程要反复循环 13 次，其为发光器件提供点亮信号以及稳定的电源输入，技术难点在于微米级的工艺精细度以及对于电性指标的极高要求。"梁晓表示，有机镀膜段的工艺从蒸镀到封装也具有极大的挑战性，其过程中所用到的一种"精密金属掩膜版"只能靠进口，国内此技术还很匮乏。

AMOLED 显示屏不仅能够给用户带来更加高端舒适的体验，更有开发柔性显示屏的潜力，而这正是下一代移动终端的需求之一。柔性面板通常可分为"可弯折"、"可折叠"和"可卷曲"三种境界，梁晓表示："和辉光电目前已经做出柔性屏，并在其内弯的板块取得了重大突破，在产品的性能上，基本可以说我们是紧跟着三星的。"但是对于各种支撑材料，如电池、电子元件等器件与柔性屏的集成上，还需进一步攻克技术难题。

面板产业补短板

宏碁集团创办人施振荣先生提到"微笑曲线"，指导企业要不断往附加价值高的区块移动与定位，而价值最丰厚的区域就集中在价值链的两端——研发和市场，即前端与终端。过去，中国的微笑曲线长期处于终端部位，前端的原材料等领域大量被国外企业控制，国内企业对原材料的成本投入以及供应量缺乏自主权，导致利润低迷。

如今，国产化发展正呈现逐步向前端（即上游领域）延伸的趋势，到达基础材料、基础工艺都开始做研发、实现国产的阶段。"这个行业在国内全是从终端开始发展起来的，刚开始各方面全是从国外进口，慢慢这些东西实现国产化。我们起来了，也为这些厂商解决了很多问题。"梁晓表示，国产化带动了国内企业的进一步发展，前端企业的自力更生为终端企业解决了后顾之忧。

"不像三星一样，想给你供货就供货，不给你供货你就只能干受着。"据业内人士介绍，由于面板垄断的关系，全球手机企业都吃过三星的亏，包括苹果和华为等著名的厂商，但和辉光电的成功量产，有利于打破垄断，增强国际竞争。

不过，和辉光电并不是高枕无忧，刘惠然说，"原材料这一方面的知识产权还需要突破，它的质量、性能应该说和国外的产品相差不大了，但它的知识产权还存在问题。但是作为显示屏的制造厂商来说，生产工艺、研发产品的技术都是我们自己的，这个是没有问题的。"

更大的挑战来自人才的缺失。梁晓介绍，和辉光电 2012 年成立之前，三星就存在很多年了，人才也基本上聚集在三星公司里，此外在中国大陆和台湾地区，也有少量前沿的 AMOLED 显示技术研发人才，面对垄断对手从零开始建立一个新公司，至少在 AMO-LED 显示屏领域没有成功案例。"但是和辉光电成功了，人才少也是这个行业的特点，所以说这个行业不可能快速复制。资金、人才的门槛都不小，人才的门槛不亚于资金的门槛。"

梁晓介绍，上海市政府很有战略眼光，在国外技术成果如此丰硕的情况下，国内已经落后于起跑线，仍然选择投资和辉光电，并给予了许多配套支持，"我们的第 4.5 代产线现在已经满产，很少有企业投产四五年，就能达到这种状态的"。

"我们公司上下还是务实的一个团队，我们看的不是现在，不是过去，我们看的是未来。"梁晓介绍，对和辉光电来说，现在的挑战是国内在 AMOLED 显示屏上投资了十几条生产线，导致了人才的紧缺。培养国内人才也是和辉光电目前着手的重点方向。从整个产业来说，电信制造产业不断往前端渗透，对比之下，终端产业已经发展起来，人才压力相对缓和，而前端上游产业普遍处于人才紧缺的状态。

"很多地方吸引人才的力度确实是相当大，从政府到企业出台了一条龙的政策来吸引人才。"如今国内整个产业培养突然间放大，梁晓也表示，对公司来说人才培养还是一个需要花很大力气去做的事。

和辉光电总经理刘惠然表示，目前国内上游企业的技术积累还未达到理想状态，厂家做出的一些高端、尖端设备的精度还难以满足和辉光电的应用要求，导致目前上游的一些关键领域（如蒸镀设备、曝光设备）继续受制于国外，主要设备及材料还是依靠进口。国内需要打造自主健全的产业链，实现国内 AMOLED 显示屏互利经济循环。

现如今，和辉光电已有多款产品走进消费者手中，并获得华为、小米、步步高（小天才）、魅族等品牌客户的认可。和辉光电已经在规划上市，公司跟英特尔也形成了战略合作关系，后续将继续在手机、手表以及车载、VR 领域大放异彩。

和辉光电将一直致力于走在创新显示大潮的前沿，带动中国 AMOLED 显示屏产业链共同发展，打破国外企业在这个领域的垄断地位，为中国显示产业加速发展作出贡献。

第二十篇

东软睿驰：以实力铸就传奇

王志琴

2018 年 6 月 21 日，东软睿驰汽车技术（上海）有限公司（以下简称"东软睿驰"）正式发布了其最新一代 ADAS（高级驾驶辅助系统）量产产品，多款采用该系列产品的乘用车也正式投入量产。这个系列产品集成了全球前十大半导体公司之一——恩智浦视觉处理器 S32V，首批投产车型为一汽奔腾 SENIA R9，预计在未来 2—3 年内该产品搭载车型量产的数量将突破 100 万。与此同时，东软睿驰 NeuSAR 产品也正式发布，它是一款跨平台、通用性强、硬件适配率高，并支持应用级开发的整车基础软件平台。伴随软件在汽车中所占价值比重及复杂程度的不断提高，急需新的汽车基础软件平台来推动汽车软件标准化、实现汽车软件的可拓展、可升级、可量产，以及实现"标准化车辆控制"。东软睿驰 NeuSAR 的发布，填补了中国在汽车基础软件领域的一大空白，为未来汽车在新能源化、智能网联化、系统开放化、功能拓展化和生产标准化等领域的发展提供有力支撑。这两款产品的发布，同时表明了东软睿驰在自动驾驶、电动化等领域加速进入国际市场竞争的决心。

近几年，自动驾驶已成为汽车领域最火热的风口之一。根据中国电动汽车百人会的统计，2015 年到 2017 年 11 月，自动驾驶汽车相关领域的投融资事件共 193 起，金额达 1438 亿美元，事件和金额占 2009 年以来数量的 87% 和 97%，超过通用汽车和特斯拉的市值总和。不只是受到资本市场的青睐，自动驾驶同时还将带来巨大的社会效益。来自美国交通部的数据显示，到 2025 年，智能驾驶的软硬件销售（不含整车）将达到 262 亿美元，但其社会效益将放大到 1 万亿美元，这其中包括了缓解交通拥堵、节省燃料、减少事故以及提高生产效率。可以说，每 1 美元的自动驾驶处理器销售额，将带来 40 美元的社会效益。

作为一家以技术为核心，专注移动互联、人工智能和新能源技术在汽车产业应用的创新型企业，一直以来，东软睿驰虽然显得有些低调，但是它在自动驾驶领域的研究和贡献却不容小觑。

厚积薄发　发力汽车电子领域

2015 年 10 月，东软睿驰落户上海嘉定。虽然公司成立的时间不长，但其从母公司东软集团股份有限公司(以下简称"东软集团")传承来的强大技术研发基因却给它带来了与生俱来的优势。当时间拉回到 2015 年 7 月 29 日，那一天，东软集团对外发布公告称，东软集团与阿尔派电子（中国）有限公司、沈阳福瑞驰企业管理中心共同签订合资协议，将共同投资设立东软睿驰汽车技术（上海）有限公司。

作为一家在汽车电子领域拥有 20 多年服务全球客户经验的企

业，东软集团的研发网络遍布全球，中国、德国、日本、美国都有它的研发中心。为了在汽车电子领域有更大作为，东软睿驰应运而生。同时，东软睿驰的成立也被看作是东软集团在汽车电子领域发展历程中的一个重要的里程碑，因为它的成立标志着东软集团在汽车电子领域不断拓展着业务内涵，推动着原本的业务向智能化、互联网化、新能源化布局。

如今，以深度学习架构为基础的人工智能技术早已在全球铺开，其应用范围覆盖了汽车市场、计算机视觉、自然语言处理、传感器融合、物体识别和自动驾驶等领域。对于汽车领域而言，汽车行业正在面临着一场革命性的变革。而这个行业的变革却并非单纯的电动化，而是电动化、智能化、网联化等同时开展，其多元化但又紧密联系的业务定位毫无疑问将会成为市场开拓的最大亮点，也

是目前车企产品转型的现实痛点。而在这样的转型过程中，东软睿驰向智能化、互联网化、新能源化布局，无疑是一次明智的尝试。

得益于东软集团在汽车电子领域 20 多年的实践和积累，东软睿驰从一成立，就把主要精力放在推动汽车产业变革的关键技术上，包括新能源汽车电池管理和智能充电关键技术，以图像识别、传感器融合为核心技术的高级驾驶辅助系统和无人驾驶关键技术以及基于开放式云平台的车联网服务等领域，并在这些领域精耕细作。

特别是在 ADAS 和自动驾驶技术研究方面，东软睿驰投入了相当多的精力，力求在自动驾驶方面有所突破。作为未来汽车行业的一大趋势，目前很多企业都在致力于应用人工智能技术实现更高级别的自动驾驶。目前，各大车厂都认为自动驾驶技术是下一个汽车行业的革命性产品，所以几乎全世界的汽车公司都在进行这方面的研发。2015 年后在以深度学习为突破人工智能时代的大风口下，自动驾驶汽车更是被高度重视，自动驾驶汽车的发展不仅关系到传统汽车产业链，还和新兴的科技企业及消费者的利益相关，同时关系到汽车产业迭代升级等核心问题。

而早在新世纪初期，东软集团就开始关注自动驾驶了。据东软睿驰智能驾驶业务线总监刘威介绍，"从 2004 年开始，东软集团就着手进行 ADAS 方向技术研究，至今已有 14 年的技术积累"。目前东软睿驰的产品已经在迭代升级中研发到了第三代，第一代产品更是在国内外实现了规模量产。

只有核心技术，才能建起壁垒。自动驾驶是一个庞大而且复杂的工程，涉及的技术很多。尽管各方造车势力已经意识到了人工智能对于自动驾驶的重要性，由于核心技术不成熟、相关法律法规不完善、缺乏专业人才等方面的原因，在通向人工智能推动汽车自动化、智能化这条路上，诸多车企和科技公司迟迟没有大的进展，很多仍停留在前期的摸索试验阶段，难以大规模量产。而凭借着多年的技术积累，东软睿驰在 ADAS 领域具有先发优势。

目前，在智能驾驶争夺战中，核心计算和控制平台以及操作系统无疑是两大真正有价值的切入点。如果说过去几年，自动驾驶行业的大批初创公司涌入是看到了在部分核心硬件、核心算法上的巨大市场空间，那么，随着单纯硬件、算法的差异化门槛在逐步消失的背景下，软硬件深度融合成为真正抢占市场份额的利器。而软硬件结合，恰恰是东软睿驰的一个优势。据刘威介绍："从整个技术来看，东软睿驰已经投入了 14 年，所以很多需求我们可以很快实现，且我们做的产品跟竞争对手相比不同的是，我们能把好多功能积存在一个硬件上面。另外我们还有一个核心的能力，东软睿驰软件研发能力非常强，比如同样使用一款车载硬件，别人使用可能只能开发一两个功能，而我们使用能开发十几个功能。因为我们能把自己的软件写得非常优化，写到极致。"深厚的技术积累和渠道让东软睿驰在 ADAS 领域有着其他竞争者无法比拟的优势，在产品研发方面快人一步。

不断突破　为标准制定建言献策

"三流企业做产品，二流企业做品牌，一流企业做标准。"确立标准是企业做大做强的不变信条。"得标准者得天下。"这句话揭示了"标准"举足轻重的影响力。

除了凭借产品量产抢占市场以外，东软睿驰也在通过自己的努力，发挥着自己的影响力。正如刘威所说，"标准是一个制高点，谁掌握了标准，谁就掌握了主动权。"

凭借着自身积累的经验，东软睿驰成为国际ISO辅助驾驶、自动驾驶以及国家新能源标准的成员单位，也是中国第一家通过 Automotive SPICE 认证的企业，作为国际 ISO（TC204）组织成员，负责相关标准的起草工作。截至目前，东软集团参与起草国际和国家标准近 30 项。

其中关于车辆盲区监测的标准，东软睿驰更是贡献了不小的力量。2016 年初，由上海机动车检测认证技术研究中心有限公司作为发起单位的全国汽车标准化技术委员会组织成立先进驾驶辅助系统（ADAS）标准工作组，并于当年年底启动系列 ADAS 前期研究及相关标准制订工作。在这个标准的制订中，刘威表示，"关于车辆的盲区监测，有两项标准是由东软睿驰来起草的"。之所以能成为技术标准的制订者，和东软睿驰平日中的研发创新密不可分。

由于汽车后视镜存在视觉盲区，变道之前就看不到盲区的车辆，如果盲区内有超车车辆，此时变道就会发生碰撞事故。在遇到诸如雨雪、夜间等情况时，车辆在行驶过程中更加难以看清后方车辆，变道就面临更大的危险。盲点监测系统就是为了解决后视镜的盲区而产生的。盲点监测系统是汽车上的一款安全类的高科技配置，主要功能是扫除后视镜盲区，通过毫米波雷达探测车辆两侧的后视镜盲区中的超车车辆，对驾驶者加以提醒，从而避免在变道过程中由于后视镜盲区而发生事故。

然而，毫米波雷达探测也并非完美，毫米波对金属反射比较敏感，但对于人体则很难探测。中国的路况相对国外要复杂很多，经常会出现机动车、非机动车共用一条道路的情况，那么机动车司机想换道该怎么办？对于这种情况，东软睿驰的应对之道是采用摄像头代替毫米波雷达，帮助司机安全驾驶。

至今想起来，作为东软睿驰的一员，刘威都十分自豪。凭借着这一技术优势，东软睿驰在盲区监测领域拥有发言权，成为国内商用车和乘用车标准的制订者。也正是凭借着这个标准，使得东软睿驰在激烈的国际竞争中多了一分底气和信心。

夯实基础　把产品做扎实

运用物联网、自动化等技术帮助人们驾驶车辆，在遇到紧急情况时自动响应处理，以提高驾驶的安全性和舒适性，将人们从紧张的驾驶过程中解放出来——这是车联网的发展目标，也是近年来智能驾驶兴起的原因所在。这个过程不仅仅是对传统汽车产业的革命，更是对人类出行方式的彻底变革。

当然，自动驾驶技术并非凭空产生。这个想法首次出现是在20 世纪 30 年代的一本名为 *Air Wonder Stories* 的月刊科幻杂志上。但直到 1986 年，卡内基·梅隆大学制造出的 NavLab 1 才算得上第一辆由电脑驾驶而非人类驾驶的汽车。从那时开始，像奔驰、宝马、奥迪、大众、福特等全球知名的汽车巨头们就开始着手研发自动驾驶技术。特别是最近 10 年，连谷歌、英特尔、苹果等科技厂商也加入了自动驾驶的研究之中。

2015 年后，在整个技术以及政策的驱动下，国内关于自动驾驶的研发领域可谓风起云涌。抢占自动驾驶的先机，已成为各大汽车厂商、互联网巨头、研究机构的发展战略。一方面，传统汽车厂商正通过嫁接各种"黑科技"朝智能化、网联化方向发展；另一方面，新型科技公司互联网巨头更是蓄势待发，不仅百度、阿里巴巴、腾讯关注汽车，乐视、360、小米等互联网后起之秀也将目光瞄向汽车，想在这个领域中分得一杯羹。

虽然国内整体研发实力不断提升，但一个不容忽视的事实是，目前中国的自动驾驶技术属于刚刚发展到 L1 级别。L1 级别是什么？这里不能不说到自动驾驶技术的分级。随着人工智能的发展，人们对自动驾驶技术，开始报以更高的期待。为了标定不同自动驾驶技术的"智能"程度，人们设计了自动驾驶的分级系统。目前全球汽车行业公认的两个分级制度分别是由美国国家公路交通安全管理局（简称 NHTSA）和国际自动机工程师学会（简称 SAE）提出的。按照 SAE 的标准，自动驾驶根据实现程度的高低可分为 L0–L5 共六个级别。而从业界的发展基准来看，美国、德国自动驾驶专业水平较高，德国在大部分车型上都已配备驾驶辅助功能。

在 2018 年 6 月的新品发布会上，东软睿驰发布的 ADAS 量产产品属于 L0–L1 级别的自动驾驶产品。该产品具有高集成度、高灵活性和可扩展的特点，并满足 ISO26262 功能安全标准与相关法规要求。同时，该产品也正在扩展 L2 级别功能。

明明有着很强研发的实力，为什么偏偏选择从最基础做起。对此，刘威作出了解释："这个行业从整车开发到量产，需要很多环节，其中验证测试是非常关键的一环，必须要有一个非常严谨的态度甚至是敬畏之心来对待。不能一味只为吸引眼球，赚取效益。应该遵循循序渐进、充分验证的原则，把 L1、L2 级做扎实，做到功能和性能达到完美结合，才是真正需要的态度，这是不能弱化的阶段。"

目前在国内，自动驾驶方面业界公认的技术路线有两条。一条是传统主机厂的路线，从 L0 级开始一步步往上做，其中所使用的传感器的成本是可接受的，而且最终是要终端用户来购买，因此是高可靠性和高性价比的路线。还有一些创业公司、互联网公司以及出行服务公司，他们直接切入 L4 级自动驾驶，目标是希望解决出行服务问题。

而东软睿驰选择了第一种路线，踏踏实实从头做起，想把从产品做扎实。

不急不躁，方能成功。

东软睿驰明确了基于可量产芯片与传感器逐步释放自动驾驶产品的技术路线。令人欣喜的是，东软睿驰目前已经实现多款主打 ADAS 警告功能的乘用车、商用车产品量产。不仅如此，预计 2020 年东软睿驰还将量产 L2 级以上的产品。

虽然在 2020 年前后，L2 级的产品已经足够满足市场的需要。但是东软睿驰研发的脚步并没有停下来，而是不断在产品的升级迭代上努力着。据刘威介绍，目前东软睿驰正在与整车厂共同合作，积极储备 L3 级以及 L4 级技术，为下一步发展做着积极的准备。

以人为本　认真做好安全测试

2020 年是很多厂商计划中的自动驾驶元年，各路厂商都在积极备战中。不过这个领域的火爆背后也存在很多的问题和挑战需要人们去解决。如果希望无人驾驶汽车能够拥有同人类一样的驾驶水平，也必须从汽车驾驶的情境中提取海量的数据，并根据不同的场景对这些数据进行分类，供人工智能进行学习。如此一来，且不说真实世界中车辆行驶的工况复杂多样，远超 AlphaGo 和微软小冰用来学习的数据，即使能够收集完全，也需要花费很长的时间。

而作为载人的交通工具，安全是首位的。如何进行安全测试，验证这些自动驾驶汽车在减少交通事故方面的可靠性同样是一个很大的问题。业界普遍认为，自动驾驶汽车需要测试数亿至数千亿公里，才能验证它们在减少交通事故方面的可靠性。更何况就算花很长时间收集了大量的数据，也难以覆盖所有的状况。此外，这些数据后期的分类标定、数据质量以及算法，也还存在着很多的不确定因素，足以影响行车安全。"真正要把一辆自动驾驶车推向市场，远远不是把一堆传感器、软件组装在车子上，进行一些简单工况的自动或辅助驾驶，就可以宣称能达到某个水平。"刘威指出，"小范围的功能性测试，离真正意义上的大规模技术应用，这个差距其实非常大。"

仅以测试为例，刘威谈到，人们不仅需要更方便的车，更需要最安全的车，自动驾驶系统包括感知、决策和执行等功能。假如出现问题，肯定是在三大步骤中的某一个环节需要重新验证。感知、决策是问题的关键，也是新技术带给这个行业的冲击。一些事故的发生，很多问题就多发生在感知、决策环节。"自动驾驶量产产品要适应最极端的工况、最恶劣的天气情况，要经过充分的验证和测试，这样才能推向市场。"结合自己的工作，刘威分析指出，L1 和 L2 才是现有技术储备需要解决的关键问题，在这些方面国内与国外尚有两年左右的差距，更别说将真正的自动驾驶车辆推向市场。

2017 年国内汽车召回首次突破 2000 万，很大一部分是电子系统软件出现问题导致的。车辆长时间、长距离高速行驶，安全的重要性不言而喻。所有的电子器件为保证安全，必须适应所有最恶劣的工况。比如，电子器件及电器系统安全测试项目就多达 150 多项的试验。电磁兼容、温度环境、电压冲击、振动等复杂高强度条件下的系统可靠性的测试是非常重要的测试内容。

踏实的技术路线，也让东软睿驰赢得了众多整车厂的认可。毕竟，上游供应链的竞争最能体现的就是品牌综合竞争的实力。供应商和整车厂之间其实是一个双向选择的过程。正如社会上很多的食品安全事故都是食材造成的一样，汽车上的一些故障其实很大程度上和零部件的供应商脱不了关系。世界知名汽车网站 Inautonews 早年报道称："造成汽车市场中大规模召回事件发生的主要原因为零部件厂商提供的零部件质量不合格，这严重影响了车辆的质量水平和安全性能。"在这个双选的过程中，稳定优秀的供应商体系对于整车厂来说，无疑多了一分保障，品质可靠的供应商也因此为自己的产品赢得更多的机会。

目前，东软睿驰在国内已经和华晨、宇通、东风、一汽、福田等一大批整车厂建立紧密的合作关系，在国际上也和众多国际一流厂商长期保持紧密合作。而众多整车厂对于东软睿驰的选择，也从另一个角度证明了它的产品可靠性。

　　机会总是留给有准备的人。尤其在人工智能引领的新时代，优胜劣汰的过程也在加速。而在这个过程中，东软睿驰凭借过硬的技术和产品，正在创造着属于自己的传奇。

第二十一篇

华铭智能：行业领导者的素养

刘志昊

　　历史总是惊人的相似，早在 1000 多年的北宋就发行了世界上最早的纸币交子，率先使用纸币取代沉重的铜钱白银，在支付领域领先全球。

　　到了 21 世纪，随着智能手机、4G 网络和 Wi-Fi 的普及，中国再次掀起了"支付革命"，这次的主角是移动支付。移动支付的出现引领了一场支付方式革命——抛却烦琐的现金交易和各种名目繁多的银行卡，你只需要一部智能手机或平板电脑即可完成付款，整个交易过程"无现金、无卡片、无收据"。

　　2017 年 10 月 30 日，上海申通地铁集团举行"Metro 大都会"APP 刷手机乘坐磁悬浮线新闻通气会。乘客只需使用手机，通过"Metro 大都会"APP，在磁悬浮闸机上扫描二维码，即可方便完成购票进出车站。

　　据了解，除磁悬浮外，目前上海各地铁线路闸机改造正夜以继日进行，"扫码过闸"将覆盖上海地铁全网络。这一切背后，上海华铭智能终端设备股份有限公司（以下简称"华铭智能"）作为中国轨道交通 、快速公交（BRT）自动售检票系统终端龙头，扮演着重要角色！除上海磁悬浮闸机改造及系统搭建由华铭智能完成外，其还负责整个上海地铁闸机的系统改造，源自华铭智能在上海地铁自动售检票系统终端近70%的市场占有率；除上海外，北京、广州、天津、西安、沈阳、郑州、厦门等数十个地铁城市，华铭智能都有极高的覆盖率。

"全国地铁城市'闸机'售检票系统市场占有率位居第一"背后的支撑是什么？"我们自主研发的'轨道交通自动售检票系统'系列产品打破了国外 AFC（城市轨道交通自动售检票系统）制造厂商在该领域技术垄断局面，开了国产化设备在国内轨道交通运营先河。"华铭智能董事长张亮如是说。

实践出真知

"华铭智能前身是上海华明钣金厂，这是 1988 年成立的一家集体企业，1995 年改名上海华明电子金属柜有限公司。"说起华铭智能的创业史，张亮娓娓道来。

据了解，华明钣金和华明电子最初生产文件柜等产品，后来又推出自动寄存柜，再后进入检票机领域。

张亮介绍："我父亲（张金春，当时的公司负责人）1999 年研制出条码单程票与非接触 IC 卡兼容式的自动售检票系统，2000 年被认定为上海市高新技术成果转化项目。"

2001 年，张金春及其同事在华明电子之外成立了上海华铭智能，之后把检票机业务都放在了该公司。

　　2003 年，张亮进入华铭智能，1980 年出生的张亮 2002 年至 2003 年在上海地铁运营有限公司当技术员。"这两年在地铁公司的工作经历对我影响非常大，首先积累基层工作经历；其次是技术与实践应用的结合；最后也是最重要的，在这期间我见识到了国外先进地铁售票系统，看到了我们的差距，同时长年的实地实践，让我了解到地铁运营商的需求，也了解了乘客的需求。"实践出真知，第一份工作为张亮带来"真知"，也为华铭智能带来了"发展"。

　　2004 年 5 月，年仅 24 岁的张亮出任华铭智能董事长，而今谈数据必讲"大数据"，说"智能"必聊"人工智能"。关于这两个领域，想必大多数投资者首先想到的是科大智能、科大讯飞此类行业龙头、明星标的股，对华铭智能这家上市企业恐怕有些孤陋寡闻。

　　"其实，许多城市的轨交自动售检票系统终端设备，场馆、景

点的票务系统，商务楼宇门禁系统等，都出自华铭智能。"对此，张亮也是非常自豪。

张亮介绍，自成立以来，华铭智能自主研发自动售检票系统设备，十几年来已先后研发出各种制式自动售检票系统设备的核心模块 20 多种，包括各种阻挡模块、薄型票卡发售模块与回收模块、Token（筹码）型票卡发售模块与回收模块、硬币处理与循环找零模块等部件，已获得国家多项发明专利授权及软件著作权登记，并大量产业化应用到国内外地铁项目。

由华铭智能供货的轨道交通售检票系统设备在上海、北京、广州、天津、西安、沈阳等国内城市已经开通使用。除了轨道交通售检票系统设备的主业以外，还向国内北京大学等上百所大学图书馆供货门禁系统和闸机，向厦门、乌鲁木齐、济南等 BRT 项目供货售检票设备，向上海世博会、杭州休博园等几十个旅游景点提供票务系统和系统设备，向上海期货交易所、交通银行上海总部等几十幢写字楼提供高档门禁系统闸机等设备。

为客户需求"创新"

"华铭智能成功的核心在于对技术的投入。"张亮认为，"因为我们毕竟是一个民营企业，没有什么太多的资源，我们唯一认为能做的就是把技术搞好，走在别人前面，做到人无我有、人有我新。"

"公司一直将技术创新作为企业持续发展的重要影响因素之一。"张亮表示，公司的研发部门通过自主研发，已经成功研发了三杆式阻挡模块、扇门阻挡模块等多种不同规格与制式的 AFC 终端设备核心模块。

"这些技术已相对比较成熟，并已批量在国内外的大型 AFC 系统项目中使用。"张亮介绍，未来，公司研发中心将计划在纸币识别模块、拍打门和翼形门阻挡模块及多枚投币的硬币处理模块等领域展开研究和开发，不断延伸出新技术产品和服务，增加新的利润点。

"中国的工业品其实最缺的是什么？"采访中，张亮对笔者提出一个问题。

"缺'客户体验'和'客户需求'，"张亮一针见血地指出，"我们缺乏行业经验的积累，工业品研发周期长、生产成本高。但这个工业品客户真正需要的是什么？我们不一定理解得特别透。"

"特别是在一些运营规则和实地使用中，因为你没有用过，你就不知道会产生什么样的问题。"两年的地铁公司工作，让张亮体会颇深，"所以我们需要不断学习，学习国外先进的设计理念、技术方向，甚至管理经验、运营模式等等。学习如何为客户需求去创新。"

据张亮介绍，公司计划在平湖生产基地建成专业的模块生产车间和自动化装配流水线，强化模块加工的精密程度，提升核心模块的产品质量，不仅仅为公司所生产的主要产品配套，也努力将公司的核心模块推向其他的终端设备制造商，与国外知名模块供应商形成强有力的竞争。

公司还将研发展示中心建设项目作为募集资金投资项目，通过建立研发中心以提升公司现有的研发力量，并努力实现研发资源的优化配置。"华铭具有完整的自动售检票系统设备研发、生产、施工、技术服务体系，研发包括软件、硬件的开发和机械结构设计。"张亮表示，公司能引领自动售检票系统行业个性化、创新性的需求，不断地创造性研发产品是公司生存和发展的指导思想。

打造智慧交通

AFC 系统在便捷和准确性方面大大优于传统的售检票方式，克服了人工售检票模式中固有的速度慢、财务漏洞多、出错率高、劳动强度大等缺点，在防止假票、杜绝人情票、防止工作人员作弊、提高管理水平、减轻劳动强度等方面起到重要作用。随着城市轨道交通领域 AFC 系统的广泛运用，"AFC 系统的优越性已得到了充分肯定和接受，其应用领域已扩展至 BRT 等其他公共交通、公共场馆、景区、智能楼宇等领域，外延应用市场不断得到扩展。"张亮介绍。

　　2017 年 11 月 21 日，一纸公告让华铭智能走向台前，华铭智能与腾讯、财付通、万泰和兴签订了《"交通乘车码"战略合作框架协议》。四方本着平等自愿、互利互惠的原则，就结合各方优势业务和资源，共同推进城市公共交通领域有关创新智能支付、创新大数据应用和创新商业模式等事宜，经友好协商，达成并签订了本协议。

　　"这是我们深耕 AFC 市场 17 年最好的回报。"张亮说，作为上海地铁 AFC 终端设备技术规范制定参与者之一，华铭智能目前所承接的轨道交通 AFC 终端设备项目已遍及国内几十个大中型城市，公司还成功将产品应用至 BRT 及汽车站领域，产品进入济南、乌鲁木齐、柳州、舟山、连云港等地 BRT，表现出较强的市场开拓能力。

　　张亮介绍，公司已先后自主研发出几十种不同制式的 AFC 终端设备核心模块和终端产品，并积极推动重大资产重组，近期拟收购的国政通在身份信息认证和学历学籍审核细分市场处于领先地位，未来将把身份认证和人像比对技术等技术融入公司 AFC 业务中。

　　"腾讯积极推广'交通乘车码'，公司（华铭智能）是轨道交通和 BRT 自动售检票系统（AFC）设备龙头，与腾讯等各方合作显示公司核心业务在市场和技术上的竞争实力。"张亮对此非常骄傲。

走向世界的中国"AFC"

　　中国 AFC 市场潜力巨大。AFC 应用领域主要为轨道交通的建设，而轨道交通的发展决定因素之一就是城市化水平，一个国家或地区的轨道交通建设程度与其城市化率高度相关，城市化进程较低的中国及亚洲其他发展中国家 AFC 市场潜力巨大。同时，AFC 在中国的高铁建设、城市智能公交系统建设、旅游景点、大型楼宇门禁系统等领域同样大有可为。

国家规定 AFC 终端设备的国产化率不得低于 70%，这为国内 AFC 终端设备供应商提供了重要的发展机遇。同时，由于国外设备价格昂贵、成本高、售后服务难度大，随着国内制造企业自主创新能力的提高和技术的进步，各地城市轨道交通业主越来越青睐国产设备。"在质量和性能方面，我们自主研发的自动售票机、自动检票机、自动加值机、人工售票机等系列 AFC 终端设备不仅已达到国际先进的技术标准，在某些方面还优于同类进口设备，赢得了业界的普遍认可和信赖，国产 AFC 终端设备在国内轨道交通 AFC 市场已逐渐占据主导地位。"张亮表示。

目前，东南亚和南亚发展中国家也已进入城市化高速发展时期，城市轨道交通设施投入不断加大，这些国家或地区当地 AFC 产业目前还相对落后，产品以进口为主，市场潜力很大。"华铭智能经过多年的发展，在技术、经验、产品质量、性价比等方面显示出较强的竞争力，已经具备了开拓海外市场谋取更大发展的综合能力。"张亮对"中国装备，装备世界"也信心十足。

"但从国际成熟市场来看，AFC 行业市场集中度都比较高，主要国家一般只有少数几家 AFC 系统和终端设备供应商占据市场主导地位。从提高效率的角度来说，AFC 行业的适度集中有利于资源的整合和效率的提高，可以避免因重复开发、重复投入所造成的浪费。"张亮对行业发展也有自己的见解，"虽然我国 AFC 行业已经出现了 10 多家规模较大的系统集成商和设备制造商，但与成熟市场相比，仍然数量偏多，规模偏小，行业集中度有待提高。华铭智能希望能引领行业发展，做中国 AFC 行业龙头！"

第二十二篇
恒玄科技：无线音频的中国实力派

陈　曦

故善战者，求之于势。

孙子兵法所讲的"战势"，"如转圆石于千仞之山者"，得势者则可以"用力至微，而成功甚博也"。

如今的市场竞争与军事活动颇为相似，得势者更易获胜。恒玄科技（上海）有限公司（以下简称"恒玄科技"）就是一家善于"识势""顺势"的企业。

三次赌注

2016 年 5 月，恒玄科技发布全球首款集成主动降噪功能的双模蓝牙耳机芯片 BES2000；

2017 年 3 月，小米基于恒玄芯片推出高性价比的 Type-C 版主动降噪耳机；

2017 年 6 月，恒玄科技发布全球首款支持麦克风阵列的智能蓝牙语音平台芯片 BES2000i；

2017 年 10 月，华为 Mate10 pro 标配的 Type-C 耳机采用恒玄科技芯片；

2017 年 12 月，哈曼基于恒玄科技第二代芯片推出运动无线蓝牙耳机；

2018 年 6 月，恒玄科技推出全球领先的第三代超低功耗智能蓝牙语音平台芯片 BES2300。

恒玄科技搭载智能化大潮的顺风车，已经成为无线音频领域的中国新势力，在无线耳机芯片领域其实力可以与苹果和高通一争高下。

过程看似表面风平浪静，其实暗涌不断，恒玄科技经过了三次 ALL In（即将自己的筹码全部押进）的赌注才获得了今天的成绩。

第一次，从 Wi-Fi 微处理器（MCU）到无线音频，中途变线。

2015 年是智能硬件飞速发展的一年。No Smart No Goods（无智能不产品），这句话诠释了当时智能与硬件的紧密关系。从音箱到电器，但凡用到芯片的电子产品，如果不具备智能功能，就不够炫酷。

也正是在这一年，恒玄科技的联合创始人赵国光看准了智能家居的市场方向，决定创业，并选择其中的核心芯片，Wi-Fi 微处理器作为主攻方向。然而，智能家居并没有如预期一样迅速发展起来，同时却有不少初创企业纷纷涌入这个市场。在蛋糕都没有做好的时候，就已经有很多人等着分了。于是，恒玄科技的初创团队迅速开始搜寻新的市场，蓝牙技术进入了他们的视野。他们发现，曾经风光无限的英国芯片公司 CSR，虽然那几年一直在走下坡路，但在 CSR 公司的多条产品线中，无线音频产品却在持续增长。因此，恒玄科技决定，改变最初的产品计划，把无线音频作为主要产品方向。

音频产品，自然少不了耳机，耳机也是智能可穿戴设备中出货量最大的终端形态，其广阔的市场前景毋庸置疑。

第二次，专注耳机无线化，助力极致视听、佩戴体验极佳的蓝牙耳机。

当传统耳机贴上智能的标签，其实改变的不是一点两点。在恒玄科技成立之初，蓝牙耳机要么是只戴在一只耳朵上，要么是左右耳之间有一根连接线。前者通常用于打电话，听音乐效果不好，后者由于连接线的存在，无法做到完全不羁绊的佩戴舒适感，尤其在运动时候，不仅容易掉落，线上也容易粘汗渍。要解决这两个问题，最好的办法是开发一种真正意义上的无线耳机，取消任何连接线。于是，恒玄科技把全部赌注压在开发一款真正"无线"的蓝牙耳机芯片上面。赵国光说："当时我们认为这种耳机将来的市场机会很大，所以公司全力以赴进行研发。其实里面有很多赌的成分，因为初创公司资源有限，你做了这个就做不了那个。我们当时为了做这个项目，把其他项目都停掉了。"

这一次豪赌，很快就出了结果。半年之后，苹果推出了双耳佩戴的"真"无线蓝牙耳机，印证了恒玄科技的押注。苹果之后，华为、三星、BOSE、SONY等很多一线品牌公司都开始把这种耳机形态放在了新产品计划中。恒玄科技针对这款耳机开发的芯片，目前已经演进到第三代，前两代芯片被华为、小米、魅族等品牌采用。

第三次，AI（人工智能）+IoT（物联网），智能无限。

语音和图像是人工智能的两个核心落地方向，在亚马逊智能音箱（Amazon Echo）和苹果无线耳机（Apple AirPods）的带动下，智能语音分别在智能音响和智能耳机两个终端形态上得到快速发展，为消费者带来了便利的语音交互体验。

赵国光认为，随着人工智能和物联网的结合，这个市场方向将是前景无限。"芯片是人工智能的基础平台，只要在这个平台上增加一个小功能，就可以进入另外一个大市场，平台芯片的研发扩展性很强。比如说我们今天做的是蓝牙，把蓝牙换成 Wi-Fi，就可以进入很多其他领域了。专注于这个领域，把共性的技术研究做好，不断增添新的功能。就如同树干长好，再生出枝叶，有了 AI+IOT 这个大的市场，就会枝繁叶茂。"

系统集成能力与芯片能力叠加

在无线音频领域，恒玄科技已经征服了众多国际一流的客户，公司先后与 JBL 耳机、Harman 音箱、SONY 等品牌形成合作。

在无线耳机芯片三足鼎立的时代，恒玄科技的对手是苹果和高通，苹果自研的产品性能体验最佳，高通无线耳机双通方案因基带兼容性问题不被看好。恒玄科技 2015 年成立，只用了三年多的时间，就形成了今天这样的市场地位，除了最早意识并全力押注真无线耳机产品方向外，也有赖于公司强大的芯片研发能力。恒玄科技现在正在推广的第三代芯片，可以说代表了全球最领先水平。这颗产品是当下市场中唯一跨平台芯片，其申请专利的低频转发技术（LBRT）可以支撑各种基带平台和手机，绕过了苹果专利，成为华为、小米、魅族等终端厂商的选择。

面对恒玄科技今天取得的成果，赵国光谦虚地说，主要是运气好，碰到了智能语音的大时代。

其实不然，任何一个隐形冠军企业，都必须先具备能力，而后才能抓住市场机遇。成功，有偶然，也有必然。

绕过苹果和高通的专利，很不容易。苹果无线耳机方案是由 iPhone 发射一个蓝牙信号，两个耳机同时接收信号；高通的双通方案是通过手机发射两个信号，分别发给左边和右边，左右耳再做同步，需要考虑的问题也会更多。这两家企业都在各自的领域申请了众多专利，其他企业根本无法切入。

前有堵截后有追兵，恒玄科技如何突出重围？

"智能音箱的传统思路是在 SoC 上运行声学前端算法以及云唤醒算法等。但是对于便携移动式产品，这个架构行不通，因为这种架构势必带来功耗高、成本高、便携性差等问题。"恒玄科技商务拓展副总裁高亢在 2018 年在"松山湖·中国 IC 创新高峰论坛"上说。恒玄科技的解决思路是把产品和手机紧密结合，在手机上做语音识别算法，同时让设备端的性能比传统蓝牙设备更强一些，能够运行基础的降噪、消除回声、语音唤醒等算法，两个设备结合起来之后达到比肩智能音箱的体验效果。

高亢表示，对于在蓝牙 2.4GHz 频段穿透传输过程中遇到的同频干扰和人体头部带来的巨大信号传输损失是实现可靠真无线蓝牙耳机的最关键技术难题，恒玄科技创新性地采用了低频转发技术（LBRT），由于低频磁场感应不会受到这些问题的干扰，且完全规避苹果等专利，使产品在整体性能上大幅提升，可以说这是用物理的办法解决物理的问题。目前，恒玄科技围绕着低频转发技术的创新应用，已经完成了自己的专利布局。

在顶级耳机市场上，常听到一个名词："主动降噪"，它可以让

使用者在听音乐或者打电话的时候，让自己听不到周边的噪声，尤其在地铁和飞机这种嘈杂环境中非常有用。

恒玄科技于 2016 年推出 BES3101x 系列第一代前馈全数字主动降噪（ANC）耳机音频芯片方案，该方案是业界第一颗单芯片集成主动降噪功能的 Type-C 耳机音频芯片。

恒玄科技用单芯片集成的办法突出重围，并不是偶然。赵国光说："虽然我们是电学的专家，不是声学的专家，但是我们能用电学来解决声学问题。"

每一个行业都在摸索中前行。在智能音频普及之前，音频行业的从业者大多都是声学和电子硬件工程师，软件工程师几乎没有。如今，这个领域内的软件工程师越来越多，这是因为行业正在从功能音频向智能音频过渡，智能音频需要嵌入式智能计算、声学算法以及复杂的人机交互操作系统。

恒玄科技的技术团队中，有一部分人是通信基带背景，他们经历过手机从功能机到智能机的转变，从而在思考问题的时候，会考虑得更加系统化。正因为这些知识背景的特殊性，恒玄科技形成了系统集成能力与芯片能力叠加的综合实力，而这刚好吻合了智能音频产品对芯片平台的高要求，从而受到了市场的广泛接受。

2018年，恒玄科技推出第三代智能蓝牙音频芯片BES2300系列，在业界第一次把蓝牙芯片带进了先进的28nm工艺，同时全集成HIFI音频，低功耗射频，电源管理以及Cortex-M4F MCU。BES2300有三大特点：基带平台兼容性好、功耗大幅降低70%、创新采用了LBRT低频转发技术，从而解决了目前真无线蓝牙耳机主副耳机之间的无线信号穿透力差的核心难题。

科技企业以创新为本

作为一家科技公司，恒玄科技很明白，创新才是企业的核心竞争力。恒玄科技给自己的口号正是"唯创新，得生存"。

核心竞争力首先是要助力公司进入目标市场，是公司发展壮大的核心能力。其次，核心竞争力是要通过产品的创新，来更好地实现客户的诉求，并帮助客户实现价值提升。最后，公司的核心竞争力应该是难以被竞争对手所复制。

长远来看，就创新而言，核心始终在以科技创新为主的原始创新和源头创新中，这也是获取最大红利的价值所在。全球范围内，市值高、净利润高、受人追捧的大部分都是科技公司。全球创新指数传统前 25 强的发展实践证明，研发和创新投资是经济增长的核心，有核心竞争力的创新科技则最受资本青睐。

对此，恒玄科技已然比肩苹果和高通，证明了自己对于创新的认识以及实践。赵国光说："没有创新的公司是没有未来的，党的十九大报告里讲得很好，我国社会主要矛盾已经转化为人民日益增长的美好生活需要和不平衡不充分的发展之间的矛盾，而要很好地解决这个问题，只能依靠高水平的创新，尤其是科技创新。所以我们觉得，国内企业，尤其是高科技产业必须创新。"

恒玄科技现有研发团队 100 多人，拥有优秀的射频、模拟、电源管理、无线通信、音频 / 语音信号处理、低功耗 SoC 和软件架构的工程能力；具备开发高集成度、低功耗、Hi-Fi 音质、语音降噪、高性能智能 SoC 平台芯片的能力。公司在北京也设立了分公司，力求网罗最高端的技术人才。网罗如此多的专业技术人才，恒玄科技靠的是两点：其一，给员工股份，让员工与公司成为利益共同体；其二，给自己一个高的目标，我们要致力于成为一家优秀强大的公司，让人才有广阔的用武之地。

目前，恒玄科技大部分员工都有公司的股份，每个人都是公司成长的见证人，也是公司成功的受益者。赵国光介绍，仅 2018 年，公司就预计研发投入 1 亿元，其中一大半都花在了人才上。

据 WiFore Consulting 公司预测，到 2020 年，智能耳机市场规模将会暴增至 160 亿美元以上。

　　恒玄科技对于这块百亿美元大蛋糕势在必得。公司的智能无线音频系统级 SoC 芯片及解决方案更像是一个平台，已经为未来做好了准备。"对于双耳无线蓝牙耳机解决方案，首先必须是平台级的芯片，因为你永远不知道，会有哪些新的功能要加进去，目前看见的一些新增功能包括：去掉中间这跟连线、增加心率测试、增加主动降噪功能甚至增加麦克风阵列。未来也许还会增加更多的功能，我们现在也无法想象。"赵国光称，"智能耳机会变成一个新的人机交互入口。"

第二十三篇

华域视觉：勇于突破自我的领军者

王志琴

2018 年，对于华域视觉科技（上海）有限公司（以下简称"华域视觉"）来说，是非同凡响的一年。

2018 年 3 月，随着华域汽车系统股份有限公司的全资收购，拥有近百年历史的国内车灯行业领军企业上海小糸车灯有限公司正式转制成为国资企业，并更名为华域视觉科技（上海）有限公司。本次变更不仅意味着股东方的调整、企业性质的回归，更展现出这家企业产品布局的崭新蓝图。未来，华域视觉将不仅仅是一家传统的车灯设计、制造公司，更是融合了光学、热学、力学、电子和人工智能的跨领域、高科技智造企业。

6 月 7 日，华域视觉凭借其产品智能 MATRIX 大灯获得了制造领域的"上海品牌"称号。"上海品牌"认证是上海市人民政府开展的全力打响上海"四大品牌"率先推动高质量发展的内容之一，拟通过上海品牌认证，全力打响上海服务、上海制造、上海购物、上海文化四大品牌，将上海品牌做优做强，为上海寻找到新的发展对标，这意味着获得认证企业都是四大领域中的佼佼者。据介绍，本次获得认证的 53 家企业中仅有 2 家车企，华域视觉是唯一一家汽车零部件企业。

作为国内车灯市场的龙头企业，华域视觉越来越受到世人的关注。

应势而谋　顺势而为

目前，在我国乘用车车灯行业形成了"一超多强"的竞争格局，"一超"指的就是华域视觉。作为在整个行业内销售额连续 20 年以上稳居第一的企业，谈及企业成功的秘诀时，华域视觉副总经理敖锦龙认为，其中一个关键的因素是企业在成长发展过程中，顺应了

时代发展的需求，抓住了每一次发展的大好时机，"在每个重要的转折点上，我们都作出了正确的回应和正确的选择"，从而使得企业的发展越来越好。

如今，汽车诞生已有百年。作为一项重要的汽车技术，车灯的发展史几乎与汽车同步，随着制车工艺和材料不断升级，车灯也在经历着不断的发展和进步。人们常把汽车大灯比作人的眼睛，一款车灯足以衬托出车型所想表现出的气质。当下可以称为经典的车灯不在少数，比如宝马的"天使之眼"、沃尔沃的"雷神之锤"、马自达的"勺子"等，其设计都被人津津乐道，彰显了不同品牌的特质。从最初单纯的照明工具到如今的夜视、装饰甚至是品牌特性的植入，车灯的故事一直在延续。而在推动车灯的发展中，也涌现出了众多优秀的车灯企业，华域视觉就是其中一家。

在华域视觉的发展史上，公司有过数次变革。其中对公司发展影响较大的一件事就是成立中外合资企业。1989 年，华域视觉的前身上海小糸车灯有限公司成立，主营业务为汽车照明系统研发及制造，产品主要为国内各主机厂配套。作为一家中外合资企业，这家企业的中方股东为华域汽车系统股份有限公司，外方股东为株式会社小糸制作所和丰田通商株式会社。

企业成立之初，由于掌握了投资时机，产品质量本身又存在优势，同时比德国主要车灯供应厂海拉（Hella）早一步在国内设厂，在天时地利条件作用下，华域视觉的发展突飞猛进。在海拉尚未深耕国内市场之际，华域视觉就已经成为上海大众汽车的主要供应商了。

也正是从那时起，华域视觉充分利用各种有利条件不断让企业发展壮大。一方面，华域视觉充分运用国外先进的制造技术和管理经验把企业自身基础夯实，另一方面抓住桑塔纳轿车国产化的大好时机，使得企业逐渐取得规模效益，迎来了辉煌时期。

然而，对于这个企业来说，居危思安的管理者们却并没有因此停下前进的脚步。如何能让企业做大做强，成了企业高层思考的问题。毕竟，回到产品本身，在一个领域内，游戏规则由谁制定，决定权就掌握在谁的手里。

20 世纪 90 年代以来，中国逐步成为世界主要汽车企业投资的热点地区。同时，上汽集团也在这段时期建立了属于自己的供应链体系，在产品质量和生产效率上都大幅度提高。考虑到汽车在国内的未来发展趋势，并结合当时的产业政策，几经探讨，这个企业的高层为华域视觉制定了一项在当时看起来属于"大胆"的超前策略——自主研发，发力国产替代。

一直以来，由于汽车照明系统相比普通照明灯具复杂太多，汽车照明被认为是一个难以跨入的高门槛领域，虽然华域视觉在国内车灯行业占据着不小的份额，但是在当时车灯的核心技术研发与产品规划迭代，尤其是在核心零部件领域，仍然掌握在国际知名车灯厂商手中。为了在车灯核心技术领域有所突破，1997 年，华域视觉成立 R&D（研究与开发）部门，并在随后的发展中不断加大科研投入。通过瞄准世界先进水平，锲而不舍地坚持科技进步，通过技术引进和消化吸收创新，企业的自主开发能力不断增强。从1999 年开始，华域视觉就开始承担"十五"国家科技攻关计划重大项目。

随着自主研发的推进，企业也尝到了实实在在的甜头。谈起自主研发给企业带来的好处时，敖锦龙表示，"通过自主研发，一方面支撑了企业在新世纪初将近十年的高速增长，一方面在竞争中把海拉、马瑞利（AL）等全球顶级车灯企业远远甩在了身后。一些跨国巨头，它们的品牌很强，但是当时在中国没有很强的研发能力，因此没能抓住当时的发展机会，而我们背后有一个强劲的动力支撑。这就是我们能在当时的竞争中把海拉、马瑞利这些顶级的供应商甩在身后的原因。"

紧跟时代的发展，正确地预判行业的未来，制定明确的企业发展策略，并且在正确的方向上持续发力，不仅促进了华域视觉的发展，更成就了它在车灯行业领军者的地位。

近年来，中国汽车零部件产业呈现出集群化发展态势，已经形成东北、京津冀环渤海、华中、西南、珠三角及长三角六大汽车零部件集群区域，车灯生产企业也主要分布在六大集群区域。借助着集群化效应，华域视觉的实力大幅提升，影响力越来越大，在国内乃至整个世界拥有举足轻重的地位。除了为上汽大众、上汽通用、上汽乘用车、一汽大众、一汽丰田、长安汽车、长安福特、广汽乘用车、标致雪铁龙、北汽等整车厂配套外，华域视觉还在大力开拓国际市场。目前已有40多种产品出口美国、加拿大、日本、巴西、印度、泰国、捷克、南非等国际市场。

突破创新　臻于细节

我们知道，汽车车灯行业属于竞争较为充分、市场化程度较高的行业。为整车生产企业配套的供应商需要经过严格的体系认证，只有那些研发技术能力领先、产品质量可靠的企业才能入围。凭借着多年的沉淀、稳定可靠的产品品质，华域视觉走在了车灯行业的前端。

从 20 世纪 90 年代中期为桑塔纳轿车独家配套车灯，到 1999 年桑塔纳 LED 高位制动灯批量生产，又到 2009 年奥迪 Q5 前灯双色配光镜模具的批量应用，再到 2013 年君越 E16 LED 前雾灯及 2016 年自适应远光全 LED 智能 MATRIX 大灯的批量生产配套，华域视觉在国内开创了多项业内第一。

成绩背后，凭借的是企业不断地创新以及对产品细节的极致追求。

提起车灯等汽车照明系统的设计，外行人可能感受不到其中的难度。其实，车灯设计时要考虑的因素很多，除了成本和安全性，还需要利用光学、热学、结构、材料等多学科知识。不仅如此，车灯还是整车设计的点睛之笔，好的车灯设计甚至能让人过目难忘，并作为辨识一款车出自哪个车厂的标志。发展至今，国际成熟的汽车制造商都有成体系的汽车设计风格：强调运动的宝马让车灯更加犀利，强调稳重的奔驰则把车灯设计得沉稳大方。

因此在设计车灯之前，设计师在如何兼顾实用与美感的过程中，要花费很多心血。对此，敖锦龙提出了自己的见解："零部件设计必须要跟着整车走，个性化设计必须与整体设计保持统一。"

在这方面，华域视觉没少下功夫，整个产品开发团队就在车灯这样一个看似狭窄的空间里，充分施展着他们的设计创新才能，力求打造精益求精的产品。以荣威 750 为例，承担荣威 750 的大灯、后灯的开发工作的就是华域视觉开发团队。荣威 750 作为上海汽车第一款自主开发的中高端轿车，为了凸现荣威品牌的技术含量，在国内自主开发车型中率先采用了氙气照明、自动水平调光灯先进技术，鲜明的造型，经典的英伦风，给整部车增色不少。不仅如此，在荣威 750 的设计过程中，研发团队设计出滑动式大灯安装支架，

以保证操作工人快速安装调整大灯，大幅降低操作难度与强度。据测算，采用滑动式大灯安装支架后，整车装配流水线平均每个灯具可以缩短 1 秒钟的调整时间。按每台车两个灯具计算，2010 年共计节省工时 60 多小时，节约制造成本 334.8 万元。该结构在荣威550、MG6 车型中也得到了推广运用，并获得了国家发明专利。

成绩面前，华域视觉研发的脚步并未停止。

近年来，随着 LED 行业在家用照明市场变成红海进入稳定期，车用 LED 市场显然变成了新的成长突破口。LED 时代的到来，中国已经成为全球 LED 最大的制造生产地，这给国产 LED 发展车用照明提供了得天独厚的优势，华域视觉也在寻找着新的发展机会，并为之努力着。

2017 年，华域视觉的"荣威 950/E950 智能 MATRIX 大灯及其ADAS 系统第一代视觉模块开发项目"，荣获上海市优秀发明银奖。

据介绍，荣威 950/E950 智能 MATRIX 大灯及其 ADAS 系统第一代视觉模块开发项目是华域视觉第一款像素化控制的 ADB MATRIX 系统。其中近光功能首次使用一颗 LED 发光芯片，以单模组的方式实现，并且首次采用双反射镜的光学投射系统，将大量原先不能被利用的光能利用起来，提高了光能的利用率，光利用率达到 48%，处于行业先进水平。这个小小细节的改变既体现了企业在先进灯具研发方面的实力，又体现了他们对于产品极致的追求。

敖锦龙介绍，"通过该项目的研发，华域视觉掌握了矩阵式像素化车灯的设计理念，并且设计方案是平台化的，可以快速灵活地调整，以适应不同车型的需求。与 ADAS 系统配合，推进了公司夜间智能照明系统的开发能力。"

不仅如此，在这个项目中让敖锦龙感到自豪的，除了技术上的创新与精益求精之外，在形式上他们也尝试了改变，"整个项目形式为国内首创，技术达到国际先进水平。同时，开发过程中解决了大量难题，实现了多个首次。"

目前，在企业内部，各方面资源在更大的格局下形成"合纵连横"，向公司内涵的改变持续倾斜。其中，研发费用占比将从 2016 年的 4.36% 逐年攀升至 2020 年的 5.3%。企业文化也由之前的改善文化逐渐过渡到了现在的创新文化，以营造良好的创新氛围。

凭借着不断创新，华域视觉在技术方面取得的成绩不容小觑。截至 2017 年年底，华域视觉共申请 1563 项专利，其中 PCT 专利 18 项，发明专利 327 项；共授权 1043 项专利，其中美国发明专利 2 项，发明专利 60 项。华域视觉共拥有软件著作权 30 项。技术的进步也推动了公司的影响力，2017 年，华域视觉的销售规模达到全球车灯行业第 5 名。

善用人才　激发潜能

创新作为华域视觉的战略根本，不仅体现在技术研发方面，同样体现在对员工的管理方面。

对于人才的管理，华域视觉总经理郭肇基表示，企业在人才激励方面的思考和努力包括明确人才的发展前景，并做到公开、公平、公正；领导高度重视科技创新；明确公司的发展前景，让员工对公司充满信心；建立与市场接轨的动态薪酬体系。

为此，华域视觉在管理方面做了很多尝试。

其中最有特色的要算是"我的提案"合理化建议活动。1989年成立合资企业以来，华域视觉借鉴日本企业的改善管理，并以提案制度加以推广。合理化的提案方式推动了公司的发展和进步，为企业的持续改善注入源源不断的活力，也为员工参与企业建设、充分发挥创造力提供了条件。如今提案活动在华域视觉已有近30年历史，成为"人人成为经营者"活动的一个组成部分。据生产管理部规划、技术委员会部长王月芳介绍，这项制度带给企业的积极影响显而易见，无论是在技术创新、技术进步、降本增效、节能减排，还是加强管理、改善创新、安全生产、职工教育等方面都发挥了积极的作用。不仅如此，作为华域视觉的一大管理特色，"我的提案"在企业中形成了一种优秀的文化理念并一直传承着，代表了企业一种自我探索、自我改善、自我提高的进取精神。

除了制度上的保障之外，华域视觉更是在一些容易被人忽视的细节方面下足了功夫。

走进华域视觉的员工食堂，很容易发现在员工食堂里另外设置着一间自助餐厅，这间餐厅就餐环境良好，而且菜品种类丰富，让人食欲大增，俨然一个"VIP 包间"。但这个"VIP"却不是为公司高管而设立的，而是为了服务企业中的核心高级技术人员。

从制度层面，再到具体的细节管理，华域视觉所采取的一系列措施有效激发了员工的积极性，陆续培养和吸引了一批优秀的人才，沉淀出了一支高水平的专业技能人才团队。反过来，员工所发挥的聪明才智也使得企业的发展更上一层楼，企业的创新成果相继落地，产品不断走向高端化和智能化，为未来的转型升级目标积累了重要资源。

随着国家制造强国战略的推进，华域视觉在企业内部的发展中也在进一步推进智能化的应用。在这个过程中，华域视觉将创新定义为模式创新、管理创新和技术创新三个层次。在技术创新方面，除了产品创新外，华域视觉还特别重视装备的自主研发。谈及其中原因时，流程与数字创新本部部长倪科特别强调道，"从产品研发到装备研发，到产线研发，再到整个系统的研发，企业形成一个完整生命周期链。这条链形成以后，使我们走出一条自己探索的道路，推动了整个公司往科技化公司转型"。

如今，我国汽车产业尤其是零部件产业已经进入"深度国产替代"的新阶段，由此从整车装配、内外饰基础零件、核心零件合资模式过渡到高壁垒核心零部件的深度国产化（国内自主厂商取代外资或合资厂商）。核心零部件领域尤其是产业壁垒较高、具有整车动力性和安全性要求的零件，由国际厂商（包括其在华设厂、合资企业）主导的局面正逐渐被打破。而华域视觉，也在这个循序渐进的过程中贡献着自己的力量。

第二十四篇

创远仪器：跑在 5G 时代之前的测试标尺

秦 伟

"我们想做的，是进一步放大中国的声音，让世界看到中国智造的力量。"创远仪器总裁陈向民如是说。

在全国"双创"活动周上海主会场的主题展览上，上海创远仪器技术股份有限公司（以下简称"创远仪器"）的展台不算最吸引人，因为一台台测试仪表不像那些机器人能与参观者互动。可是，只要细细探究一下，就能发现这些仪表中藏着奥秘。比如，5G 时代还没有到来，创远仪器却设计出了能够对 5G 技术进行测试的"标尺"——为 5G 建设研制的测试设备和解决方案！这些技术，即使放在全球，也很少有企业能够实现。

成立于 2005 年的创远仪器，是一家专业从事无线通信测试仪器的生产制造商。成立至今，其始终把"创新求远、尊重个人、服务客户"作为企业发展的宗旨，十几年来，创远仪器围绕移动通信测试、无线电测试、北斗导航和智能制造测试等业务，提交专利申请 149 件。"无线通信行业的技术门槛较高，需要企业持续加强技术研发与创新。在该理念的指导下，创远仪器始终以达到国际一流的技术水平为目标，力争成为无线通信测试仪器仪表行业的'领跑者'。"创远仪器总裁陈向民表示。

"中国智造"的逆袭

"创远仪器是专做仪器的，成立之时的定位很明确就是无线通信。我们将打造中国，乃至世界无线通信测试仪器。"陈向民向记者介绍，创远仪器的前身是上海创远电子设备有限公司，业务起步于 1999 年，主要从事美国知名通信测试仪器仪表品牌 BIRD 的中国市场代理。

2005 年起，我国自主研发的第三代移动通信系统 TD-SCDMA 标准作为国际 3G 标准之一，然而，在 TD-SCDMA 发展初期，尽管是国际标准，但并不被看好。通信测试仪器仪表这一细分领域，体量虽小，但由于市场门槛高、行业集聚度强，美国和欧洲少数几

家领军企业也不愿意研制支持 TD-SCDMA 的相关仪表，一时间，TD-SCDMA 的相关仪表极其缺乏。"继续依赖国际知名品牌代理'吃现成饭'？"创远仪器创始人、董事长冯跃军却不这么想，在3G 时代国家再也不会年复一年支付巨大的专利技术转让费，将全球最大的移动通信市场拱手让人，跟着拥有自主知识产权的 TD-SCDMA 干，一定有奔头。

移动通信产业链很长，如何分食这块大蛋糕上的"独一份"？冯跃军又作出了第二个现在看来极为正确的抉择：测试仪器仪表领域，尽管自主研发投入大、产出慢、风险高，但也正因如此，国内同行中优势企业还不多，而创远长期代理"BIRD"产品，已积累一定的人才队伍和市场经验。

于是，创远仪器的创业团队摒弃了赚快钱的念头，决心继续"咬"定老本行。

我国拥有自主知识产权的第三代移动通信 TD-SCDMA 标准建设发展过程中，由于相应的仪器仪表匮乏，同时又受制于国外巨头，影响了整个产业链的快速发展，在此背景下，创远仪器于2005 年在上海成立。"公司成立的初衷就是为了加速中国无线通信测试及仪器仪表领域的发展，弥补国内在这一技术领域的不足。"冯跃军如是说。

事实证明，创远的"宝"押对了，伴随"国产"3G 的宏图大业，创远仪器开始一路"飞奔"。"10 年前，我们给 BIRD 打工，10 年后的今天，4G 时代来临时，BIRD 已经开始回过头来采购我们的产品，贴牌后供应国外的 TD-LTE 的运营商，这也是我们企业战略定位正确的最好注脚。"冯跃军说道。

创远仪器成功"逆袭"，凭借什么？陈向民告诉记者，2005 年创远仪器组建后，重点围绕移动通信测试、无线电测试、北斗导航和智能制造测试等领域开展业务，并不断开拓创新。

"创新求远"，正是创远仪器"逆袭"的利器！

创新是企业发展的不竭动力。陈向民告诉笔者："创远仪器从成立之日起，就把技术研发作为企业发展的核心。专注在无线通信领域持续跟进技术研发，并与多家科研院所及手机终端移动制造商联手展开相关技术研发。"

2016 年，国家科技进步特等奖被授予"第四代移动通信系统（TD-LTE）关键技术与应用"，出现在奖状上的 14 家项目完成单位中，来自上海的"创远仪器"与中移动、华为、中兴、清华大学等超级企业和顶尖名校并列出现，非常惹眼。

根据国家科技奖励大会的介绍，TD-LTE 商用网络已在 40 多个国家和地区开通，用户占全球 4G 用户总量的 50%。在这个宏大的自主创新项目中，创远投身并参与了整个项目的建设，共同参与了测试标准的制定等，提供了网络建设测试必需的测试仪器。

创远仪器的这份荣耀，映衬出另一家跨国公司的落寞。作为全球扫频仪的领先者，一家国外仪器公司在中移动 4G 采购竞标中连续输给创远，错失了一个大市场。该公司的失意可追溯到 12 年前的一个短视决策。当时，国人还在用 2.5G 手机，国产 3G 标准（TD-SCDMA）的牵头者大唐电信曾找到该公司，希望它为中国 3G 提供测试仪器。仪器仪表对于通信产业意义重大，从最底层的标准和算法研究，到核心芯片与系统设计，直至最后生产、组网、维护，各种测试仪器的应用贯穿全程，串起了整条产业链。但仪器却是国内电子业界的短板，不仅技术底子薄弱，而且本土企业也不断萎缩，绝大部分市场被外企占据。在此情况下，大唐才在 2005

年不得不去寻求那家国外仪器公司的支持。当时，从中牵线搭桥的正是创远仪器。创远仪器创始人兼董事长冯跃军回忆说，国外仪器公司实际上并不看好中国 3G 标准的前景，不愿意投入，而且，他们也觉得中国开发不出同类仪器，于是就向大唐电信开了一个天价：除非给他们一个 5000 万元的合同，否则还是算了。创远仪器在当时还只是一家代理商，员工不过二三十人，主业是向国内买家销售外国公司的仪器，为大唐电信和那家国外公司牵线，只是想促成一笔生意，谁知老外狮子大开口，生意黄了。

冯跃军下海前曾在一家高水平研究机构任职多年，本就有技术情结和管理能力。这次生意告吹，让他有些失望。过去几年，他的代理生意虽然轻松，但一直感觉处处受制于那些拥有技术的厂商。此时此刻，萦绕已久的想法被激活：与其被动受限，为什么不主动搞研发，让企业掌握市场主动权；与其被外商看扁，为什么不能替国家和行业争口气？

这就是创远仪器向研发企业转型的开端，显然，企业家精神是背后的重要动力。

中国制式的 3G 标准——TD-SCDMA，给了创远公司由一个国外仪器代理商向高科技自主研发型企业转型的绝佳契机。这家上海民营小公司的创新逆袭开始了：依靠中国 3G 标准，成功研制自己的 TD-SCDMA 扫频仪。

2015 年，在被外商"看扁"10 年后，通信仪器市场格局居然会出现如此逆转——曾作为国外公司代理商的创远仪器，在中国移动 3G、4G 组网阶段拿走了 70% 的网测仪器订单，而外国公司却沦为旁观者，错过的市场何止 5000 万元。

随着中国 3G 在本土的"野蛮生长"，外国巨头彻底沦为落寞的旁观者。而由于在 TD-SCDMA 领域的不断成功，创远仪器则积蓄了实力和能力，继续进行 4G LTE 扫频仪的研制，并且从一开始就参与了中国移动 TD-LTE 工作组的测试工作，在 4G 时代能与国际巨头同台竞技。

创新"创新模式"

高科技企业的核心是人，民营高科技企业却不及"国家队"那样有丰厚的人才储备，创远仪器创新求远的一个"法宝"是新型的产学研模式——东大—创远产学研联合体，通过资金、技术、人才"三前移"，变"外脑"为"内脑"，从而站在了技术与人才的高地上。

2012 年，在国内移动通信和射频微波领域的著名学府——东南大学校方大力支持下，"东大—创远电子测量技术联合研究中心"正式揭牌。东南大学信息科学与工程学院院长、长江学者特聘教授洪伟担任中心主任，两名副主任中一位是东大和创远联合培养的蒋政波博士，另一位是曾在国际仪表巨头安捷伦工作 10 多年的陈忆元博士。中心除来自创远的 20 多名科技人员，还常年保持四五名来自东大带着课题项目"驻场"的老师。

这种产学研合作模式新在"资金前移"和"技术前移"：2012年以来，创远通过东大向联合研究中心拨款数百万元，并设立在校学生"创远微波奖学金"，全力推动企业能够深入技术研发前端，实现技术领域的提前布局。洪教授作为 IEEE Fellow（国际电气和电子工程师协会等级最高的会员），正在牵头研究 IEEE802.11.aj 的毫米波通信标准，该标准正在代表国家积极申请成为 5G 移动通信的主流接入技术标准之一。他说："随着低端频谱资源日趋饱和，毫米波通信的应用代表着未来通信发展趋势，我们越是提前介入，越能掌握先机。"

东大—创远产学研联合体，更相当于为创远仪器建立了一个人才储备库和长期培训基地。近年来，创远名气越来越大，常常有同行来挖墙脚，可是这里的年轻人都舍不得离开，因为这里每天能与东大专家"零距离接触"，"这是其他公司没有的学习机会"。

"面向客户的多样化需求创新"这是创远仪器创新求远的另一个"法宝"——按需创新模式，创远仪器的首席科学家陈爽介绍，"创远依据市场的需求，在基础类仪表的更新换代方面进行大胆的创新，并成功研发出了业界首款手持式天馈线测试仪和手持式触摸屏操作的频谱分析仪，实现了每年上千台仪表销售量，让创远从国外产品的代理商，变成了新型产品的供应商，实现了国内产品的海外贴牌销售。"

同时创远根据 5G 市场的需求，成功研发出了 64 端口的网络矢量分析仪，填补了国内多端口矢网产品的空白，运营商市场中在原有的 2G、3G、4G 产品上成功开发了 NB-IoT、eMTC 网络制式的测量功能，实现网络多制式测量的集成化。在 5G 测试领域，成功开发了 5G 模测仪器仪表，成为首个提供 5G 测试解决方案的厂家。

"近年创远仪器推行的 1+3 战略，包括北斗导航、无线电监测、网络测试，使得原有的基础类仪器仪表得到了更全面的发展，在不同的领域内增添了许多具备实用价值的应用，如频谱地图、鹰眼无线电监测系统、扫频干扰发射系统等。"陈爽介绍。

谈及测试仪表如何应需而变，陈爽表示，物联网的测量分析对仪器仪表的设备灵敏度及终端的定位提出了更高的要求，5G 通信网络则为数据用户提供更高速率及低时延的上网体验，为此引入了更高频率微波波段，有效缓解了频率资源的拥挤问题，同时新的编码技术和 Massive MIMO 技术的应用，大幅提升网络的传输速率和传输质量，仪器仪表对于 5G 信号的测量则要求提供更宽的射频硬件、Massive MIMO 的测量功能及与 4G 网络的承接分析等。

陈向民告诉笔者："多年来，创远仪器的创新成就有目共睹，最突出的表现就是公司经过十余年研发创新推出天馈线分析仪，让公司从 10 年前只能从美国企业进口转变为技术输出，产品销往美国等国家和地区。"

站在新起跑线上，创远仪器已经开始谋划新一轮创新发展：市场营销和研发同步"走出去"——在美国、欧洲等通信测试仪器仪表领域的技术前沿阵地设立合作实验室。

创远仪器还将与更多国内高校建立合作实验室，将人才队伍的平均年龄从 30 岁降到 28 岁。冯跃军认为，5G 即将成为通信测试行业新引擎，堪称中国通信测试仪器仪表行业迄今为止最好的机会和最大的挑战，创远仪器的科研队伍必须进一步年轻化，才能掌握未来之门。

中国契机中的 5G 梦想

在为 3G、4G 开发高端测试仪器之后，而今创远仪器的目标，是更深入地介入 5G 通信技术和产品的研发。

"对普通人来说，5G 意味着更快的下载速度，这就需要更宽的带宽，就好比道路上的车子要跑得快，就必须有更宽的道路那样。所以对 5G 研发和建设者来说，虽然最终道路还没有形成，但判断道路好不好的基本标尺必须提前准备，而我们就是做这个标尺的。"创远仪器的创始人之一、高级工程师刘谷燕深入浅出地解释道。

刘谷燕说，创远仪器自主研发的 64 端口矩阵矢网测试解决方案、NB-IoT 测试解决方案、毫米波测试解决方案等，都有很强的现实意义。比如，64 端口矩阵矢网测试解决方案刚投入市场，就获得好评，因为创远仪器的一个测试设备能够取代以往九个设备和九个操作人工，大大提高测试速度。对于 5G 技术来说，多端口测试是必然的，所以创远仪器的设计跑在了前面。

针对物联网的 NB-IoT 测试解决方案和同样为 5G 服务的毫米波测试解决方案，也是为未来技术的发展提前布局。

比如，在万物互联的物联网时代，研发团队要检测连接的可靠性，必须模拟真实的运行环境。这种运行环境受多种因素影响，而创远仪器的做法就是模拟这种运行环境：一方面，他们可以把真实的运行环境用仪表记录下来，然后在实验室复原；另一方面，他们也可以通过调整不同的参数，在实验室里构建一个仿真的运行环境。

而毫米波测试解决方案针对的是 5G 时代将出现的毫米波段的测试需求。

在创远仪器，笔者还看到一台台类似手机的设备。据介绍，在华为研发中心，无人机正是载着这台设备四处飞行，由此记录下 5G 信号频谱在三维空间的分布规律，开了基于无人机的 5G 网络测试先河。

刘谷燕说，可别小看了它们，他们可是有很多创新点："这是我们自主研发的、首次将工程测试仪表与安卓系统结合的产品，让测试人员只要拿上这样的'手机'，就能完成测试。"比如，在通信技术测试中，天馈线测试很重要，这项测试的主要目的是评估传输线和天线的状况。以前，测试人员就算使用便携式测试器，也要提一个箱子。但现在，利用创远仪器的"手机"，就能完成检测。

"为满足无人机的载荷要求，创远仪器开发的这款仪器，以其轻便型得到业界的一致好评。"刘谷燕自信地表示。

有轻就有重。承担新一期国家重大专项任务后，创远仪器将推出一台"大家伙"——5G 信道模拟仪，它能模拟出多达 128 路无线信号，为 5G 原型机的研发提供不可或缺的仿真测试环境。由于这类设备此前在全世界都未曾推出，可以说创远仪器在技术上开始进入"无人区"。

"在通信技术基础测试领域，此前国外企业一直走在中国前面，测试市场几乎 100% 都是由国外企业提供服务。"刘谷燕的话语掷地有声，"但如今有了我们这样的中国企业的参与，使得在通信技术基础测试市场上有了中国声音，而我们想做的，是进一步放大中国的声音，让世界看到中国智造的力量。"

策　　划：杨松岩

责任编辑：徐　源

封面设计：石笑梦

图书在版编目（CIP）数据

寻找中国制造隐形冠军 . 上海卷 . Ⅰ / 魏志强，武鹏　主编 . — 北京：
人民出版社，2019.3
（寻找中国制造隐形冠军丛书）

ISBN 978 - 7 - 01 - 020349 - 2

I.①寻…　 II.①魏…　②武…　③寻…　 III.①工业企业 - 介绍 - 上海

　IV.① F426.4

中国版本图书馆 CIP 数据核字（2019）第 022339 号

寻找中国制造隐形冠军（上海卷Ⅰ）

XUNZHAO ZHONGGUO ZHIZAO YINXING GUANJUN（SHANGHAIJUAN Ⅰ）

国家制造强国建设战略咨询委员会　指导

寻找中国制造隐形冠军丛书编委会　编

魏志强　武鹏　主编

人民出版社 出版发行

（100706　北京市东城区隆福寺街 99 号）

北京盛通印刷股份有限公司印刷　新华书店经销

2019 年 3 月第 1 版　2019 年 3 月北京第 1 次印刷

开本：710 毫米 × 1000 毫米 1/16　印张：19.75

字数：227 千字

ISBN 978 - 7 - 01 - 020349 - 2　定价：68.00 元

邮购地址 100706　北京市东城区隆福寺街 99 号

人民东方图书销售中心　电话（010）65250042　65289539